Uma razão para viver

CARLOS TORRES

© 2017 por Carlos Torres
© iStock.com/evgenyatamanenko

Coordenadora editorial: Tânia Lins
Coordenador de comunicação: Marcio Lipari
Capa e projeto gráfico: Jaqueline Kir
Diagramação: Priscilla Andrade
Preparação: Janaina Calaça
Revisão: Equipe Vida & Consciência

1ª edição — 2ª impressão
3.000 exemplares — novembro 2017
Tiragem total: 8.000 exemplares

CIP-BRASIL — CATALOGAÇÃO NA PUBLICAÇÃO (SINDICATO NACIONAL DOS EDITORES DE LIVROS, RJ)

T644r

    Torres, Carlos
        Uma razão para viver / Carlos Torres. - 1. ed. - São Paulo : Vida & Consciência, 2017.
        456 p. ; 23 cm.

    ISBN: 978-85-7722-539-2

        1. Romance brasileiro. I. Título.

17-41930   CDD: 869.3
                                 CDU: 821.134.3(81)-3

Todos os direitos reservados. Nenhuma parte desta edição pode ser utilizada ou reproduzida, por qualquer forma ou meio, seja ele mecânico ou eletrônico, fotocópia, gravação etc., tampouco apropriada ou estocada em sistema de banco de dados, sem a expressa autorização da editora (Lei nº 5.988, de 14/12/1973).

Este livro adota as regras do novo acordo ortográfico (2009).

Vida & Consciência Editora e Distribuidora Ltda.
Rua Agostinho Gomes, 2.312 — São Paulo — SP — Brasil
CEP 04206-001
editora@vidaeconsciencia.com.br
www.vidaeconsciencia.com.br

*O presente é uma porta aberta
para o inédito.*

*Agradecimento especial à minha esposa
Sueli Zanquim e a Belmiro Gabana por estarem
ao meu lado no templo budista nepalês, situado
no topo de uma montanha no sul do Brasil, onde
esta incrível história me foi revelada com clareza,
enquanto eu meditava e pedia uma cura.
Não sou budista, mas por algum motivo
a vida acabou me levando àquele lugar de imensa
paz, e hoje compreendo os motivos da conexão
e luz recebidas. A partir desse dia, me rendi aos
contratempos da vida e passei a aceitar que existe
uma incrível magia envolvendo este mundo.*

Namastê!

Sumário

Apresentação.. 9
Capítulo 1 – Times Square 11
Capítulo 2 – NASDAQ 45
Capítulo 3 – Thompson Street 65
Capítulo 4 – John Johnson Pub 71
Capítulo 5 – Ian Brand 93
Capítulo 6 – Confissões 107
Capítulo 7 – Hospital Central 113
Capítulo 8 – Adam e Natalee 123
Capítulo 9 – Doutor Moore 135
Capítulo 10 – O vazio 143
Capítulo 11 – Central Park 151
Capítulo 12 – O consultório 177
Capítulo 13 – Broadway Avenue 189
Capítulo 14 – Miss Sun 193
Capítulo 15 – O pianista 211
Capítulo 16 – Aeroporto John F. Kennedy 225
Capítulo 17 – Aeroporto de Lukla 231
Capítulo 18 – Sher-rap 249

Capítulo 19 – Dia seguinte 263
Capítulo 20 – Namche Bazaar 279
Capítulo 21 – Tengboche 291
Capítulo 22 – O sincero desejo 301
Capítulo 23 – O retorno de Sher-rap.................... 313
Capítulo 24 – Carta a Franco............................. 325
Capítulo 25 – Oração 343
Capítulo 26 – Cinco dias depois 355
Capítulo 27 – Em Nova Iorque 363
Capítulo 28 – Pedras brancas 375
Capítulo 29 – Natalee e Tshe Wang 383
Capítulo 30 – Sher-rap e Natalee 385
Capítulo 31 – A morte 391
Capítulo 32 – A subida....................................... 401
Capítulo 33 – O retorno 415
Capítulo 34 – No apartamento 419
Capítulo 35 – Sincronicidade 423
Capítulo 36 – Mont-Saint-Hilaire........................ 443
Capítulo 37 – Mensagens finais 447

Apresentação

Este livro veio num momento específico da minha vida, quando eu estava vivendo um momento de grandes dificuldades financeiras, familiares e também de saúde física. Eu não sabia, mas estava passando por um processo de morte e renascimento. Hoje, compreendo o que esse livro significa em minha vida e o período que enfrentei. Graças ao esclarecimento espiritual que obtive durante minha vida e o contato que tive com os amigos espirituais que me auxiliam, percebi que tudo é um processo de aprendizado por meio de vivências. Como escritor e mensageiro que me declaro, ficou claro nesta obra que tudo o que recebi como inspiração foi um processo de redenção perante minha própria vida e meus familiares. Considero-me um novo homem renascido e pronto para cumprir todos os propósitos desta vida, sempre com o auxílio dos mentores e mentoras que me orientam e ajudam a seguir em frente. Especificamente durante a escrita deste livro, uma mentora espiritual me auxiliou e ajudou a compreender todos os processos ao qual o protagonista do livro Adam Stone passou. Eu compreendi a força desse homem e me inspirei nele para superar tudo o que eu mesmo precisava superar. Esta mentora é uma monja budista, com aproximadamente 80 anos de idade, muitas rugas no rosto, baixinha e com semblante sereno e amoroso. Seu nome é Jaya Jan. Ela usa roupão bordô e tem como missão explicar como funciona a sincronicidade no mundo astral e as inteligências invisíveis que comandam nossas vidas.

Capítulo 1

Times Square

Fevereiro de 2015.

— O que está acontecendo com você, afinal?

Adam não respondeu.

— Até quando ficará parado olhando para a escada?

Adam parecia não escutar o amigo Franco Legrand, que insistia:

— Eu nunca o vi assim, Adam! O que está acontecendo? Faltam apenas quinze minutos para o início do pregão na Bolsa de Valores da NASDAQ! Você vai ficar aí parado olhando para a escadaria vermelha?

De repente, Adam respondeu com indiferença:

— Qual é seu problema, Franco? Por que está com tanta pressa?

— Porque hoje é um dia muito especial, já se esqueceu? Hoje é um dia de extrema importância para o senhor Ashburn Ashburn.

Em frente à escadaria vermelha da Times Square, ao lado da estátua do Padre Duffy[1] e sua magnificente cruz celta, Adam respondeu, olhando na direção dos degraus iluminados:

---

[1] Francis Patrick Duffy (Cobourg, Ontário, Canadá, 2 de maio de 1871 – Nova Iorque, Estados Unidos, 27 de junho de 1932) foi um sacerdote

— Tem razão, esta sexta-feira não será para amadores. A Twenty Technology CIA anunciará em uma hora a primeira oferta de ações públicas na Bolsa de Valores IPO[2].

— Exatamente. Por isso, não podemos ficar com a mente dispersa.

— Você está certo, Franco. Todos os investidores do mundo estarão de olho nessas ações nas primeiras horas do dia. Eu sei como isso funciona. Já vi as maiores empresas de tecnologia do mundo anunciarem suas ações pela primeira vez em Wall Street. É uma loucura! Parece que os seres humanos trazem à tona seus instintos mais primitivos de poder e ganância. Tudo gira em torno do lucro e da especulação financeira. Uma selvageria completa.

— Hei, cara! Nunca o vi tão sentimental quanto aos negócios!

Adam olhou de maneira estranha para Franco, que não se intimidou e continuou:

— É apenas negócio, Adam! Aliás, estou achando você muito estranho esta manhã. Desde que saímos da cafeteria, você está muito estranho.

— Acha mesmo?

— Sim. O que está havendo com você?

— Eu me senti realmente estranho, quando saí da cafeteria. Agora que paramos em frente aos Red Steps, notei que não estou me sentindo muito bem. Não sei explicar o que está acontecendo.

— O que está sentindo?

— Uma sensação estranha.

— Não consegue explicar?

— É como se hoje fosse o fim de alguma coisa.

---

católico. Ficou conhecido como aquele que se converteu ao clero, mas foi condecorado pela história do exército americano. A estátua do padre Duffy foi colocada na Times Square em memória à sua honra.
2 Initial Public Offering.

— Fim de quê?

— Não sei. Estou me sentindo confuso; não sei explicar. Como se fosse o fim de algo, mas ao mesmo tempo o início.

— Tente ser mais claro, Adam. Não o estou entendendo.

Adam não respondeu e olhou para a rua repleta de ônibus, turistas e executivos que caminhavam apressados. Em seguida, olhou novamente para Franco e perguntou:

— Quer saber, Franco?

— Sim, mas seja breve. Estamos atrasados.

Franco ajeitou a alça da bolsa de couro no ombro, olhou para o relógio que marcava 10h45 e começou a andar apressado em direção ao escritório, deixando Adam dois passos para trás.

Adam não se moveu no meio da multidão. No entanto, em um tom de voz alto o suficiente para seu amigo escutar, chamou:

— Hei, Franco!

Franco estava de costas, pronto para entrar no meio da multidão, quando ouviu Adam chamá-lo. Ele colocou a bolsa entre as pernas, olhou para Adam e respondeu irritado:

— Vamos, cara! Temos de ir ao trabalho. Ande!

Adam não conseguiu se mexer, apenas falar.

— Quer realmente saber o que estou sentindo?

— Diga logo, Adam! Você não pode ficar com isso engasgado na garganta! Precisa colocar para fora.

— Você tem razão.

— E, então? Diga.

— Sinto como se estivesse morrendo.

Franco mostrou-se perplexo:

— O que está dizendo? Como assim "morrendo"? Pare de falar besteiras.

— Não é exatamente "morrendo". É por isso que estou confuso.

— Explique melhor!

13

— É como se minha vida estivesse chegando ao fim, mas, ao mesmo tempo, é como se estivesse começando tudo outra vez.

Franco acalmou-se e aproximou-se:

— Por acaso, hoje é seu aniversário, Adam?

Ele sorriu e respondeu sem graça:

— Não, meu aniversário será ainda no fim do mês, no dia 24 de fevereiro. Completarei quarenta anos.

— Desculpe, mas parece que isso o está afetando bastante!

— Acho que sim...

— Esqueça isso, cara! Vamos embora. Não podemos chegar atrasado ao início do pregão. Hoje é dia de faturar alto. Nosso trabalho é ganhar dinheiro, muito dinheiro. Amigo, com dinheiro no bolso todas as preocupações desaparecem.

— Esse é o problema, Franco...

— O quê?

— Isso tudo não é mais surpresa para mim.

— Do que está falando?

— Franco, você tem apenas vinte e três anos de idade. Eu já fui como você um dia. Já tive essa sede de faturar com a especulação financeira e ficar jogando dados com a ganância humana. Agora, no entanto, não tenho mais esses sentimentos gananciosos. Faz mais de vinte e quatro anos que trabalho como trade master na bolsa e ultimamente venho percebendo que o dinheiro não é capaz de preencher muitos vazios que carregamos.

— Está dizendo que se cansou? É isso?

— Prefiro dizer que estou tentando entender um pouco mais sobre os propósitos da vida.

— Que propósito, Adam? O propósito é o lucro! Já se esqueceu disso?

— Não estou falando disso. Estou falando da busca por um propósito maior de vida. É disso que estou falando.

— Deixe disso! Sabe o que eu acho?

— O quê?

— Que você está ficando velho, cara.

— Acha mesmo? Será que a idade faz a gente pensar sobre coisas mais filosóficas?

— Oh, meu Deus! Não venha com crise de meia-idade no meio da Times Square e antes de entrar no escritório! Reaja, Adam! Você precisa encontrar alguma motivação aí dentro dessa sua cabeça cheia de besteiras.

Franco Legrand é o melhor amigo de Adam em Nova Iorque. Na verdade ele é seu único amigo. Há algumas semanas, Franco vem tentando compreender o que está acontecendo com Adam, mas infelizmente não tem conseguido. A verdade é que nem mesmo Adam compreende o que está se passando.

Franco Legrand era um rapaz muito bonito e costumava andar muito bem vestido. Seus cabelos castanhos e encaracolados caíam elegantemente sobre a testa. O corpo retilíneo e seus sapatos sempre bem lustrados eram suas características mais marcantes. Gostava de usar roupas de grife e costumava frequentar os melhores restaurantes de Manhattan. Um rapaz inteligente, perspicaz e atencioso, que trazia consigo um ar misterioso.

Ele morava sozinho em Nova Iorque, não tinha parentes nos Estados Unidos, e sua família inteira vivia na periferia de Paris. Assim que completou catorze anos de idade, Franco mudou-se para os Estados Unidos para estudar e desde então não retornou mais ao seu país de origem. Ingressou na Universidade de Economia de Nova Iorque e, aos vinte e dois anos, se formou com notas excepcionais de dar inveja a qualquer aluno de sua turma.

Ao mesmo tempo em que possuía um ar misterioso, Franco também tinha uma virtude que poucas pessoas costumavam apresentar em uma metrópole fria e individualista como Nova Iorque: ele parecia ser um homem confiável, um amigo de verdade sempre pronto a ouvir e aconselhar a quem precisasse. Ele não falava apenas de si mesmo para as pessoas; Franco sempre preferia ouvir e ajudar ao próximo, distinguindo-se da maioria das pessoas que trabalhava no centro nervoso de Nova Iorque.

Ele realmente não se importava de perder seu precioso tempo ouvindo seus amigos. Sem dúvida, algo raro de presenciar, pois ninguém no ano de 2015 queria perder um minuto sequer ouvindo problemas alheios. Na verdade, as pessoas só queriam falar sobre seus projetos pessoais, suas angústias e seus problemas, como se nada mais acontecesse ao redor do mundo.

Franco costumava dizer que estava ficando cada dia mais difícil encontrar espaço para diálogos entre as pessoas. Todas elas estavam tão preocupadas com seus mundinhos particulares e olhando para seus próprios umbigos que não conseguiam se importar com nada além de si mesmas, como se a humanidade estivesse vivendo uma espécie de grande *Era do Eu*, uma eterna guerra por reconhecimento e atenção alheia.

Definitivamente, Franco era um rapaz diferente das pessoas comuns. Quando adolescente, chegara a pensar em cursar psicologia, mas a vontade de se tornar rico o levara a escolher o curso de economia.

Ele tinha algo que atraía as pessoas: um ímpeto verdadeiro, uma vontade imensa de ajudar a quem precisasse. Talvez tivesse sido esse o motivo de Adam ter se identificado com o rapaz desde o primeiro dia de trabalho, quando Franco foi contratado para trabalhar como estagiário na corretora de valores do senhor Ashburn Ashburn.

Adam continuava parado ao lado da estátua do Padre Duffy. Inconformado, Franco se aproximou e segurou o braço de Adam, tentando desviar o olhar do amigo da escadaria, onde dezenas de jovens turistas sorriam e faziam *selfies* com seus celulares, tentando registrar todos os momentos em um dos pontos mais visitados de Nova Iorque.

Ele insistiu:

— Adam! Pare de olhar a escadaria! Vamos para o escritório.

Adam virou a cabeça lentamente, olhou para a mão de Franco que segurava seu braço e respondeu confuso:

— Não se preocupe comigo, Franco. Em alguns minutos, estarei no escritório. O prédio da NASDAQ fica do outro lado da Times Square, não se preocupe. Não existe razão para tanta pressa.

— Você não está entendendo, Adam! O pregão abrirá em poucos minutos!

— E daí?

— Daí que o mundo inteiro está esperando este dia!

Adam se irritou:

— O mundo que espere um pouco mais, droga! Não estou com pressa! Vá e me deixe sozinho, por favor. Não estou me sentindo bem.

— Não precisa me olhar assim! Vou deixá-lo sozinho, não se preocupe. Mas você já sabe...

— Sabe o quê, Franco?

— Sabe o que está em jogo. Se não chegar antes do início do pregão, a coisa se complicará para você.

Adam parecia não se importar:

— Não sei do que está falando.

— Estou falando do senhor Ashburn Ashburn, nosso chefe. Esqueceu-se de que, em alguns dias, ele escolherá um dos três traders sêniors para assumir o cargo de gerência dos fundos de ações das empresas de tecnologia do Vale do Silício?

— Desculpe, Franco, mas sinceramente não estou preocupado com isso.

— Não está preocupado com isso? Você deve estar ficando maluco! São 500 mil dólares por ano de salário!

— Sabe por que não estou preocupado?

— Por quê?

— Porque sei que o senhor Ashburn não me dará o cargo.

— Como pode ter tanta certeza? Você é o melhor dos três. Você sabe que David e Travis nunca serão páreos para você. Todos sabem disso.

— Eu sei, mas tem um problema...

— Que problema?

— Eles são jovens. Ambos têm menos de vinte e seis anos de idade, e eu já estou com quase quarenta. Entende?

— Ah, não! Lá vem você de novo com essa história de idade! Afinal, o que sua idade tem a ver com tudo isso?

— A idade conta muito, Franco! Você não sabe como a idade pesa numa escolha importante como essa. Um dia, no entanto, você compreenderá.

Franco olhou para baixo, sem entender por que Adam estava dando tanta importância para a idade.

— Por que as pessoas dão tanto valor para a idade? Gostaria muito de saber — Franco sussurra indignado.

— Quer saber?

— Sim, quero entender o que se passa dentro dessa sua cabeça maluca, Adam.

— Faça o seguinte... Vá ao escritório trabalhar, e responderei após o expediente. Hoje é sexta-feira, e, como de costume, o senhor Ashburn pagará uma rodada de cerveja para os funcionários no John Johnson Pub após as 19 horas. Principalmente se alcançarmos a meta semanal que ele tanto almeja de 3 milhões de dólares de lucro.

— Tem razão. Hoje é dia de *happy hour* e *rock* inglês no John Johnson Pub. A propósito, um amigo meu tocará lá esta noite.

— Que bom! Volte ao escritório e me deixe sozinho por alguns minutos. Preciso subir até o último degrau da escadaria e ficar quieto um pouco. Algo me diz que preciso fazer isso.

— Tudo bem, Adam, mas continuo achando que você está muito estranho.

— Esqueça. Vá ganhar seu dinheiro, rapaz! Até daqui a pouco, Franco.

— Até daqui a pouco.

***

Era final de inverno em Nova Iorque, e, apesar do frio intenso, o dia estava lindo, ensolarado e perfeito para os turistas.

Franco Legrand deixou Adam para trás e seguiu rumo a um dos edifícios mais famosos da Times Square, o prédio da Bolsa de Valores de Tecnologia, a NASDAQ.

Com seu estilo elegante e vestindo um lindo terno cinza brilhante, camisa branca de linho, gravata listrada e sapatos bem lustrados, ele desapareceu no meio da multidão.

Adam costumava conversar bastante com Franco, no entanto, ele nunca contara ao amigo sobre o acidente que seu irmão mais velho sofrera quando era criança, muito menos sobre os problemas familiares que se sucederam a partir desse dia fatídico. Na verdade, Adam não costumava comentar sobre o assunto com ninguém, nem mesmo com sua esposa Natalee. Era um segredo que ele guardava para si, não por medo, mas por não querer relembrar as tragédias ocorridas no passado. Para ele, pensar sobre erros cometidos era como errar novamente. Talvez Adam estivesse certo, mas de nada adiantava evitar as lembranças, pois as memórias continuavam latentes nas profundezas da consciência.

Adam sempre foi uma pessoa tímida, introvertida e de poucos amigos. Além disso, um problema o perseguia. Algo que o deprimia e continuava inflando o imenso e incompreensível vazio que o dominava todos os dias. Uma espécie de falta, uma infelicidade, um desamor sem explicação que o entristecia.

No fundo, Adam sabia que não era uma pessoa feliz e que talvez nunca encontraria a tal felicidade que todos procuravam, pois toda a sua fonte de alegria desaparecera em sua infância, no momento em que perdeu o irmão e sentiu o desprezo dos pais. Sua alegria desaparecera no dia em que seus sonhos foram embora para sempre.

Devido aos intermináveis conflitos familiares e às perdas do passado, Adam acabou aceitando as ordens impostas por sua mãe, Eva Bonnet, e assim sua vida seguiu. Ao terminar o colégio no Canadá, ele se entregou de corpo e alma à busca de uma profissão que o transformasse em uma pessoa muito rica. Depois de alguns anos, ao se formar em economia pela Universidade de Nova Iorque, acabou conseguindo o que sua mãe desejava. Agora, no entanto, prestes a completar quarenta anos, a busca desenfreada pela riqueza com a especulação financeira parecia não fazer mais sentido.

Adam sentia que o dinheiro não era mais capaz de preencher o enorme vazio que o corroía por dentro. No fundo, o objetivo de enriquecer era apenas uma justificativa para ele se afastar da família, porém, os efeitos colaterais daquele desejo acabaram transformando-o em um homem frio e calculista.

Mesmo tendo um emprego rentável, uma vida estável e uma linda esposa esperando-o em casa, Adam sentia que algo errado o rondava. Ele chegara a pensar em procurar um psicólogo que lhe desse uma explicação plausível para a imensa tristeza que envolvia sua vida, mas nunca tivera coragem de assumir que possuía qualquer tipo de problema emocional ou algum trauma do passado estivesse gerando nele alguma patologia psicossomática.

Para Adam, tudo o que acontecera em sua vida tinha sido obra de uma força maligna, uma espécie de castigo de

Deus, uma culpa que ele teria de carregar pelo resto de sua existência. A culpa de não ter feito nada para salvar seu irmão do trágico acidente na década de 1980.

Quando Adam completou vinte e oito anos de idade e se casou com Natalee, ele decidiu se conformar com sua vida e dar um basta em todas as lembranças do passado. Ele finalmente aceitou que seu sofrimento era algo comum e semelhante ao de todas as pessoas e que a perfeição jamais poderia ser alcançada, pois se tratava de uma completa utopia.

De certa maneira, seu posicionamento fora útil e cômodo por um tempo. Na verdade, fora a única saída que Adam encontrara para diminuir a angústia e a melancolia que o assombrava todos os dias. Esse artifício de empurrar as lembranças para debaixo do tapete e esquecer-se de tudo acabaram funcionando, mas, naquela manhã de sexta-feira, ao lado da estátua do Padre Duffy na Times Square, as coisas pareciam estar vindo à tona outra vez.

A mesma angústia, a mesma tristeza, as mesmas sensações estranhas oriundas do passado vieram à tona. As mesmas sensações que o fizeram perder a fala por mais de um ano, após o trágico acidente do seu irmão, em uma época de muito sofrimento, desespero e solidão. Ele se viu perdido em meio às lembranças que se misturaram desordenadamente, em um misto de sentimentos nostálgicos envolvendo a infância, a perda trágica do irmão e o ódio que sentia pelos pais. Ódio que se arrastara por toda a sua vida.

Quando era criança, Adam costumava subir até o alto do Mont-Saint-Hilaire, um lugar místico e muito conhecido no leste do Canadá. Sua casa ficava praticamente aos pés dessa montanha, um local mágico para Adam e para seu irmão Damien. Nos fins de semana, os dois garotos costumavam acampar sozinhos às margens de um enorme lago que havia no topo da montanha, um refúgio natural onde ambos podiam viver livremente, sem o olhar opressivo dos pais. Aqueles foram os melhores momentos de sua vida. Momentos que ficaram guardados a sete chaves em sua mente e que de certa forma o mantinham lúcido para suportar os fantasmas do passado.

Adam conseguira realizar o grande sonho de sua mãe ao formar-se em economia pela Universidade de Nova Iorque, mas isso não bastava para Eva Bonnet. Ela queria mais.

Para Eva, Adam deveria se portar como uma pessoa íntegra e educada, ser bem-apessoado e principalmente se casar com uma bela moça de família rica, exatamente como Natalee parecia ser. Ou seja, ele conseguira tudo o que sua mãe sempre desejara na vida, porém, existia uma intenção oculta naquilo, algo que ele não percebia ou que lhe impusera a necessidade de fazer vista grossa para não ter de confrontar a mãe. Não bastava a Eva que o filho fosse um jovem promissor e bem-sucedido. Ela se realizava em desfilar ao lado do filho vitorioso na alta sociedade da pacata cidade de Mont-Saint-Hilaire, durante as pomposas confraternizações que aconteciam no salão da igreja central no mês de dezembro.

Adam e Natalee odiavam tudo aquilo. Achavam um desperdício de tempo aquelas festas, em que as famílias tradicionais da cidade disputavam entre si suas pompas, desfilando seus herdeiros e suas conquistas, porém, tinham de cumprir todos os anos as ordens de Eva e fazer a mesma coisa: arrumar as malas e seguir de carro até Mont-Saint-Hilaire para realizar os frívolos desejos da senhora Bonnet. Satisfazer os caprichos de Eva era um esforço descomunal para Adam, pois, anualmente, sua ferida era aberta, e isso o tirava do prumo. Ele o fazia por Natalee, que, por não saber do passado do marido, o convencia a ir visitar os pais, já que não compreendia a rejeição de Adam. Ela sempre dizia: "Querido, não custa nada fazer a vontade de sua mãe. Se isso a deixa feliz, vamos".

Embora toda aquela futilidade preenchesse a vida de Eva, não preenchia um centímetro cúbico do imenso vazio que queimava secretamente as entranhas de Adam W. Stone.

Não era novidade para nenhum dos seus familiares que Adam não gostava da mãe, muito menos do pai, Robert Stone. Com exceção de Natalee, todos sabiam que Adam odiava e desprezava os pais, mas ninguém tocava no assunto durante as confraternizações de fim de ano. Era algo mudo e intocável.

Ninguém podia imaginar o drama que envolvia aquela família. Por esse motivo, Adam e seu irmão Damien sempre fugiam para o alto da montanha nos fins de semana. Eles se divertiam e aprendiam muito convivendo com a natureza selvagem, mas o que impulsionava aquelas aventuras era a vontade dos irmãos de fugir de casa, a única forma que eles encontraram para ficar longe dos pais.

Até os onze anos de idade, Adam não compreendia o que se passava dentro de sua casa. Damien era mais velho e sabia, pois vivenciava na pele todas as dores daquela família totalmente desestruturada. No entanto, após a morte repentina e trágica de Damien, a ingenuidade do menino Adam caiu por terra, e, a partir daquele dia fatídico, ele se fechou. Em seu âmago, ele começou a compreender o que acontecia dentro de sua casa, o que o fez desenvolver uma repulsa gélida a seus pais. E foi assim que o desamor se instalou na família Stone.

Mas o que, afinal, teria acontecido com Damien?

Devido aos conflitos constantes, não foi estranho ver Adam W. Stone completar dezesseis anos de idade e deixar a pacata cidade de Mont-Saint-Hilaire para estudar economia na Universidade de Nova Iorque, nos Estados Unidos. Ele sabia que, mesmo não gostando da ideia de ser um economista, aquela era sua oportunidade de sair de casa e ficar longe dos seus pais e das lembranças do passado.

O "w" do nome de Adam vinha de Willian, nome de seu avô materno, Willian Stone, um dos primeiros cultivadores de maçãs do leste da província de Quebec. No entanto, nunca ninguém o chamara de Willian, nem mesmo na escola. Somente sua mãe, Eva Bonnet, costumava chamá-lo pelo segundo nome: Willian.

Eva era uma mulher dominadora, muito disciplinada e calculista. Era pouco sensível quando o assunto eram as emoções e o afeto para com os filhos e o marido. Na verdade, o grande interesse de Eva sempre fora o dinheiro, o sucesso financeiro, os bens materiais e o *status* social. Para ela, a família fazia parte do pacote para construir sua reputação perante a sociedade, objetivo bem diferente do seu marido Robert Stone, um homem aparentemente calmo e sereno, que sonhava em ter uma família unida e feliz. Como todo ser humano, no entanto, Robert tinha suas fraquezas, e a mais tóxica era sua submissão à esposa, que o dominava completamente, fazendo-o de marionete. Foi exatamente essa dependência e essa passividade que o fizeram ser incompreendido pelos parentes, principalmente por seu filho Adam.

Adam e seu pai Robert não conseguiam se entender, e ninguém sabia exatamente o porquê. Talvez nem eles mesmos soubessem a resposta, mas a vida faria o possível para trazer a verdade à tona. Nem que para isso o custo fosse muito alto para os dois.

***

Logo após Franco seguir para o trabalho, Adam respirou fundo e apoiou a mão esquerda na estátua do Padre Duffy. Nitidamente mal, com a respiração ofegante e fortes dores no peito, ele seguiu adiante.

Como a maioria dos funcionários que trabalhava no escritório da Ashburn Investments, Adam vestia um lindo terno preto, camisa branca e gravata preta. Ele seguiu lentamente até os primeiros degraus da escadaria, onde ficara parado por alguns segundos. Olhou para cima e decidiu subir degrau por degrau entre os turistas que ali estavam sentados. Adam pediu licença e subiu as escadas com dificuldade. Assim que chegou ao último degrau, sentou-se sentindo falta de ar.

— Que droga! Eu nunca fumei na vida! Por que estou me sentindo tão cansado ultimamente? — sussurrou irritado com sua condição física.

Repentinamente, Adam sentiu um pequeno desconforto na garganta, na altura da glote. Tossiu duas vezes com força e ficou preocupado com as dores agudas. Com a mão direita, pressionou o pescoço tentando reduzir a dor causada pela tosse.

Ao lado de Adam sentou-se uma turista que aparentava ter aproximadamente vinte anos de idade e que, ao perceber a tosse esquisita daquele homem, se levantou com medo de ser contagiosa.

Adam ficou indignado com a reação da turista e se zangou com a clara falta de humanidade que os seres humanos vinham demonstrando nos últimos tempos. Sem dúvida, ele vinha colocando muitas coisas à prova ao se aproximar de seus quarenta anos de idade.

Adam nunca teve o perfil de criticar o mundo e as pessoas, sempre aceitava as coisas como eram e não costumava reclamar dos defeitos alheios, mas, nos últimos meses, o individualismo desenfreado, o consumismo, a ganância, a inveja e as dores do mundo estavam transformando-o em um homem cada vez mais melancólico, para não dizer entristecido e deprimido.

Seria apenas uma breve e passageira crise de meia-idade, ou Adam estaria ultrapassando os limites da melancolia e entrando em uma profunda depressão?

Inconformado, ele balançou a cabeça e respirou fundo, demonstrando raiva e incompreensão com a moça que se levantara abruptamente do seu lado por causa de uma simples tosse. Ainda sentindo fortes dores na garganta, Adam se apoiou entre os joelhos, tentando aliviar as dores no pescoço. Além das dores, ele queria também evitar que as pessoas o vissem daquela maneira.

Enquanto tentava se controlar, Adam sentiu o toque de uma pequena mão em suas costas e uma voz suave de criança soando em seu ouvido esquerdo:

— Está tudo bem com você, moço?

Adam levantou a cabeça e ficou assustado. Era uma linda menina de aproximadamente dez anos de idade, com cabelos louros que esvoaçavam com a força do vento gelado que soprava do sul de Manhattan. Os olhos amendoados e brilhantes da garotinha eram encantadores, e sua serenidade extremamente envolvente.

Assustado e sem jeito, Adam respondeu tentando disfarçar a dor:

— Está tudo bem, menina. Obrigado por se preocupar comigo.

— Tem certeza de que o senhor está bem? Não está parecendo.

— Estou sim. Fique tranquila — Adam tossiu outra vez.

A menina sorriu discretamente e fixou os olhos de Adam. Ele perguntou:

— Não está com medo de mim como aquela moça que se levantou há pouco?

— Não. Claro que não. Por que eu teria medo?

— Não sei. Parece que todos nesta cidade estão com medo de alguma coisa. Isto aqui nem parece vida real. Parece que as pessoas estão vivendo uma guerra. Uns estão com medo dos outros. Cada um está pensando em si mesmo e passando por cima de qualquer coisa para conseguir o que quer.

— Acho que o senhor não está se sentindo muito bem — a menina insistiu.

De repente, Adam sentiu uma forte agulhada no pescoço e gritou:

— Ai, que dor!

— Eu disse que o senhor não estava bem!

— Tem razão, menina — Adam respondeu, após levantar outra vez a mão direita até o pescoço, tentando suavizar a dor. — Venho me sentindo estranho ultimamente. Sinto fortes dores na garganta, e essa tosse não quer ir embora.

— Só isso? — perguntou a menina.

— Sim, só isso.

— Não sente mais nada?

— Não. Por quê? Deveria sentir mais alguma coisa?

— Sim.

— O quê?

— Você precisa descansar, moço.

Adam conversava com a menina observando-a apenas com o canto dos olhos, mas, assim que ela disse "você precisa descansar", instintivamente ele levantou a cabeça e olhou diretamente para o rosto da garotinha. Com o semblante alarmado, ele indagou:

— Por que você está dizendo isso, menina?

— Não sou eu quem está dizendo isso, moço! São os seus olhos. Os olhos falam. O senhor não sabia que os olhos falam?

— Falam? Como assim?

— Sim, eles falam. Os olhos conversam comigo. Eu posso compreendê-los.

Adam ficou intrigado:

— Está dizendo que pode ver algo dentro dos meus olhos?

— Sim, senhor.

— E o que eles estão dizendo?

— Que o senhor precisa descansar.

— Descansar?

— Sim. E estão dizendo outras coisas também. Na verdade, é a íris dos olhos que diz. Eu consigo ler a íris dos olhos das pessoas. É algo natural para mim.

— E o que a íris dos meus olhos está dizendo agora?

— Que é hora de o senhor partir e não desistir.

— Partir para onde?

De súbito, ela passou carinhosamente a mão direita nos cabelos de Adam e disse:

— Partir, moço. Deixar esta vida para trás. É isso.

Adam sentiu um nó na garganta e uma vontade incontrolável de chorar. Aquela pequenina mão acariciando seus cabelos era-lhe como um golpe certeiro no coração. Com os olhos marejados, Adam não se conteve e entregou-se àquele momento.

Nitidamente nervoso por não conseguir controlar suas emoções, Adam indagava-se em pensamento: "Oh, meu Deus! O que está acontecendo comigo?".

Aquele gesto singelo de pura amorosidade fez Adam ativar lembranças e sentimentos há muito tempo esquecidos, tirando-o de sua zona de conforto em que lutava para se manter lúcido durante tantos anos. Intrigado e confuso, ele perguntou:

— Por acaso estou sonhando? Você está dentro do meu sonho, menina?

— Não, moço, você não está sonhando. É tudo real, completamente real.

Ela não estava mentindo. Era tudo real e não um mero sonho, tampouco uma visão ou devaneio, pois ao redor tudo estava em movimento. As pessoas caminhavam pela praça normalmente, fotografavam, gritavam e riam ao lado de seus familiares, mas as sensações que ele experimentava eram estranhas. Adam fora tomado por uma mistura de alegria e tristeza, de saudade e desespero. Saudade principalmente de seu irmão Damien e das brincadeiras de infância.

Como era possível que tantas lembranças voltassem de maneira repentina na manhã daquela sexta-feira? E qual seria o motivo de aquilo estar acontecendo ao lado de uma linda menina com capacidade de ler a íris das pessoas?

Até aquele momento, Adam tinha certeza de que seu passado havia sido enterrado e de que as sensações horríveis da infância haviam desaparecido de sua vida de uma vez por todas, mas fora apenas ilusão. As lembranças ainda estavam vivas como sempre estiveram e brotavam inesperadamente das profundezas de sua mente. Seu maior medo estava manifestando-se outra vez.

Com a respiração ofegante e buscando sair daquela espécie de transe em que estava, Adam olhou para os lados e tentou chamar a atenção das pessoas ao redor, mas ninguém lhe respondia. Era como se ele estivesse invisível no meio da multidão. Percebendo que ninguém o ouvia, Adam tentou reagir. Seu desejo era gritar, mas sua voz não saía, exatamente como acontecera no passado quando ele, com apenas onze anos de idade, viu seu irmão Damien ser atropelado.

A agonia gerada naquele dia fatídico parecia estar sendo revivida, bem ali, entre centenas de pessoas desconhecidas no centro financeiro de Manhattan. Além das fortes dores na garganta, agora as dores da alma começavam a manifestar-se com ferocidade.

Incomodado e nervoso, Adam sentiu a pequenina mão da menina tocando suavemente suas costas outra vez. Ele levantou um pouco a cabeça, olhou de lado e, sem controle sobre suas emoções, tentou pedir ajuda para a menina, mas sua voz não saiu. Ele não conseguiu dizer nada, apenas a olhou com agonia, enquanto um gigantesco nó parecia travar completamente sua garganta.

Adam abaixou a cabeça e chorou em silêncio.

Com a mesma voz suave, a menina se aproximou e sussurrou ao seu ouvido direito:

— Calma! Tenha calma! Você precisa descansar, moço! Descansar, partir e não desistir. Lembra-se? Abaixe a cabeça e tente respirar. Não se preocupe com as pessoas que estão ao redor. Pense somente em você e em sua vida.

Adam tentou fazer o que a menina pedia e respirou devagar. Em poucos segundos, passou a sentir uma energia de paz muito grande ao seu redor, e a menina continuou:

— Moço, não pense nos problemas. Tente pensar somente nas soluções.

Adam balançou a cabeça demonstrando que estava compreendendo.

— Acalme-se! Tudo vai ficar bem. Sabe por quê? Porque no fundo da íris dos seus olhos vi uma linda cadeia de montanhas brilhantes e douradas. Sabe o que isso significa?

Adam ficou quieto, apenas escutando o que a menina dizia.

— Isso significa que você conseguirá obter tudo o que sempre desejou na vida. Pode parecer estranho, mas, quando vejo montanhas gigantes se formarem no fundo dos olhos de uma pessoa, isso significa que a vitória é certa. É por isso que lhe peço para não desistir, porque compreendo o que seus olhos estão dizendo. Eles são como portais do tempo e revelam o que está escondido dentro de sua alma, entende?

De repente, Adam percebeu que alguém subia os degraus da escadaria e se aproximava. Era um homem usando sapatos pretos impecavelmente lustrados e calça de linho cor de chumbo. Ele parou no degrau de baixo e disse:

— Vamos, Annie! Está na hora! Já terminamos.

— Papai, só um minuto, espere a música começar. Está tudo bem comigo. Não precisa se preocupar.

— Eu a conheço bem, Annie. O que era para ser feito já foi feito. Vamos descer, pois suas irmãs a estão chamando.

A pequena Annie tentou disfarçar, mas seu pai parecia conhecê-la muito bem:

— Annie, por acaso você estava incomodando esse moço?

Annie se levantou, e o homem, supostamente seu pai, dirigiu a palavra para Adam:

— Moço, por acaso minha filha estava incomodando o senhor?

Adam não conseguiu levantar a cabeça para responder e apenas balançou a cabeça negativamente.

— O que ele tem, Annie? Vi que estavam conversando.

— Não se preocupe com ele, papai. Depois eu lhe conto.

— Tudo bem. Então, vamos até o carrinho de pipocas, pois suas irmãs estão nos esperando lá embaixo.

Adam escutou a conversa, mas não conseguiu levantar a cabeça para ver quem era o tal homem. Ele não poderia ser pai de uma menina de apenas dez anos, pois sua voz era rouca e imponente e aparentava ser uma pessoa de idade avançada. Talvez tivesse até uns oitenta anos de idade.

O homem desceu as escadarias antes da menina, e Annie se aproximou de Adam sussurrando outra vez a seu ouvido:

— Moço, eu preciso ir embora. Não se preocupe. Tente respirar fundo e não pensar em nada. Fique aí e apenas ouça a linda música que o pianista vai tocar em alguns segundos. Assim que ele terminar de tocar, abra os olhos e perceba todos os detalhes ao seu redor. Preste atenção no que verá, pois tudo ficará bem outra vez. Não se preocupe com nada agora — ela tentou acalmá-lo. — Moço, existe uma magia no mundo que poucos conseguem ver. Com certeza, você também não consegue, mas um dia verá. Eu vou lhe ajudar a enxergar essa magia, então, fique calmo e não se esqueça de que as montanhas douradas brilham no fundo dos seus olhos. E isso é um presente que os deuses lhe darão um dia.

Sem entender direito o que a menina estava dizendo, Adam balançou a cabeça afirmativamente.

— Até logo, moço. Preciso ir, pois meu pai e minhas irmãs estão me esperando.

Adam tentou levantar a cabeça para agradecer e olhar pela última vez o rosto da singela Annie, mas seu esforço foi em vão. Sua cabeça parecia pesar mais de uma tonelada, e a única coisa que lhe restou foi manter a calma e aguardar o pianista começar a tocar. Mas tocar o quê? Para quê?

Annie desceu a escadaria e foi ao encontro de seu pai, que já a esperava ao lado de um lindo carrinho de pipocas de estilo dos anos 1950.

Adam se esforçou, olhou por entre os joelhos e conseguiu ver as pernas de Annie. A menina usava pequeninos sapatos de camurça cor de creme com cordões brancos e um lindo vestido branco rendado e meias com bordados floridos. No entanto, não foi a vestimenta da garotinha que o intrigou, mas sim seus pés tortos e as muletas de metal em que se apoiava. Aquela menina meiga e atenciosa parecia sofrer de algum tipo de paralisia dos membros inferiores.

Ele sentiu pena ao vê-la descendo a escadaria com dificuldade, mas continuou intrigado, sem conseguir compreender o motivo de ela ter surgido ao seu lado naquela manhã.

Durante alguns minutos, um silêncio indescritível tomou conta da mente de Adam. Com dificuldade, ele conseguiu erguer um pouco a cabeça e enxugar com o punho direito os olhos ainda marejados.

Tentando encontrar Annie na multidão, Adam olhou para baixo, e, exatamente como a menina previra, uma linda melodia começou a ecoar a menos de trinta metros de distância dele, do lado direito da praça, em frente a uma enorme loja de celulares. Parecia algum tipo de lançamento, promoção ou inauguração.

Adam se ateve por alguns minutos à melodia que confortava seu coração, e seus olhos procuraram Annie. "Onde ela está? Foram apenas alguns segundos! Como ela pode ter desaparecido tão rápido?".

De repente, a melodia terminou e centenas de pessoas começam a aplaudir. Certamente, deveria tratar-se de um pianista famoso.

Adam ficou confuso e com a leve sensação de que já vira aquela menina em algum lugar, no entanto, ante os últimos acontecimentos, ele não tinha certeza de mais nada.

Com o queixo sobre os joelhos e sentindo muitas dores no pescoço, Adam conseguiu enxergar ao longe o carrinho de pipocas. Um carrinho branco com toldo listrado vermelho e branco, enfeitado com algumas bandeirolas coloridas que esvoaçavam com a força do vento frio e cortante que vinha do sul de Manhattan, que, no entanto, não parecia espantar as crianças. O carrinho de pipocas parecia um ponto de encontro, onde todos se juntavam para se aquecer e se deleitar com o delicioso aroma que saía de um tacho fervente de caramelo.

Adam fixou o olhar na pessoa que mexia o tacho com uma colher de pau e notou que era uma senhora de aproximadamente setenta anos de idade. O que lhe chamou a atenção foi a alegria da mulher enquanto atendia dezenas de clientes que esperavam ansiosos pelas guloseimas. Com calma e demonstrando carinho, ela enchia os sacos de pipocas e depois os entregava às crianças e aos adultos que aguardavam na fila.

Hipnotizado, Adam ficou observando aquela senhora e percebeu que ela agia de uma maneira diferente. Assim que entregava o saco com as pipocas, ela abraçava cada um dos clientes e em seguida lhes dizia algo olhando nos olhos. Certamente, aquela senhora tratava-se de uma exímia marqueteira, pois não havia mais nenhum carrinho de pipoca por ali, somente o dela. Sua técnica era infalível, e sua pipoca devia ser deliciosa, pois a fila que se formara era longa.

Adam olhou para o outro lado da praça e conseguiu enxergar o pianista que começava a esboçar uma nova melodia em seu piano. Ele tentou identificar o músico, mas não o reconheceu. Pensou que não deveria ser ninguém famoso, mas que ainda assim tocava lindamente. Eram um senhor negro bem idoso de aproximadamente oitenta anos de idade.

Adam achou tudo aquilo muito estranho, pois parecia algo combinado, que soava de maneira falsa. Não pareciam aplausos e gritos verdadeiros. "Será tudo uma grande mentira? Mas por quê? Para quê?", questionava-se. Ele sentia-se confuso, pois não via coerência alguma na cena que se passava ao redor da praça.

"Será algum tipo de sonho ou alucinação?", questionou-se novamente. Logicamente não, pois tudo era real. As pessoas eram reais, a pipoca era real, o carrinho era real. Tudo era real. Apenas os aplausos e gritos soavam falsos, superficiais.

Adam olhou novamente para o carrinho de pipocas e sussurrou para si mesmo:

— Meu Deus! Lá está ela!

Annie estava atrás do carrinho recebendo um saco cheio de pipocas fumegantes e um carinhoso abraço da pipoqueira.

A menina sorriu para a senhora, que se abaixou e disse algo a seu ouvido. Adam ficou intrigado e tentou decifrar o que a mulher estava dizendo para a menina, mas não conseguiu fazer a leitura labial da proprietária do carrinho. Annie, então, se despediu amavelmente, encheu a mão de pipocas e colocou tudo na boca de uma só vez.

De repente, Adam levou um susto, pois, naquele momento, a menina virou o rosto e olhou diretamente para ele sorrindo de forma discreta, como se soubesse que Adam estaria olhando para ela do alto da escadaria.

Ele ficou sem jeito, mas não desviou o olhar da menina, que acenou com a cabeça indicando que Adam deveria olhar para o outro lado da praça, na direção do pianista, e não para ela. Era como se Annie dissesse: "Preste atenção no pianista, não em mim".

Adam compreendeu o sinal, mas começou a se sentir mal outra vez. Ele olhou na direção do pianista, porém, logo voltou o olhar para Annie, e nesse momento ela foi ao encontro do pai, que estava sentado a uma mesa próxima ao carrinho de pipocas.

Conforme Adam imaginara, o suposto pai da menina era um senhor de idade avançada, que aparentava ter aproximadamente oitenta anos de idade. Era um homem calvo, com cabelos brancos e penteados para trás, muito bem vestido e aparentemente rico.

O senhor de repente se levantou e caminhou na direção da menina com a ajuda de uma bengala. Ele foi até o carrinho de pipocas, agradeceu à senhora, pagou a guloseima com algumas moedas e em seguida ajudou Annie a se locomover. Com carinho, ela acompanhou o pai até uma mesa, onde mais quatro meninas muito comportadas estavam sentadas olhando fixamente o movimento da multidão, enquanto se deliciavam com seus sacos de pipocas caramelizadas e com seus enormes copos de refrigerante.

Com dificuldade, Annie apoiou suas muletas na borda da mesa e sentou-se ao lado de uma das meninas, que aparentava ter no máximo oito anos de idade e que provavelmente era sua irmã. Adam, por sua vez, ficou parado onde estava apenas analisando a cena.

Propositadamente e sem que a suposta irmã percebesse, Annie roubou uma pipoca do saco da menina, que imediatamente se irritou, mas não reagiu. Annie jogou a pipoca para cima e, em tom de brincadeira, a pegou com a boca. Pouco depois, todas as meninas já gargalhavam com a brincadeira que a garotinha acabara de fazer.

De longe, Adam olhava para aquela cena lúdica, mas sem compreender o que estava acontecendo.

A suposta irmã de Annie se rendeu à brincadeira e também começou a gargalhar. Annie se aproximou dela, lhe deu um beijo no rosto e disse algumas palavras a seu ouvido. Ela parecia emanar algo de especial em seu semblante, pois era visível que Annie tinha o poder de envolver as pessoas que a rodeavam com uma energia de alegria e paz.

De longe, Adam viu a irmã de Annie abrir um sorriso de satisfação ao ouvir as palavras ditas a seu ouvido. Depois, Annie deu um abraço apertado na menina e sentou-se ao seu lado para lamber os dedos envolvidos pelo caramelo. Parecia que aquela pipoca tinha o poder de enfeitiçar as crianças, como se fosse regada com uma espécie de elixir mágico da alegria.

O suposto pai das meninas apoiou sua bengala ao lado das muletas de Annie, sentou-se junto das crianças para beber um pouco de refrigerante e acenou para uma mulher que conversava com a pipoqueira. Imediatamente, ela se despediu com um forte abraço e seguiu até a mesa, sentando-se ao lado do senhor e das crianças.

Sem que as pessoas ao redor percebessem, exceto Adam, que via tudo a distância, ela delicadamente colocou a mão direita sobre a perna do velho senhor, deu um beijo em seu rosto e sorriu para as meninas que estavam sentadas à mesa, demonstrando um claro sinal de cumplicidade e amor incondicional.

Adam questionou-se: "Quem são essas pessoas? Que casal é esse? Que crianças são essas?".

Uma cena realmente bucólica, porém emocionante e envolvente. Era claro que aquela família estava ali para assistir à apresentação do tal pianista, e, mesmo que tudo parecesse falso para Adam, as pessoas pareciam estar gostando bastante da apresentação, pois aplaudiam e se divertiam como se estivessem em um verdadeiro *show*.

Adam olhou novamente para o pianista, e as dores na garganta ficaram mais intensas, fazendo-o encolher-se e pressionar o pescoço. Ele fechou os olhos, enquanto respirava com dificuldade. Adam tentava se concentrar na bela melodia que ecoava pela Time Square e surpreendentemente era como se sua mente absorvesse cada nota. E mesmo que ele estivesse sentindo fortes dores, nenhum pensamento ruim, nenhuma lembrança negativa do passado ou ansiedade vinda do futuro abalaram-no naqueles breves minutos.

Foram aproximadamente dois minutos de paz e plenitude, algo que Adam não estava acostumado a sentir. Havia paz em seu coração. "O que está acontecendo comigo, afinal?", perguntou-se.

Os relógios digitais da Times Square marcavam 11h10, o que significava que o pregão da NASDAQ já começara e que seu chefe certamente estava morrendo de raiva no escritório por Adam não estar lá. Naquele momento, no entanto, ele não pensava em nada. A música era tão intensa e envolvente que a sensação de paz e harmonia superavam tudo, até mesmo as dores físicas e as preocupações com o trabalho.

Durante a apresentação do pianista, Adam parou de lutar contra si mesmo e se redimiu. Ele, por fim, acalmou-se e apenas ouviu a melodia que soava ao fundo, exatamente como Annie sugerira. Suas emoções, então, começaram a aflorar, e sua mente fê-lo voltar à infância na periferia da cidade de Mont-Saint-Hilaire.

A mente de Adam voltou-se rapidamente para um tempo remoto de tristezas e angústias, quando ele ainda era criança e morava com os pais no leste do Canadá, aos pés de uma montanha. Dessa vez, no entanto, as lembranças dolorosas do passado não o fizeram sofrer como de costume. Somente as boas lembranças vinham à sua mente, como se uma tela mental abrisse em sua cabeça, mostrando-lhe apenas os bons momentos vividos ao lado de Damien.

Ao mesmo tempo em que escutava a linda música, Adam sentia algo mais forte. Era como se a harmonia musical do piano ressoasse com as imagens mentais que se formavam, como se fosse um filme sincronizado e perfeito.

Adam não conseguiu conter-se e chorou de emoção ao lembrar-se das brincadeiras que fazia com seu irmão, dos tombos propositais na lama gelada do sítio onde moravam, das escaladas perigosas nas encostas do Mont-Saint-Hilaire, que ficava nos fundos da propriedade, e das fogueiras e dos acampamentos que costumavam fazer nos fins de semana no topo da montanha. Somente boas lembranças vinham-lhe à mente sofrida e conturbada, como se Adam estivesse revivendo tudo em apenas alguns segundos.

Adam sempre teve medo do passado. Ele não suportava as coisas que ficaram para trás, pois acreditava que no passado só existia dor, desgraça, desamor, culpa e brigas, muitas brigas. Contudo, naquele momento, todas essas lembranças ruins pareciam lutar milagrosamente para deixar sua mente em paz, em sinal de trégua. As dores de sua alma, no entanto, não conseguiam encontrar uma saída. Era uma verdadeira luta de titãs. As lembranças traumáticas e negativas queriam desaparecer para sempre, mas não havia saída plausível, já que sua alma estava entregue às dores e repleta de feridas. Parecia que as portas de sua consciência estavam todas fechadas. Sendo assim, sua mente, em sinal de sobrevivência, migrava todas essas lembranças das profundezas e as introjetava em seu corpo físico, somatizando todos os sofrimentos guardados durante os últimos vinte e nove anos para expurgá-los de uma vez por todas.

Esse processo era doloroso, e estava claro o que acontecia com Adam. As lembranças do passado estavam transformando-se em algo físico: uma doença. Adam, no entanto, não sabia que seu estado de saúde era grave e que um câncer já se instalara em seu organismo, subindo pela traqueia e invadindo a parte posterior de sua garganta.

Mas as grandes perguntas eram: Por quê? Para quê? Por que o sofrimento e as lembranças do passado estavam surgindo outra vez naquela manhã de sexta-feira?

Aquela melodia levou Adam para mais perto de Damien, fazendo-o lembrar-se de quando o irmão era vivo e a música era uma paixão em comum. Sempre estimulados por seu avô Willian Stone, ambos tocavam juntos em festas e casamentos na pacata cidade de Mont-Saint-Hilaire.

Willian Stone, conhecido também como "The Stone Man"[3], atuava como pianista nos fins de semana e adorava alegrar as pessoas nas festas de confraternização da Igreja Central de Mont-Saint-Hilaire. "Homem de Pedra" foi o apelido que Willian recebeu quando serviu à Marinha durante a Segunda Guerra Mundial por ser um dos soldados mais fortes da esquadra. Ele era a única pessoa da esquadra que conseguia alegrar as tropas no navio, quando os capitães decidiam levá-los para treinamento em alto-mar.

Willian era um pianista magnífico e sempre que podia levava Adam e Damien para tocar nas festas da igreja. Damien gostava de tocar folk e música regional. Ele cantava e Adam tocava violão. Era o que eles mais adoravam na vida: tocar ao lado do avô.

Adam e Damien sempre sonharam em ser artistas. Quando Damien completou doze anos de idade, ele disse, enquanto comia um *hot dog* na lanchonete da escola após a aula, que seu maior sonho era se tornar uma pessoa conhecida no mundo inteiro, talvez um músico, cantor ou cineasta. Ele dizia que realizaria seu grande sonho um dia de qualquer maneira e, quando o fizesse, levaria Adam com ele para onde quer que fosse.

Adam sempre acreditou nas promessas do irmão mais velho e o cobrava muito por isso, mas, depois do acidente fatal que ocorreu na primavera de 1986, todos os sonhos foram destruídos em apenas um segundo. Tudo acabou sendo sepultado junto com o corpo de Damien no cemitério central da cidade de Mont-Saint-Hilaire.

***

Não demorou muito, e o pianista finalizou sua apresentação brilhantemente. De repente, Adam notou uma enorme

---
3 Homem de Pedra.

movimentação de pessoas na praça. Eram vários seguranças vestidos de preto e alguns vestidos com coletes verde-limão fluorescentes. Estavam por todos os lados e se aproximavam da escadaria educadamente, pedindo para as pessoas se levantarem e aplaudirem o pianista. Adam, então, percebeu que estava na hora de sair dali rapidamente antes que alguém o derrubasse.

Com dificuldade e meio zonzo, ele se levantou e seguiu na direção contrária à multidão. Enquanto todos rumavam para o lado direito da praça na direção do pianista, Adam foi para o lado esquerdo na direção do carrinho de pipocas e da mesa onde Annie estava com sua família.

Cambaleando e desnorteado, ele se aproximou do carrinho, mas algo lhe dizia para seguir adiante e não parar. Adam tinha que ir ao trabalho, mas uma força o levava na direção de Annie. Ele, por fim, passou ao lado do carrinho de pipocas e sem hesitar parou a alguns metros da mesa.

Nesse momento, Adam sentiu como se estivesse em um filme em câmera lenta. Ao fixar os olhos brilhantes e azuis da pequena Annie, tudo de repente começou a ficar devagar.

Annie percebeu que Adam estava vindo em sua direção e demonstrou nervosismo. Sem titubear, a menina se levantou da cadeira, segurou rapidamente suas muletas de alumínio e tentou evitar que Adam se aproximasse da mesa.

Sem compreender o que estava acontecendo, Adam se espantou com a agilidade da menina, que se postou à sua frente dizendo em tom imponente e preciso:

— Hei, moço! Não pode passar deste ponto, por favor.

Adam se assustou com o estranho posicionamento da menina.

— Por que não? O que está acontecendo com você, afinal? Por que não posso conhecer seus pais e suas irmãs?

— Porque não.

— Mas por que não? Pelo menos me diga o porquê.

— Porque você ainda não está preparado.

Adam olhou por cima do ombro de Annie e percebeu que as outras meninas não haviam notado sua presença, mas o velho sim. Sentado, ele levantou seu chapéu negro e disse:

— Annie, volte para cá e sente-se à mesa, por favor. Sua irmã está precisando de sua ajuda.

— Já vou, papai. Só um minuto.

— Está tudo bem, Annie? — seu pai perguntou.

— Sim! Está tudo bem, papai! Não se preocupe.

Mas o senhor insistiu:

— Por acaso esse moço é o tal rapaz, Annie?

A garotinha ficou irritada com o pai:

— Não, não é ele, papai.

— Pensei que era o rapaz de quem estávamos falando há pouco.

— Não é sobre ele que estávamos falando, papai.

— Bem, sendo assim, temos que chamar George e mudar as coisas.

— Não mude nada ainda, papai. Tenha calma!

— Não posso esperar, querida. Precisamos ser rápidos nas decisões aqui. Como você sabe, tempo é dinheiro.

O velho homem se levantou e começou a dar ordens para alguns daqueles homens que estavam vestidos de preto:

— Hei, George! — ele gritou. — Vá até o outro lado da praça e diga a Joe que preciso falar com ele agora mesmo.

Adam não entendeu nada e ficava cada vez mais confuso:

— O que seu pai faz? Quem são essas pessoas de preto?

A irmã de Annie interrompeu a conversa:

— Annie, eu quero mais refrigerante. Estou com sede.

A garotinha se irritou e virou de costas para Adam:

— Já vou, Lisa! Calma! Por que você não pede para Kelly comprar o refrigerante para você?

— Por que você está mais perto do carrinho! Só por isso.

— Tá bom! Tá bom! Já vou ajudá-la.

Adam percebeu que estava atrapalhando e tentou remediar a situação:

— Desculpe, Annie, eu só queria saber de onde a conheço. Tenho certeza de que já nos vimos em algum lugar antes. Sua fisionomia não me é estranha.

— Desculpe, moço, mas não sei de onde você me conhece. Pode até me conhecer, mas tenho certeza de que nunca nos vimos antes.

— Que estranho! — Adam sussurrou.

Annie mostrou-se inquieta e irritada:

— Moço, por favor, é melhor você ir embora!

— Mas você foi tão atenciosa comigo minutos atrás. Por que está tão arredia agora?

— Porque não era para você vir até aqui, só por isso. Por favor, estou lhe pedindo que vá embora.

— Tudo bem, eu irei. Até porque não estou me sentindo muito bem.

— Não se preocupe. Você vai melhorar. Um dia, nós nos encontraremos novamente. Tenho certeza de que um dia isso acontecerá.

— Será? Como pode ter tanta certeza disso?

— Se eu lhe responder, promete que me deixa em paz?

— Sim, eu prometo.

Annie olhou para trás e percebeu que suas irmãs estavam distraídas, prestando atenção na movimentação da praça.

— É o seguinte, moço... Eu tenho um dom!

— Um dom?

— Sim. Eu possuo um dom. O dom de ver o futuro.

— O quê?

— É isso! Você entendeu muito bem.

— Meu Deus! Como assim?! — Adam exclamou indignado.

— Eu e meu irmão mais novo nascemos com esse dom.

— Meu Deus! Isso é verdade?

— Sim, é verdade. Mas agora é melhor que vá embora.

— Explique melhor esse tal dom que você possui.

— Combinamos que eu responderia à pergunta e que você iria embora. Não combinamos que eu responderia à pergunta e que você faria outras perguntas.

— Seus pais sabem disso?

— Está vendo? Você está fazendo mais uma pergunta.

— Responda somente a essa pergunta, e lhe prometo que irei embora.

— A resposta é sim. Meus pais sabem de tudo. Agora chega.

A irmã mais nova da garotinha insistia e suplicava para Annie voltar:

— Annie, volte logo. Estou morrendo de sede.

— Até logo, moço. Como pode ver, eu preciso ir. Nós nos encontramos por aí.

— Tudo bem, eu vou embora. Até logo.

— Até logo, moço.

Adam virou-se e começou a andar, mas a menina o chamou outra vez e disse:

— Moço!

— O que foi?

— A propósito, os números de que precisa saber são 12111421122. É melhor não esquecer.

— Números? Que números? Sobre o que você está falando, Annie?

— Vai descobrir em breve, não se preocupe. Até logo.

Annie deixou Adam sozinho e seguiu na direção do carrinho de pipocas para comprar outro refrigerante para sua irmã Lisa.

Sem escolha, Adam pegou uma caneta e anotou os números que Annie ditara na palma de sua mão e em seguida entrou na multidão para ir até a corretora de Valores Ashburn Investments, ao lado do edifício da NASDAQ.

43

Capítulo 2
NASDAQ

Franco assustou-se ao ver Adam entrando no escritório e indo direto à sala do senhor Ashburn Ashburn.

Apreensivo e assustado, Franco levantou-se e tentou evitar que Adam entrasse na sala do chefe daquela maneira:

— Adam, o que está fazendo? Está ficando doido? Não está vendo que o chefe está conectado, fechando dezenas de ordens de compra ao mesmo tempo? Todos estão trabalhando como loucos esta manhã.

— Eu preciso falar com o senhor Ashburn.

— Tem certeza?

— Sim, por quê?

— Porque ele está louco com você, cara. Se eu fosse você, não entraria na sala dele agora.

— Por quê?

— Porque ele acabou de perder 500 mil dólares numa operação malfeita.

— Sério?

— Sim. E ele disse que tudo aconteceu porque você não estava aqui quando ele mais precisou. Ashburn disse que precisava dos relatórios dos estudos gráficos das ações preferenciais das empresas japonesas de tecnologia, pois seriam as únicas referências para ele nesta manhã. E você não estava aqui para apresentar esses relatórios. Onde estava, afinal, Adam? Não vai me dizer que estava até agora na Times Square.

— Sim, eu estava lá até agora.

Adam olhou pelo vidro que separava a sala dos operadores e a sala de senhor Ashburn e percebeu o nervosismo do chefe falando ao telefone.

— E então, está melhor? — Franco perguntou.

— Não estou me sentindo muito bem. Tive momentos difíceis e estranhos esta manhã lá na Times Square.

— Eu percebi que você estava muito estranho.

— Não foi fácil, amigo, não mesmo. Depois do trabalho, eu lhe conto.

— Então, sente-se e comece a trabalhar. Não acho uma boa ideia atrapalhar o senhor Ashburn neste momento. Ele já brigou com metade do escritório esta manhã.

Adam não se importou.

— Eu preciso falar com Ashburn e pedir desculpas por meu atraso.

Adam seguiu para a sala do chefe, deixando Franco falando sozinho. De maneira inconsequente, ele abriu a porta e se aproximou da mesa do chefe. Reynolds estava enlouquecido ao telefone, e Adam o abordou:

— Senhor?

Reynolds levantou a mão com raiva, pedindo para Adam ficar quieto, pois estava ao telefone tentando explicar ao seu melhor cliente as perdas gigantescas que haviam acontecido logo nas primeiras horas daquela manhã.

Segundos depois, Reynolds desligou o telefone, colocou as mãos na cabeça em sinal de desespero, respirou fundo e olhou novamente as cotações em um dos seus monitores, notando que as ações da Twenty Technology estavam caindo drasticamente. Ele desesperou-se e tentou encontrar uma solução, mas não conseguiu. Era o típico pavor de um mero iniciante atingindo diretamente um dos maiores conhecedores do mercado acionário dos Estados Unidos: o senhor Ashburn Ashburn, fundador da Ashburn Investments.

Adam tentou desculpar-se:

— Desculpe ter chegado atrasado, senhor Ashburn. Não estava me sentindo muito bem esta manhã. Na verdade, continuo não me sentindo muito bem.

Reynolds fixou os olhos de Adam:

— Por acaso você sabe o que sua irresponsabilidade nos causou esta manhã, senhor Adam Stone?

— Não sei, mas posso imaginar olhando para seus monitores, senhor.

Reynolds era um homem austero, que não admitia descumprimentos em sua corretora de valores, pois batalhara muito na vida para chegar aonde chegara. Nascido no sul do estado do Mississippi, ele era negro, alto, magro, de aproximadamente cinquenta e cinco anos de idade. Era casado havia mais de trinta anos com Sarah Ashburn, uma mulher extremamente dedicada ao trabalho, e tinha quatro filhos. A Ashburn Investments era uma das corretoras de valores mais conceituadas de Manhattan, especializada em administrar os fundos de pensão dos maiores empresários de Nova Iorque e de empresas de tecnologia do sul dos Estados Unidos e do Vale do Silício.

Rodeado por três grandes monitores, três *smartphones* de última geração e um fone de ouvido, que ele costumava utilizar para conversar diretamente com seus clientes ao redor do mundo, Reynolds, nitidamente zangado, retirou o fone do ouvido, digitou algumas ordens rapidamente em seu computador e disse:

— Acabamos de perder nada mais, nada menos que 600 mil dólares em menos de uma hora, Adam. Isso é o que está acontecendo. Se você estivesse aqui para me orientar e mostrar os estudos gráficos das empresas japonesas, como havia lhe pedido ontem, pelo menos eu saberia que essa droga de ação da Twenty Technology cairia drasticamente quando fosse lançada no mercado. A cotação abriu o pregão custando 20 dólares e agora já está custando 18 dólares e dez centavos. Ou seja, já perdemos um dólar e noventa centavos por ação. E eu adquiri mais de trezentas mil ações dessa droga de companhia, pensando que estaria fazendo um ótimo negócio. Está entendendo? Nós estamos perdidos, Adam! Eu estou perdido!

— Deixe-me ver isso, senhor. Com licença.

Adam era um dos mais experientes analistas de Nova Iorque e, assim que olhou no Home Broker[4] de Reynolds, percebeu que algo muito estranho estava acontecendo com as ações recém-lançadas da Twenty Technology. Parecia ser algum tipo de especulação provocada por investidores que estavam em Tóquio. Algo incompreensível e irracional, mas ele notou que milhares de negociações estavam sendo feitas ao mesmo tempo, porém, a maioria das ordens era de venda e não de compra. Ou seja, todos os investidores tinham resolvido vender as ações que tinham acabado de adquirir no início do pregão, um movimento abrupto que Adam acreditava ser um claro sinal de pânico especulativo. Ele disse:

— Senhor, precisamos tomar uma drástica decisão.

— Decisão? Que decisão?

Adam olhou através da divisória de vidro que separava a sala dos operadores e percebeu que os trinta funcionários da empresa estavam todos parados olhando assustados para a sala da chefia.

— Com licença, senhor Ashburn.

Adam seguiu até a porta da sala e gritou:

---

[4] É um sistema oferecido por diversas companhias para conectar seus usuários ao pregão eletrônico no mercado de capitais.

— Todos vocês! Quero que travem seus aplicativos e sistemas de operação agora mesmo e não negociem qualquer ação neste momento. Não façam nenhuma ordem de compra ou venda.

Reynolds ficou irritado ao ver Adam quebrando a hierarquia. Ele retornou e disse ao chefe:

— O senhor também, senhor Ashburn. Não faça nada. Apenas espere, por favor.

Adam retirou o paletó e começou a suar frio. Algo dizia para ele fazer o que tinha em mente. Era uma espécie de instinto, não uma decisão lógica.

Ele desabotoou os botões da camisa e enrolou as mangas até os cotovelos.

— Senhor, eu preciso me sentar em frente aos seus monitores.

— O que está pensando em fazer, Adam? Por que vai se sentar em meu computador? Vá e faça o que tem que fazer em seu computador.

— Não posso, senhor, desculpe.

— Por que não pode?

— Depois eu lhe explico. Eu preciso que o senhor se levante e me deixe sentar em sua poltrona.

— Droga! Droga! O que está pretendendo fazer, Adam?

— O senhor precisa confiar em mim. Confia ou não?

— Não sei, acho que sim.

— Sim ou não?

— Já disse que eu não sei!

Na verdade, nem mesmo Adam confiaria tanto assim em si mesmo naquele momento, afinal eram milhões de dólares que estavam em jogo. Um ato falho, uma ordem equivocada, e pronto! Tudo estaria perdido. Reynolds era experiente e sabia dos riscos que estava correndo, mas acabou concordando:

— Tudo bem, Adam, sente-se e faça o que precisa ser feito.

Adam sentou-se na poltrona de Reynolds e acessou o sistema. Todos os operadores se levantaram e ficaram parados olhando através do vidro, inclusive Franco, que sussurrou para si mesmo:

— Droga! O que você está fazendo, Adam? Oh, meu Deus! Você pode acabar com tudo, inclusive com sua carreira e com nossos empregos.

Adam se posicionou e digitou algumas ordens de venda, mas não as concluiu. Antes de apertar o *Enter*, ele olhou para Reynolds, que perguntou aflito:

— O que está pretendendo fazer, Adam?

— Infelizmente, não tenho tempo para lhe explicar, senhor. Só temos tempo para uma tomada rápida de decisão.

— Está querendo minha autorização para efetivar a operação?

— Sim, senhor. Preciso de sua senha para efetivar as ordens.

— Oh, meu Deus! Deixe-me ver o que está planejando!

Reynolds colocou os óculos e se aproximou do monitor.

— Você está colocando uma ordem integral de venda de todas as ações que comprei esta manhã? Está colocando as ações que comprei a 20 dólares para serem vendidas a 18 dólares? É isso?

— Sim, senhor. Exatamente isso.

— Por quê? É um risco muito grande! Comprei as ações a 20 dólares, acreditando que chegariam a custar 22 dólares em poucos minutos, mas não foi o que aconteceu. Se vendermos as ações a 18 dólares, estarei assumindo uma perda de dois dólares por ação.

— Exatamente, senhor.

— Mas são 310 mil ações adquiridas, e isso significa uma perda astronômica de 620 mil dólares! Eu nem sequer tenho caixa para pagar uma perda dessa magnitude! Se isso acontecer, eu certamente serei multado pela Associação de

Corretores, meus bens serão confiscados, perderei meus clientes e declararei falência da corretora que construí com tanta dificuldade.

— O senhor precisa confiar em mim, senhor Ashburn.

— Você deve estar louco, Adam! Não podemos fazer isso! Não posso assumir um prejuízo desse tamanho e me arriscar dessa maneira.

— É o jogo, senhor Ashburn, e nós temos apenas alguns segundos. A resposta é sim ou não. "Talvez" não serve neste momento.

Reynolds ficou pensativo e nervoso, mas Adam insistiu:

— E então, senhor? Posso concluir a ordem?

Reynolds levantou a cabeça, olhou para seus funcionários e sentiu uma agonia corroendo-lhe por dentro, pois sabia que uma ordem daquele porte poderia ser devastadora para a corretora.

Adam fechou os olhos como se estivesse se concentrando ou pedindo proteção:

— Senhor Ashburn, não temos tempo. Precisa decidir agora. Temos de vender as ações neste exato momento!

Reynolds fixou os olhos de Adam e não disse nada. Apenas abaixou a cabeça e digitou a senha no teclado do seu computador.

— Ok, senhor, obrigado. Agora, deixe comigo. Vou dar andamento às negociações.

Adam se ajeitou na poltrona, respirou fundo, se concentrou e apertou o *Enter*, confirmando a ordem de venda das 310 mil ações da companhia Twenty Technology pelo preço unitário de 18 dólares por ação.

Todos ficaram paralisados do outro lado do vidro. Reynolds suspirou e sentou-se em outra cadeira ao lado de Adam.

Foram momentos de extremo nervosismo, mas, em menos de um minuto, todas as ações foram negociadas on-line. Reynolds ficou estático, apenas olhando o movimento das ações em seu monitor. Minutos depois, a cotação das ações da Twenty Technology começou a cair ainda mais. Primeiro para 17,97 dólares, depois para 17,95 e 17,90 dólares.

Reynolds ficou aliviado e sentou-se no sofá, mas a enorme tensão continuou. Foi somente o tempo de se sentar no pequeno sofá do seu escritório, acender um charuto e tomar uma xícara de café.

Adam continuou sentado na poltrona do chefe, sem tirar os olhos dos monitores.

Menos de dois minutos depois, David, o segundo operador mais conceituado da corretora, abriu a porta da sala, mas com uma estranha alegria brilhando nos olhos. Ele acreditava que aquela seria, sem dúvida, a derrocada de Adam.

David interrompeu o silêncio da sala do chefe:

— Senhor Ashburn, com licença. Desculpe-me entrar em sua sala dessa maneira, mas, depois de ver o que o maluco do Adam acabou de fazer, não poderia ficar calado.

— O que você quer aqui, David? — Reynolds indagou.

— Como o senhor deu uma autorização dessas para esse maluco? Ele vai afundar a corretora!

— Eu autorizei e pronto, David. Eu confio em Adam e está feito. Aliás, você já deveria saber que quem manda nesta empresa ainda sou eu, está entendendo?

David se aproximou da mesa, virou o monitor na direção de Reynolds e disse:

— Senhor, eu sei que quem manda aqui é o senhor, mas acabei de receber uma ligação da Western Trade da Califórnia. Estão dizendo que os investidores mundiais entrarão com uma ordem gigantesca de compra das ações da Twenty Technology em poucos minutos. Isso quer dizer que a cotação vai subir rapidamente!

Adam escutou tudo sem tirar os olhos dos monitores, e Reynolds se levantou.

David mostrou no monitor:

— Veja o senhor mesmo. Veja com seus próprios olhos, senhor Ashburn.

Adam não acreditava no que via. As ações imediatamente começaram a subir sem qualquer explicação. De 17,80 dólares partiram para 19,50 em menos de um minuto. Seria um claro sinal de recuperação, ou seriam apenas alguns segundos de especulação?

Adam entra em desespero, pois vê as ações serem negociadas próximas a 20 dólares, o mesmo preço que Reynolds havia comprado há menos de vinte minutos. Ou seja, se Adam tivesse esperado mais um minuto e segurado a ordem de venda, Reynolds não teria perdido nada, simplesmente nada, e ainda poderia vender as ações pelo mesmo preço que comprara. Assim, a corretora sairia sã e salva. Agora, no entanto, tudo parecia estar perdido, e não havia outra saída a não ser se lamentar e olhar para os números que subiam cada vez mais.

Nesse momento, o relógio do computador marcava exatamente meio-dia.

David disse:

— Desculpe, senhor Ashburn, mas o senhor nunca deveria ter deixado Adam fazer o que fez. Esse maluco é um profissional ultrapassado, senhor. Todos os dias, ele passa mal no escritório e fica tossindo como se fosse um tuberculoso. Todo mundo vem percebendo que ele já "era". Só o senhor ainda não percebeu isso! — David disse tudo aquilo com um sorriso irônico no rosto e continuou: — O senhor precisa confiar mais em mim e no Travis. Somos muito mais centrados que Adam e temos contato com várias agências ao redor do mundo. Além disso, sabemos o que está acontecendo no mercado de ações globais e somos jovens e dinâmicos. Não somos como Adam. Desculpe lhe dizer isso, senhor, mas Adam vive no passado e teima em seguir teorias ultrapassadas. O mundo mudou, e infelizmente ele não acompanhou as mudanças. Essa é a mais pura verdade, chefe.

Reynolds se zangou:

— Não quero ouvir mais nada. Cale a boca, David.

— Mas senhor...

— Cale a boca e saia daqui agora, David. E você também, Adam. Levante-se da minha poltrona e saia da minha sala. Não quero ver mais ninguém aqui. Hoje é o pior dia da minha vida!

Adam ficou envergonhado de ter feito o que fez e levantou-se da mesa.

— Desculpe, senhor Ashburn, mas...

— Não tem desculpas, Adam. Saia daqui agora mesmo!

David e Adam saíram da sala, enquanto Franco olhava a cena assustado. Ele aproximou-se para apoiar o amigo:

— Cara, não fique assim! Você só tentou ajudar.

— Aquele idiota do David não podia ter entrado na sala naquele momento.

— Por quê?

— Porque eu ainda não acabei o que estava fazendo.

David passou ao lado e resmungou baixinho:

— Você vai afundar a Ashburn Investments, seu idiota! É isso que vai fazer! Vai afundar tudo e levar nossos empregos embora, seu idiota irresponsável!

Adam não aguentou a provocação e empurrou David contra a parede.

— Escute aqui, seu magrelo imbecil, você pode ser mais jovem que eu, mas já vi muitos babacas engravatados como você se estreparem nesse ramo, está entendendo? Já vi essas coisas acontecerem muitas vezes por aqui, mais do que você imagina. Se não quiser beijar o chão deste escritório agora mesmo, é melhor não se meter em minha vida! Está me ouvindo, David?

David empurrou Adam, demonstrando não se intimidar com suas ameaças. Depois, ajeitou o cabelo e o paletó e sorriu ironicamente:

— Você é um fracassado, Adam. Seu problema é que você é um cara derrotado e ainda não sabe. A vida já o venceu. Está escrito em seu rosto que você é um homem fracassado. Só você não vê isso. Seu olhar não nega sua derrocada.

Aquelas palavras foram fortes, mais fortes do que Adam podia imaginar. Ele olhou para Franco, mas dessa vez parecia que seu amigo não o apoiava, pois ele olhava para o chão, demonstrando que David estava certo. Adam não acreditava no que via. Ele olhava para os outros operadores, e todos lhe viravam o rosto, pois sabiam que Adam estava cansado, estressado e adoecendo dia após dia.

Visivelmente abatido e em silêncio, Adam foi até sua mesa, sentou-se em sua poltrona, ligou o computador e, enquanto esperava, colocou as mãos na cabeça sentindo novamente a mesma falta de ar que sentira na escadaria da Times Square.

Franco se aproximou:

— Está tudo bem, Adam?

— Não, infelizmente não. Deixe-me sozinho, Franco. Hoje certamente não está sendo um dia bom para mim.

— Quer que eu chame um médico? Você está muito abatido.

— Não, ainda preciso terminar o que comecei.

— Hei, cara! Não faça outra loucura igual àquela, por favor! Olhe só o estado do senhor Ashburn! Ele está enlouquecendo sozinho naquela sala, enquanto olha fixamente as cotações das ações da Twenty subirem como foguete.

— Ele vai melhorar! Eu sei que vai.

— Espero que sim, pois em pouco tempo estaremos todos desempregados.

— Franco, deixe-me sozinho. Preciso pensar.

— Tudo bem. Vou buscar um copo d'água para você.

— Faça isso, por favor.

Todos estavam esperando que Adam saísse do escritório derrotado e pronto para pedir demissão, afinal, se ele não se demitisse espontaneamente após o ocorrido, era óbvio que Reynolds o demitiria sem qualquer perdão. Minutos depois, no entanto, Adam se recuperou e, sem qualquer explicação, ficou parado olhando a tela do seu computador, como se fosse um arqueiro esperando o momento certo de acertar o alvo.

De repente, Adam levantou-se bruscamente como se alguém estivesse lhe dizendo algo ao ouvido. Ele abriu a porta da sala de Reynolds outra vez.

— O que você quer aqui, Adam? Deixe-me só. Estou tentando digerir o enorme problema que você me causou.

— Eu preciso me sentar novamente em seu computador, senhor.

— Mas...

— Não precisa se levantar do sofá. Apenas confie em mim.

— Confiar em você outra vez? Está maluco?

— Precisa confiar em mim, senhor. Meu trabalho ainda não terminou.

— Como assim ainda não terminou?

— Eu analisei as negociações, e algo me diz que o momento está chegando. Deve ser meu instinto. Deixe-me colocar uma ordem. Os movimentos de queda das ações estão começando.

— O quê? As ações estão caindo?

— Sim. Começaram a cair exatamente às 12h09 horas e já estão sendo negociadas a 18,20 dólares outra vez. Se caírem mais, compramos novamente.

— Não faça isso, Adam.

— Precisa confiar em mim, senhor. Eu sei o que estou fazendo.

Na verdade, Adam não sabia o que estava fazendo. Era apenas uma intuição, um sinal.

Estranhamente, Reynolds resolveu se redimir:

— Tudo bem, Adam. Sente-se e faça o que precisa ser feito. Não é à toa que trabalha comigo há mais de onze anos.

Mas, por favor, não faça nada sem a minha autorização. Vou me sentar ao seu lado e ver o que está planejando fazer.

— Faça isso, senhor. Sente-se aqui ao meu lado e veja.

Adam estava muito confiante, como nunca estivera. Reynolds sentou-se ao seu lado e não acreditou no que viu: as ações da Twenty Technology estavam sendo negociadas a 17 dólares em menos de um minuto. Ele se animou.

— Vamos, Adam, agora sim! Compre as ações! Estão num ótimo preço! Não perca essa oportunidade. Compre antes que elas subam outra vez. Vamos! 17 dólares é um ótimo preço.

— Não, senhor, ainda não. Elas cairão ainda mais, sinto isso.

Reynolds ficou nervoso.

— Você é um analista, não um adivinho, Adam! Eu lhe pago para analisar racionalmente os gráficos e as tendências. Você não conhece a máxima dos operadores da NASDAQ? Nunca trabalhe com a emoção, sempre com a razão.

— Não estou usando a emoção, senhor. Tenha calma e veja com seus próprios olhos!

Adam parecia ter certeza do que estava fazendo. Certeza? Algo praticamente inexistente em uma corretora de valores.

Reynolds mantinha o olhar fixo em seus monitores, enquanto Adam olhava para os operadores do outro lado do vidro. Todos observavam atentamente o movimento abrupto das ações da companhia Twenty Technology.

— Senhor Ashburn, preciso que o senhor faça uma coisa agora.

— O quê?

— Levante-se e diga para ninguém negociar nada. Deixe-me fazer tudo por meio de sua mesa de operações. Diga para aqueles malucos amarrarem os braços nas poltronas e não fazerem nada. Isso é essencial neste momento.

— Tudo bem, Adam, farei isso.

David e Travis não acreditavam no que estavam vendo e comentavam entre si:

— Não pode ser! O idiota do Ashburn deixou Adam se sentar à sua mesa outra vez. Essas ações da Twenty Technology são um fiasco! Acabei de falar com o pessoal da Western Trade da Califórnia, e eles disseram que desistiram dessa ação. Disseram também que ela vai cair muito e fechar o dia com perdas acima de 30 por cento. Além disso, essa tal Twenty Technology não parece uma empresa confiável. Seus diretores são novatos, e é a primeira vez que eles participam do mercado acionário. E tem mais! Acabou de sair um boato de que eles estão envolvidos em casos de corrupção em Taiwan.

Na sala de Reynolds, Adam se mantinha focado no monitor. Reynolds disse:

— Veja bem o que você vai fazer com minha vida, Adam. A partir de agora, não é apenas *business*. É minha vida que está em jogo. Está me entendendo?

— Eu sei, senhor Ashburn. Confie em mim.

Adam estava confiante demais e não parecia estar blefando.

O relógio marcava agora 12h10, e Adam entrou numa espécie de transe. Em apenas alguns segundos, as ações começaram a cair forte e rapidamente, apresentando uma queda de quase 30 por cento, sendo cotadas ao incrível valor de 14,90 dólares por ação.

— Meu Deus! — Reynolds exclamou assustado. — Adam, as ações estão caindo muito! Não as compre agora! É muito perigoso comprar quando esse tipo de queda brusca acontece. Não faça nada. Vamos desistir dessa droga de ação agora mesmo! Chega! É melhor desligar o sistema.

— Não, senhor, confie em mim.

— Eu disse para desligar agora, Adam! Vamos! Desligue!

David decidiu intervir e entrou outra vez na sala de Reynolds.

— Senhor, eu sugiro que não compre essas ações. Acabei de saber que a empresa está envolvida com denúncias de corrupção. Acabamos de receber informações dos nossos informantes na Califórnia.

— Corrupção? Tem certeza?

— Sim, senhor. Como bem sabe, os investidores correm das ações de empresas que se envolvem com esquemas de corrupção. O senhor sabe muito bem disso, não?

— É mentira — Adam diz sem tirar os olhos do monitor.

— David não tem opinião própria. Ele só sabe ouvir os amiguinhos da Califórnia.

— Você está dizendo que é mentira?! — David exclamou.

— Sim, é mentira — Adam respondeu.

— Como sabe disso, David? — Reynolds perguntou.

— É apenas notícia especulativa, senhor. Não é verdade — Adam respondeu.

David não respondeu, e Adam não perdeu tempo. Ele preparou várias ordens simultâneas de compra e deixou tudo pronto para ser ativado. Agora eram 500 mil ações preparadas para compra ao preço mínimo de 14,11 dólares por ação.

Reynolds se desesperou.

— Por que você colocou todas as ordens de compra nesse valor, Adam? Elas nunca chegarão a esse preço. É muito difícil alguém negociar as ações nesse valor.

— Senhor, apenas autorize a ordem e digite sua senha no teclado. É sua última alternativa. Agora está em suas mãos! É o senhor quem decide. Digite a senha neste exato momento ou desligue o computador.

O relógio marcava exatamente 12h11, e o preço de compra das ações estava estabelecido exatamente em 14,11 dólares.

Era incrível, mas Adam parecia saber o que estava fazendo. Na verdade, ele estava seguindo a sequência numérica que Annie descrevera há menos de uma hora na Times Square.

Enquanto estava sentado em frente ao seu computador, Adam teve um *insight* e se lembrou dos números que a menina lhe ditara. Naquele momento, ele compreendeu o significado da sequência numérica que ela lhe passara: 1211141122. Ou seja, 1211 era o horário e 1411 era o preço de compra das ações. Mas e o número 22 do final da sequência? O que ele significava?

Reynolds se levantou, digitou a senha, e a ordem foi lançada. Os preços ainda estavam sendo cotados a 15 dólares. Mas, dez segundos depois, os preços começaram a despencar, e a cotação chegou perto de 14,50 dólares, caindo drasticamente e chegando ao limite de 14,11 dólares, exatamente quando o relógio marcava 12h11.

Reynolds não acreditava no que via. As ordens foram negociadas, e a compra foi efetivada pelo sistema. David bateu a porta com raiva e saiu da sala, indignado ao ver a irresponsabilidade de Adam e do seu patrão.

Adam olhou para Reynolds e disse sorrindo:

— Eu sei que o senhor adora uma adrenalina, não é, senhor Ashburn? Não precisa me enganar. Eu sei que se tornou um homem muito rico arriscando tudo o que tinha e sei também que esse tipo de atitude faz o senhor se sentir jovem outra vez, não é verdade?

Reynolds sorriu e encheu duas xícaras de café.

— Tem toda razão, Adam. Você é muito parecido comigo, sabia? Um homem arrojado e sem medo. Poucos nesse edifício são como nós.

— É verdade, senhor, mas infelizmente não tenho mais estrutura emocional para aguentar certas coisas.

— Adam, diga-me uma coisa...

— Sim, senhor.

— Qual é sua estratégia, afinal? Agora que as ações foram negociadas, o que vamos fazer?

— Quer mesmo saber, senhor Ashburn?

— Sim. O que viu nos gráficos? Qual é a estratégia que está traçando?

— Na verdade, não tenho estratégia alguma, senhor. Não analisei gráfico algum, foi puro instinto.

— Instinto?

— Sim, instinto. Na verdade, foi tudo fruto de uma previsão.

— Previsão? Como assim?

— Eu segui a sequência numérica que uma menina me ditou na Times Square hoje pela manhã, antes de vir para o trabalho. Ela me passou uma sequência de números, e eu a anotei em meu punho esquerdo. Foi isso que aconteceu, senhor Ashburn. Veja.

Adam puxou a manga do terno e mostrou a sequência numérica anotada em seu punho.

— Você deve estar brincando comigo, não é? Só pode estar brincando! Em trinta e seis anos de trabalho neste negócio, nunca vi alguém dizer algo tão absurdo!

— Pois é, mas é a mais pura verdade, senhor.

— Você está colocando minha vida em jogo por uma suposta previsão de uma menina? É isso que está me dizendo?

— Sim, senhor, exatamente isso. Eu poderia mentir e dizer ao senhor que foi tudo baseado em análises técnicas, mas estaria mentindo.

Reynolds engasgou com o café.

— Espere um pouco. Deixe-me ver novamente o que está escrito em seu punho.

— Pode ver, fique à vontade.

— Aqui está escrito 12-11-14-11-22. E o que significa o número 22 no final?

— Não se preocupe, senhor. Venha até aqui e veja com seus próprios olhos. Eu lhe disse que era pura especulação a queda abrupta das ações ao patamar de 14 dólares. Não existe envolvimento da empresa com corrupção, não existe notícia ruim. São apenas especulações que os investidores japoneses estão fazendo. Veja! As ações já voltaram a custar

61

18 dólares e certamente subirão mais. Acredito que elas fecharão o pregão de hoje cotadas a 22 dólares cada uma.

— Está dizendo que esse é o significado do número 22?

— Sim, senhor.

— Isso é a mais completa loucura, Adam! O risco é muito grande!

— Sabe o que isso quer dizer, senhor?

— Claro que sei! — Reynolds começou a sorrir como se fosse uma criança.

— Isso significa que o senhor vai faturar uma bolada hoje! São 500 mil ações com lucro de 8 dólares cada uma. Descontando as taxas operacionais e os impostos, o senhor vai faturar no fim do dia nada mais, nada menos que 4 milhões de dólares.

— Eu sei disso, Adam, eu sinto isso. Você é o cara! Eu já posso até sentir o cheiro do dinheiro em minhas mãos. Incrível! É a mesma sensação que eu experimentava quando era jovem!

— Isso mesmo, chefe!

— Mas me diga! Como alguém pode prever uma coisa dessas? Ninguém colocaria uma ordem de compra a 14,11 dólares, arriscando tudo como você fez! Ninguém!

— Eu sei que agi totalmente sem razão, mas está dando certo até agora, não?

— Não importa como você conseguiu fazer isso. O importante é que vamos faturar milhões de dólares hoje.

— Tenho certeza que sim.

Adam se levantou nitidamente esgotado devido à extrema pressão psicológica a qual fora submetido naquela manhã.

— Desculpe, senhor, mas preciso sair e respirar um pouco. Se me permitir, é claro.

Reynolds olhou no monitor e viu as ações sendo cotadas a 20,08 dólares cada uma. Era incrível! Estava acontecendo exatamente como Adam previra.

— Você merece tudo hoje, Adam! Vá para casa e descanse. Nos encontramos no John Johnson Pub esta noite. Não deixe de ir!

— Sim, senhor. Estarei lá para comemorarmos.

— Combinado.

Adam vestiu o paletó, e, antes de ele fechar a porta, Reynolds o chamou novamente:

— Adam, antes de ir, quero lhe pedir uma coisa.

— Sim, senhor.

— Gostaria que não levasse sua esposa ao *pub* hoje.

— Não? Por quê não?

— Porque será uma confraternização somente do pessoal do escritório, entende?

— Tudo bem, não se preocupe com isso. Natalee não irá comigo, pois não está em Nova Iorque esta semana. Irei sozinho.

— Onde Natalee está?

— Em Los Angeles. Não sei o que está acontecendo com ela, mas agora não sai mais de lá. E tudo por causa de uma ideia maluca que uma amiga dela inventou. As duas querem se tornar milionárias a qualquer custo e estão apostando tudo num projeto de desenvolvimento de alguns aparelhos.

— Que tipo de aparelhos?

— Na verdade, eu não sei. Essa tal de Sílvia, amiga da Natalee, é meio doidinha e cheia de ideias inovadoras.

— Depois me fale sobre isso, Adam.

— Tudo bem, senhor, mas antes de ir embora preciso também lhe pedir um último favor.

— Diga.

— Libere o pessoal para o almoço e peça que voltem somente no fim do dia. Não faça mais nenhuma negociação hoje, pois o dia já está ganho. Peço também ao senhor para não dar ouvidos ao David e ao Travis. Eles dirão para o senhor vender as ações, mas eu lhe peço que não venda. Eu garanto que as ações alcançarão a cotação de 22 dólares até o fim do pregão.

— Farei isso, Adam. Vá descansar. Até a noite no John Johnson Pub.

— Até logo, senhor Ashburn. E lembre-se: não venda as ações!

— Tudo bem, eu confio em você, Adam.

— Obrigado.

Capítulo 3

Thompson Street

Cansado e com as pernas levemente trêmulas, Adam resolveu voltar para casa e descansar um pouco.

Ele entrou na estação principal do metrô da Times Square e seguiu em direção ao seu apartamento, um aconchegante *loft* que alugara com sua esposa havia quatro anos no boêmio e sofisticado bairro do Soho, na Thompson Street, sul da Ilha de Manhattan, um dos bairros mais culturais de Nova Iorque, onde atores, atrizes, músicos, escultores e artistas plásticos de renome costumavam morar.

Adam e Natalee decidiram morar no Soho por gostarem do ambiente nostálgico que remetia às décadas de 1950 e 1960, a época de ouro do teatro e dos musicais americanos. Na verdade, fora Adam quem escolhera o apartamento, pois dizia que algo o atraía naquela quadra. Ele não sabia explicar o que o atraía; apenas sentia uma energia boa e familiar, algo que o tranquiliza e o deixava em paz.

Após alguns minutos, Adam desembarcou na Estação Spring St., segurando sua bolsa de couro numa mão e o paletó na outra. Ele sentiu o calor do sol batendo em suas costas, enquanto caminhava pelas duas quadras que o levariam até seu apartamento.

Adam não estava mais acostumado a sentir o sol do meio-dia sobre os ombros, pois sempre saía do trabalho tarde da noite, após o período *off* do mercado financeiro, que acontecia todos os dias após o expediente. Ele não via a hora de chegar e descansar em seu apartamento, pois, além de exausto, estava sentindo novamente fortes dores no pescoço.

Após andar duas quadras com muita dificuldade, Adam respirou aliviado e sussurrou ao chegar em frente ao seu edifício Green Village:

— Ufa! Até que enfim cheguei. Nunca foi tão difícil chegar em casa!

Como de costume, Adam colocou a bolsa encostada na parede e abriu a caixa de correspondências. Enquanto retirava as cartas e verificava os remetentes, algo o fez olhar para a Thompson Street, sempre arborizada e repleta de canteiros de flores muito bem cuidados pelos moradores locais, principalmente por uma velha atriz da Broadway que morava ali desde a década de 1960.

Ao olhar para trás, Adam viu um carro preto, grande, luxuoso e com vidros negros, parado bem em frente ao edifício. Era uma espécie de van de grande porte. Ele ficou parado esperando alguém abrir a porta do veículo ou abaixar o vidro da janela para dizer alguma coisa, mas nada aconteceu. O automóvel ficou ali por cerca de um minuto, e ninguém se identificou.

Será que Adam estava sendo espionado por causa das negociações feitas na bolsa na corretora? Será que alguém estava preparando uma emboscada contra ele? Aquilo não fazia muito sentido, mas tudo era possível, quando havia milhões de dólares em jogo, algo que certamente estremecera o mercado financeiro de Wall Street.

Da mesma forma que Reynolds Ashburn ganhara quatro milhões naquela tarde, certamente alguém perdera dinheiro, pois, tratando-se de ações, quando alguém ganha, isso significa que alguém perde. Ou seja, certamente alguém estava com muita raiva.

Outra hipótese era a possibilidade de olheiros de outras corretoras concorrentes estarem à espreita, vigiando Adam. Talvez *headhunters* à procura do homem que conseguira realizar um feito incrível naquela sexta-feira. Essa hipótese não lhe era impossível, pois as notícias corriam rápidas, e muita gente devia estar interessada em saber mais sobre o sortudo da NASDAQ. Talvez, fossem pessoas interessadas em descobrir onde Adam morava e quais eram seus hábitos ou coisa pior. Tudo vinha à cabeça de Adam naquele instante, enquanto ele olhava para aquele carro luxuoso em frente ao seu edifício.

Adam percebeu que estava sendo vigiado por alguém dentro da van, e o sentimento que o tomava era de impotência e invasão.

Ele, no entanto, não se intimidou e resolveu se aproximar do carro. Com calma, pegou sua bolsa de couro do chão, colocou os óculos escuros e desceu as escadas lentamente até alcançar a calçada próxima ao carro.

Antes de Adam conseguir chegar mais perto, o motorista acelerou o carro e saiu cantando os pneus pela Thompson Street. Ele tentou gravar a placa, mas algo parecia cobrir os números de propósito. Adam tampouco conseguiu ver quem estava dentro do automóvel. A única coisa que conseguira distinguir é que havia quatro pessoas dentro da van: o motorista, um homem ao lado e duas pessoas sentadas no banco de trás. Era um carro diferente, alongado como se fosse uma van limousine negra, tão escura que a pintura chegava a brilhar como cristal.

Sem entender o que estava acontecendo, Adam subiu as escadas e entrou no edifício, que era antigo. Depois, dentro no prédio, subiu ofegante até o quarto andar até chegar ao seu apartamento número 42. Assim que abriu a porta, trancando-a em seguida, avistou o aconchegante sofá que

Natalee havia comprado duas semanas antes de viajar para Los Angeles. Era ali mesmo que ele se jogaria para descansar o corpo.

Como Natalee não estava em casa, Adam não precisava se preocupar em tirar a roupa e pendurá-la no cabide, muito menos tirar os sapatos e guardá-los no armário. Foi somente o tempo de abrir a geladeira, sacar uma lata de cerveja gelada, esvaziá-la praticamente num gole e se lançar no sofá.

Se Natalee o visse fazendo aquilo, jogando-se no sofá novo, certamente ela ficaria muito nervosa, mas Adam estava sentindo-se livre e à vontade em sua própria casa naquela tarde.

Após duas horas de sono profundo, envolto por um silêncio fora do comum, Adam acordou repentinamente ao ouvir uma estranha música entrando pela janela da sala.

Deitado e com os olhos fechados, ele não compreendia de onde vinha a tal cantoria. Não era uma melodia instrumental; era uma espécie de coral com belas vozes femininas, e o único instrumento que ele conseguia distinguir era uma cítara indiana.

Mas de onde aquele som estaria vindo? Eram pelo menos cinco mulheres cantando lindamente. Mas onde? Como? Quem estaria cantando ou ensaiando àquela hora? Não havia nenhuma escola de música em sua quadra, pelo menos nunca existira nada até aquele dia.

Adam tentou, mas não conseguiu abrir os olhos. Manteve-se, então, deitado com os olhos fechados, como se suas pálpebras estivessem coladas uma na outra. Enquanto isso, as vozes harmônicas pareciam acalmar seu espírito. Seria algum tipo de sonho ou alucinação causados pelo estresse e pelo cansaço mental que ele vinha sentindo nas últimas semanas?

Sem dúvida, aquela sexta-feira estava sendo muito estranha para Adam Stone. Pela manhã, tivera dores fortes e perdera momentaneamente a voz na escadaria da Times Square. Depois, no escritório, enfrentara uma enorme tensão durante a compra das ações da Twenty Technology, e, ao chegar à frente ao edifício onde morava, alguém o observava de dentro de uma van negra. E agora, descansando dentro de sua própria casa, fora surpreendido por uma cantoria estranha com vozes femininas que repetiam a mesma frase ininterruptamente.

Deitado no sofá, sem conseguir abrir os olhos, ele tentava prestar atenção na frase que as mulheres repetiam. Com muita dificuldade, Adam conseguiu identificar as palavras. As mulheres cantavam repetidamente um mantra que dizia: *Om Gam Ganapataye Namaha*. Mas o que significavam aquelas palavras? E por que as mulheres as repetiam sem mudar a harmonia e o tom?

Mesmo não compreendendo o significado, o mantra parecia acalmar e envolver a mente de Adam, deixando-a cada vez mais sonolenta e serena. Ele tentava a todo o custo levantar-se do sofá para ver de onde estava vindo a tal música, mas não conseguia. Seu corpo não correspondeu aos comandos de sua mente, e ele caiu em sono profundo.

Estaria o mantra hipnotizando Adam? Certamente não. Mas não havia escolas de música e dança por ali! Naquela área do Soho somente era possível encontrar alguns restaurantes italianos e franceses.

A canção acalmou tanto Adam que ele adormeceu e só despertou cinco horas depois por volta das 19 horas, ao sentir um vento gelado entrando pelas frestas da janela.

Assustado ao olhar para o relógio do celular e ver que já havia escurecido, Adam se levantou e seguiu direto para o chuveiro pra tomar uma ducha quente e vestir algo informal para ir ao John Johnson Pub.

Capítulo 4

John Johnson Pub

— Que bom que você chegou, Adam! — Franco disse. — Achamos que não viria. Estamos aqui há mais de duas horas esperando por você. Como pode ver, já começamos a ficar bêbados.

— Desculpe o atraso, Franco. Desculpe, senhor Ashburn, eu acabei adormecendo e perdi a noção do tempo.

— Não precisa se desculpar — Reynolds respondeu, enquanto bebia uma dose de uísque 18 anos do sul do Tennessee.

O bar estava lotado e repleto de executivos engravatados. Adam sentou-se ao balcão ao lado do seu chefe.

David, o enxerido corretor da Ashburn Investments, se aproximou e interrompeu a conversa.

— Boa noite, Adam! Pensei que estivesse no hospital.
— Por quê, David?
— Porque você saiu da corretora com cara de doente.

Adam olhou para Franco e preferiu não responder.

Reynolds sentou-se entre Adam e Franco.

Antes de Adam chegar ao *pub*, Reynolds e Franco conversavam havia mais de uma hora. Reynolds falava sobre os problemas que vinha enfrentando com seu filho mais novo, que estava perdendo a adolescência por causa do vício em drogas. Ele estava pedindo alguns conselhos para Franco sobre o que fazer com seu filho Kevin de dezesseis anos, que se envolvera com drogas e consumia cocaína já há dois anos.

Kevin estava chegando a um ponto crucial de sua vida, e a única solução aparente para seu problema era a internação em uma clínica de recuperação para dependentes químicos.

Reynolds nunca havia conversado com Franco fora do ambiente de trabalho, mas naquela noite, enquanto aguardavam a chegada de Adam, acabaram se conhecendo melhor e sem querer o chefe começara a pedir conselhos ao seu subordinado.

Franco estava sempre pronto a ajudar e não se importou em escutar os lamentos de Reynolds. Ele fazia aquilo sem qualquer interesse. Sua intenção era apenas acalmar o coração fragilizado do seu chefe e tentar amenizar um pouco o peso da culpa que ele carregava sobre os ombros por não ter acompanhado o crescimento dos filhos.

Reynolds lamentava-se dizendo que não vira seus filhos crescerem por ter passado praticamente todo o tempo no escritório, lutando para construir uma das mais conceituadas corretoras de valores de Manhattan: a Ashburn Investments.

A conversa se alongou, e Reynolds parecia satisfeito com os conselhos de Franco. Estava se sentindo mais calmo, sereno e confiante com as novas decisões que tomaria a partir daquele dia sobre sua vida e o futuro de seus filhos.

De repente, a conversa, no entanto, foi interrompida com a chegada de Adam e do provocador David. Reynolds deu uma tragada num charuto cubano que seu irmão lhe dera de presente após visitar Havana, pouco tempo depois de o ex-presidente Barak Obama oficializar a abertura entre os Estados Unidos e Cuba no fim de 2014.

Reynolds disse educadamente:

— Sinta-se à vontade, Adam. Sente-se e vamos conversar um pouco.

— Obrigado. Será um prazer conversar com o senhor.

— Não precisa ser formal aqui, Adam. Hoje, somos todos iguais, não se preocupe. Como pode ver, estamos muito felizes esta noite, afinal, todos os funcionários da Ashburn estão aqui para comemorar o maravilhoso lucro que você nos proporcionou nesta sexta-feira.

— Verdade? Desculpe, senhor, mas eu nem sequer tive tempo de olhar a cotação das ações em meu celular de tão apressado que saí de casa. E então? Como foi o dia? Como fecharam as cotações da Twenty Technology?

Reynolds abaixou a cabeça, apoiando-a no balcão, e começou a rir. Adam ficou sem jeito e olhou para Franco tentando entender o que se passava.

Inesperadamente, Reynolds se levantou, colocou o braço sobre os ombros de Adam e gritou para James, o *barman* mais velho do John Johnson Pub, que estava na outra ponta do balcão:

— Hei, James! Traga duas doses de uísque com gelo para meu amigo Adam e duas piñas coladas para meu amigo Franco. Esses caras são demais! Dois mais dois! Está entendendo, Adam?

— Dois mais dois? Não entendi, senhor.

— Acorde, rapaz! Esse é o número mágico do dia, o número 22. Lembra-se? As ações tinham de fechar cotadas a 22 dólares, meu amigo! E elas fecharam exatamente como você previu. Você é demais, Adam!

— Eu não posso acreditar! Está falando sério, senhor?

— Claro! Para lhe falar a verdade, também não estou acreditando até agora. Nenhuma corretora, nenhuma agência de risco apontava para isso. Ninguém, simplesmente ninguém, previu algo assim.

— Oh, meu Deus! — Adam exclamou baixinho.

Reynolds continuou:

— David bem que insistiu e tentou me convencer a vender as ações no fim da tarde, enquanto estavam sendo cotadas a 18,10 dólares, mas preferi seguir suas previsões e não as vendi. O risco foi altíssimo, porém, a adrenalina valeu a pena! Valeu cada minuto de tensão que passei essa tarde. Me senti jovem outra vez! Obrigado, Adam.

David estava embriagado e decidiu se intrometer outra vez:

— Foi puro golpe de sorte, senhor! Foi somente sorte. Adam não merece tantos elogios assim.

— Cale a boca, David. Se foi um golpe de sorte ou não, isso não importa. O que importa é que faturamos nada mais, nada menos que quatro milhões de dólares hoje. Foi a melhor semana dos últimos dez anos de minha vida.

— Desculpe, senhor, mas não penso dessa maneira — David estava com muita raiva de Adam.

— Não me interessa o que você pensa, David. Hoje é o dia do Adam. Ele merece tudo esta noite. Não é mesmo, Franco?

Franco olhou para Reynolds e levantou o polegar em sinal positivo, enquanto bebia sua piña colada colorida.

— David, por favor, gostaria que nos deixasse em paz por alguns minutos. Faça o seguinte... Vá até a outra ponta do balcão e fale com James. Ele o levará até os fundos do bar e lhe mostrará um presente que mandei preparar para vocês. Para você, Adam e Travis.

— Nós três vamos ganhar presentes, senhor? Está falando sério?

— Sim! Afinal, vocês merecem, não merecem?

— Claro que merecemos!

— Então vá, garoto. Acompanhe James, e, quando tudo estiver pronto, volte aqui para mostrar os presentes.

David abraçou Adam de forma falsa e em seguida acompanhou James até o fundo do *pub*.

— O senhor não quer que eu vá com David, senhor Ashburn? — Franco perguntou.

— Não, Franco, não é necessário. Acho melhor você ficar aqui, pois o *show* da banda de seus amigos ingleses já vai começar. Fique e aprecie a música.

— Tem razão, eles são muito bons. Tocam *rock* inglês da melhor qualidade, desde Beatles até The Verve. Às vezes, eles me chamam para tocar e dar uma canja durante o *show*, mas não é sempre que isso acontece. Depende muito do humor de Ian Brand, o vocalista. Ele é meu amigo, sabia?

— Verdade? Não sabia que você tocava. Que instrumento você toca, Franco?

— Bateria, senhor.

— Que interessante! Nunca poderia imaginar isso. Você me surpreendeu outra vez, Franco Legrand!

— Pois é, senhor, eu guardo alguns segredos. Não costumo mostrar muito às pessoas como sou fora do trabalho.

Enquanto Franco e Reynolds conversavam encostados no balcão, Adam bebia seu segundo copo de uísque. No fundo, ele estava querendo se embriagar para esquecer um pouco sua esposa Natalee, afinal, já fazia mais de uma semana que ela estava fora de Nova Iorque e não lhe telefonara nem sequer lhe enviara um *e-mail* dando sinal de vida. Adam vinha pressentindo que algo estranho estava acontecendo com Natalee nos últimos meses, mas não sabia o que era. Era uma mistura de ciúmes, perda e insatisfação.

Adam não queria pensar no pior, contudo, a imagem de Natalee ao lado da amiga Sílvia em Los Angeles vinha constantemente à sua mente. Ele sentia que as duas estavam se divertindo em algum lugar badalado, cercadas por pessoas famosas e interessantes.

O casamento de Adam e Natalee já durava quase doze anos e há pelo menos dois anos vinha esfriando por algum motivo. Adam não sabia ao certo o que estava acontecendo com seu casamento, mas ela sabia.

Natalee tentava esconder sua tristeza afastando-se de Adam e tentando preencher o vazio de sua vida. A ideia era sair em busca de dinheiro e riqueza ao lado de sua amiga Sílvia, uma mulher solteira de trinta e oito anos de idade, empreendedora, muito inteligente e perspicaz. Sílvia dizia para Natalee que era preciso buscar o sucesso financeiro e a independência fora do casamento, pois somente indo atrás de seus próprios sonhos ela se tornaria uma mulher de verdade.

Na verdade, a maioria dos nova-iorquinos parecia estar à procura da mesma coisa: de dinheiro, riqueza, poder e reconhecimento. No fundo, todos estavam à procura de algo mágico que pudesse preencher o grande vazio que envolvia a louca vida urbana de Nova Iorque e acreditavam que o dinheiro poderia cumprir esse papel: preencher o vazio da vida. O mesmo vazio que os psiquiatras, psicólogos e terapeutas holísticos tentavam a qualquer custo preencher por meio de palavras, cursos, medicamentos, exercícios, livros de autoajuda, palestras, técnicas respiratórias, terapias alternativas e seminários motivacionais.

Quieto em seu canto, Adam bebia seu uísque apoiando os cotovelos sobre o balcão. De repente, ele olhou para os executivos que estavam ali e começou a refletir que era justamente por isso que as pessoas bebiam, se drogavam, competiam entre si e buscavam prazeres momentâneos a qualquer custo. Aos poucos, ficava claro para ele que a busca incessante das pessoas por prazer tinha como único objetivo preencher um vazio incompreendido e quimérico, que corroía a alma do ser humano em todos os lugares. O mesmo vazio que ele estava sentindo naquele exato momento, enquanto bebia o último gole de uísque do copo.

Minutos depois, a banda começou a tocar uma linda canção. Enquanto observava as pessoas bebendo e gargalhando como loucas dentro do bar, Adam, em silêncio e intimamente, questionou-se: "Qual é o sentido de tudo isso, afinal? Isso me parece uma grande utopia! Esses caras trabalham como loucos a semana inteira, competem entre si como se fossem animais selvagens e se odeiam, mas, quando chegam aqui nesta droga de bar, se abraçam como velhos amigos, bebem até cair e depois voltam para casa totalmente entorpecidos e fedendo a cigarro. Desde que comecei a trabalhar no mercado financeiro é a mesma coisa, nada muda. Toda as semanas, todos os meses, todos os anos é a mesma coisa. Será que a vida é somente isso? Bebida, drogas, ganância, dinheiro, orgulho e egoísmo? Não pode ser só isso! Deve existir algo maior movimentando a droga deste mundo!".

Eram questionamentos coléricos e críticos, dúvidas internas que lhe corroíam a mente. Eram, porém, pensamentos novos para Adam, pois ele nunca fora uma pessoa revoltada com o mundo. Adam sempre se portou como uma pessoa normal e seguiu as normas que a sociedade lhe impunha, sem questionar o comportamento das pessoas e as dores do mundo.

Adam, de repente, foi interrompido drasticamente naquele momento. David retornou dos fundos do *pub* acompanhado de James e de três lindas prostitutas. Uma loura vestida com uma saia jeans bem curta e um top preto de *lycra* que lhe apertavam os seios fartos; uma morena vestida com uma calça jeans rasgada e um top provocante; e, por fim, uma asiática que mal sabia falar inglês e que estava praticamente nua.

Adam olhou com estranheza para Franco e seu amigo lhe fez sinal com os ombros, demonstrando que não sabia o que estava acontecendo.

James, o *barman* bigodudo, se aproximou:

— Senhor Ashburn, aqui estão as meninas que o senhor havia pedido.

Adam estava abismado com o que via, afinal, Reynolds nunca mostrara seu outro lado, pelo menos nos onze anos em que Adam trabalhou na Ashburn Investments.

Reynolds se levantou e cumprimentou educadamente as três garotas. Em seguida, as apresentou a Adam, Franco e Travis.

Travis logo se aproximou ao ver seu companheiro de trabalho David sendo envolvido pelas três lindas garotas.

Reynolds disse:

— Meninas, este é Adam, este é David e este é Franco Legrand, o mais novo corretor de nossa empresa. Aquele que vem chegando apressado e atropelando todo mundo é Travis, um dos melhores analistas de negócios que temos em nossa empresa.

As três sorriram demonstrando sensualidade e postura de total profissionalismo. Travis, então, se aproximou, segurou a mão da asiática e a beijou:

— Boa noite! Seja bem-vinda, minha querida gueixa. Você sabia que sou louco por japonesas?

Com forte sotaque coreano, ela respondeu com frieza:

— Meu nome é Susan Li e não sou japonesa. Sou coreana, nasci em Seul.

— Desculpe, querida, achei que fosse japonesa. Mas tudo bem! É tudo a mesma coisa. Senhor Ashburn, essa serve para mim — nitidamente bêbado, Travis abraçou Susan Li.

Reynolds olhou para Adam:

— Tudo bem para você, Adam?

Adam se assustou com a pergunta.

— Desculpe, senhor, não entendi a pergunta.

David, Travis e Reynolds sorriram debochando de Adam, apenas Franco ficou calado em respeito ao amigo. Na verdade, Franco sabia exatamente o que estava acontecendo, mas, educado como sempre, manteve-se quieto e continuou bebericando sua piña colada.

— Por que vocês estão rindo? — Adam perguntou irritado.

Reynolds parou de rir e respondeu:

— Como lhe disse, Adam, hoje é o seu dia! Você tem o direito.

— Direito de quê?

— De escolher a primeira garota.

— Como assim?! — Adam exclamou.

— Você não está entendendo o que está acontecendo aqui, não é, Adam?

Adam não percebera que Reynolds contratara aquelas belas garotas para satisfazer e deixar relaxados seus três principais corretores: David, Adam e Travis.

Travis mostrou-se apressado:

— E então, Adam? Escolha logo, cara. Apenas deixe a asiática comigo, por favor.

Irritada, Susan Li empurrou Travis para o lado:

— Meu nome não é "asiática". Eu me chamo Susan Li.

— Tudo bem, querida. Não dê tanta importância para minhas brincadeiras — Travis respondeu tentando abraçá-la outra vez.

Reynolds sentou-se, tomou outro gole de uísque sem gelo e disse:

— Então, Adam, parece que você está com medo das garotas! O que está acontecendo? Tenha calma, rapaz. Você anda muito nervoso ultimamente, precisa relaxar. Escolha uma garota e vá se divertir um pouco, apenas isso. Não é tão difícil assim, é?

James, o *barman*, se aproximou e encheu o copo de Adam outra vez.

— Desculpe, senhor Ashburn, mas não posso fazer isso.

— Por que não pode, Adam?

— Porque sou casado, senhor. Só por isso.

Franco sorriu satisfeito com a resposta incisiva de Adam e foi o único que aprovou o posicionamento do amigo. Todos os outros, inclusive Reynolds, caíram novamente na gargalhada.

David aproveitou-se da situação:

— Adam, isso não é desculpa! Eu também sou casado e nem por isso vou deixar de passar umas horas gostosas com uma dessas lindas garotas. Deixe de ser frouxo e escolha logo uma garota, cara! Mostre que você é um homem de verdade!

Adam se irritou, mas se conteve. Reynolds aproveitou e completou as palavras de David:

— Adam, é isso mesmo! Deixe de ser frouxo e escolha logo uma das garotas. Elas são inofensivas! Serão apenas duas horas no Hotel Libertador. Vá e relaxe um pouco! Depois, volte para casa e pronto! Ninguém vai ficar sabendo o que aconteceu. Não se preocupe, pois o hotel já está pago! Hoje é tudo *free*!

Franco levantou-se, postando-se ao lado de Adam.

— Senhor, Adam não está se sentindo muito bem hoje. Por favor, deixe-o aproveitar a noite — Franco disse.

— É exatamente isso que estou querendo que Adam faça, Franco! Que aproveite a noite! E tem outra coisa... Vocês sabem muito bem que, dentro de três semanas, escolherei um dos três operadores para assumir o cargo de gerente sênior da Ashburn Investments. Não sabem?

— Sim, senhor.

— Escolherei alguém entre David, Travis e Adam para supervisionar as contas das empresas de tecnologia do Vale do Silício. São mais de cinco bilhões de dólares de fundos somados para serem geridos.

Todos arregalaram os olhos, e Reynolds continuou:

— E todos sabem que eu odeio pessoas fracas e inseguras trabalhando ao meu lado, não sabem?

Todos acenam com as cabeças afirmativamente, exceto Adam que fica furioso com aquela cena que considerou ridícula. Parecia mais um teste e não uma recompensa.

Franco se aproximou e colocou o braço direito sobre os ombros de Adam, demonstrando que estava ao seu lado.

Adam se irritou:

— Não precisa me ajudar, Franco! Eu sei o que estou fazendo. Eu já lhe disse que não quero nenhuma garota.

Reynolds se irritou e se colocou cara a cara com Adam:

— Escute aqui, Adam! David e Travis também são casados e não estão criando obstáculo algum. Veja você mesmo as alianças em seus dedos. Pare de ser medroso e não tenha medo de se divertir um pouco. Levante-se e escolha uma garota!

— Senhor, eu lhe peço desculpas, mas como disse já tomei uma decisão.

— Tem certeza de sua escolha, Adam? Sabe das consequências que isso acarretará, não sabe?

Adam tomou a terceira dose de uísque e respondeu sem hesitar:

— Sim, senhor Ashburn, eu sei. Não quero nenhuma garota. Pode oferecê-las para qualquer um desses animais famintos, que estão babando como leões enjaulados.

Imediatamente, os trinta funcionários da corretora se levantaram de suas cadeiras para demonstrar que estavam disponíveis.

Reynolds sorriu ironicamente:

— Bem, já que é assim, então está resolvido. Travis fica com a asiática. Desculpe, moça! Travis fica com a simpática coreana Susan Li, e David fica com a morena cujo nome eu não sei. Já a loura, a mais bonita, pode ficar com Franco Legrand.

Franco estava bebericando sua piña colada, quando, assustado, engasgou ao ouvir o que Reynolds acabara de dizer:

— O quê, senhor Ashburn? Quer que eu fique com a loura?

— Sim, qual é o problema, Franco? Ela é muita fela para você? Não faz seu tipo?

Franco ficou sem jeito e deixou o copo de piña colada cair de propósito sobre seu paletó, molhando-se inteiro.

— Oh, meu Deus! Olha só o que aconteceu! — Franco exclamou.

Adam tentou ajudar o amigo.

81

— Não precisa me ajudar, Adam. Tenho de ir ao banheiro para limpar essa sujeira. Com licença, senhores. Com licença, senhor Ashburn.

— Tudo bem, Franco. Vá se limpar.

***

Quando Franco retornou, o sedento Travis já não estava mais por ali. Sua pressa em transar com Susan Li parecia incontrolável e certamente os dois já estavam na rua aguardando o táxi que os levaria até o Hotel Libertador.

David agradeceu a Reynolds e satisfeito pediu licença para se retirar com a morena. Ele disse:

— Muito obrigado pelo presente, senhor Ashburn. O senhor sabe que sempre pode contar sempre, não? Sempre estarei ao seu lado e nunca o decepcionarei, senhor.

— Eu sei disso, David. Fique tranquilo. Vá e se divirta, pois você merece.

David sempre se mostrava altivo e confiável ao seu chefe, e naquela noite, após a clara demonstração de fragilidade de Adam, se convenceu de que se tornara o preferido de Reynolds. David acreditava que estava a um passo de conquistar o tão sonhado cargo de supervisor de negócios da Ashburn Investments e o gordo e cobiçado salário de 500 mil dólares por ano.

De repente, um dos estagiários, um rapaz usando óculos de lentes grossas, levantou-se ofegante e aproximou-se do balcão com as mãos trêmulas.

— Desculpe, senhor Ashburn, o senhor não me conhece ainda, mas trabalho em sua empresa há dois meses no setor de contabilidade.

— Eu já o vi na empresa, garoto. Qual é o seu nome?

— Brian.

— Muito prazer, Brian. E, então, o que você quer?

Brian não respondeu. Ele apenas segurava a mão da loura.

— Quantos anos você tem, garoto? — Reynolds perguntou.

— Dezenove anos, senhor.

Reynolds sorriu e olhou para a garota.

— E você? Como se chama, menina?

— Eu me chamo Samantha.

— Não quero saber seu nome de trabalho. Quero saber seu nome verdadeiro.

— Eu me chamo Verônica Hernandez, senhor. Sou colombiana.

— Muito prazer, senhorita Verônica. Desculpe-me, mas não costumo fazer esse tipo de coisa.

— Que tipo de coisa, senhor?

— Contratar mulheres para meus funcionários.

— Então, por que está fazendo isso hoje?

— É por uma boa causa, Verônica. Pode acreditar.

— Legal! Mas o senhor vai nos pagar, não vai?

— Claro que vou! Acerte tudo com James. Não se preocupe com isso.

— É isso aí! Então, está tudo bem — ela respondeu com sorriso no rosto.

— A propósito, quantos anos você tem, Veronica?

Adam ficou parado sem entender o que estava acontecendo.

— Dezenove anos, senhor.

— Que interessante! A mesma idade do garoto Brian.

Verônica olhou para Brian e abriu um sorriso inocente.

Reynolds continuou:

— E então? Tudo bem para você ficar com Brian esta noite, Verônica?

A moça olhou para Brian, segurou com força a mão do rapaz e sorriu demonstrando que estava satisfeita. Ela respondeu:

— Sim, senhor. Com ele eu sairia até de graça. Ele é muito bonitinho. Veja só isso.

Verônica tirou os óculos de Brian, e ele ficou completamente envergonhado perante os colegas de trabalho. Em seguida, ela deu um beijo no rosto do rapaz e o puxou em direção à porta de saída.

— Até logo, senhor Ashburn — Verônica despediu-se.

— Até logo, Verônica! Tenha uma ótima noite! Cuide bem do Brian. Veja bem o que vai fazer com ele, pois eu o quero inteiro no escritório na segunda-feira, entendeu?

— Não se preocupe! Cuidarei dele com muito carinho como cuido do meu cachorrinho, *El pequeño Chispito*.

Todos os funcionários começaram a rir do estagiário. Eles riam, mas no fundo queriam estar no lugar dele naquele momento.

Brian saiu do John Johnson Pub envergonhado, mas feliz da vida, pois estava saindo abraçado com uma linda garota. Para ele, não importava que Verônica fosse uma prostituta, pois, além de tímido, o rapaz era muito feio e sair de um bar de mãos dadas com uma garota era uma verdadeira conquista. Na verdade, Brian ainda era virgem, contudo, ele dizia para todos no escritório que não era e que já tinha namorado uma garota na adolescência quando estudava em Washington. Brian, no entanto, era virgem e aquela era sua grande chance de se tornar um homem de verdade.

***

Assim que os casais se retiraram do bar, a banda começou a tocar uma linda canção, um suave blues de Nova Orleans bem cadenciado, propício para Reynolds pedir mais uma rodada de uísque.

Sentado ao lado de Adam, Reynolds pediu dois uísques puros do Mississippi. Seu semblante demonstrava alívio e alegria.

James se aproximou, encheu os copos e disse:

— Senhor, eu já paguei as meninas, pode ficar tranquilo. Eram quinhentos dólares para cada uma. Está certo?

— Isso mesmo, James, obrigado. Você sabe que são raras as vezes em que faço isso, mas foi por uma boa causa.

— Eu sei, senhor Ashburn — James respondeu.

— Então, encha meu copo e volte ao trabalho James. A propósito, nunca havia visto essa banda por aqui. É muito boa! Inclua no cachê desta noite mais dois mil dólares de *couvert* artístico em nome da Ashburn Investments.

— Tudo bem, senhor. Vou avisar a Harry, o gerente, sobre isso.

— Faça isso, James. E obrigado por me ajudar com as garotas.

Depois de James se afastar, Adam e Reynolds ficaram calados durante alguns segundos. Adam não sabia o que dizer e estava sem reação ao lado do chefe.

Reynolds deu um gole em seu uísque, bateu o copo sobre o balcão e disse:

— Meus parabéns, Adam!

— Parabéns?! Parabéns pelo quê, senhor?

— Parabéns por sua decisão! Eu estava pensando em deixar a escolha da supervisão para as próximas semanas, mas resolvi tomar uma decisão hoje mesmo.

— Espere aí, senhor, não considere o que aconteceu hoje no escritório como referência para me promover! Como havia lhe dito, os valores de compra e venda das ações não foram frutos de minhas análises. Foi uma menina de apenas dez anos de idade quem me passou uma sequência numérica, e, sem querer, eu acabei decifrando os resultados. Então, o senhor não pode se basear nisso para me escolher como supervisor da Ashburn Investments.

— Pois é, meu caro, mas já fiz minha escolha. Você será meu braço direito. No entanto, saiba que não tomei essa decisão por causa dos ganhos extraordinários que tivemos hoje.

— Não? Então por que o senhor está me escolhendo? Não estou entendendo.

— Porque acabei de testar vocês três ao mesmo tempo: você, David e Travis. Eu precisava fazer um teste, antes de fazer minha escolha.

— Teste? Que teste?

— O teste das garotas bonitas.

— Não o estou entendendo, senhor, desculpe.

Reynolds sorriu, e Adam continuou:

— Eu recusei a garota, eu fraquejei. Como o senhor pode me escolher como seu braço direito na empresa?

— Para mim, foi um grande teste, Adam.

Franco se aproximou, e Reynolds diz:

— Franco, estou conversando em particular com Adam. Por favor, deixe-nos a sós por alguns instantes.

— Tudo bem, senhor. Vou aproveitar o intervalo do *show* para conversar um pouco com Ian, o vocalista da banda.

— Faça isso, Franco. Depois você e Adam conversam a sós.

— Com licença, senhor.

Franco se afastou, e Reynolds continuou:

— Como ia lhe dizendo, Adam, você passou no teste e por isso o escolhi para o cargo. Meus parabéns! Dentro de três semanas, você será o novo gerente de negócios da Ashburn Investments.

Adam não demonstrou entusiasmo com a notícia, em um claro sinal de que estava confuso, cansado e com muitas dúvidas sobre sua vida.

— O que foi, Adam? Não gostou da notícia? — Reynolds indagou.

— Desculpe, senhor, mas preciso pensar no assunto. Posso lhe dar uma resposta dentro dessas três semanas, um dia antes do meu aniversário?

— Tudo bem, não precisa me responder agora, mas saiba que já adiantei as coisas na empresa. Não diga nada a ninguém. O que eu lhe disse aqui deve ficar entre nós, tudo bem?

— Tudo bem, senhor, não direi nada a ninguém. Mas me diga uma coisa... Eu ainda não entendi qual foi o teste a que o senhor me submeteu. Pode me explicar?

— Claro que sim. É um teste simples, Adam, porém eficiente. Quem me ensinou isso foi meu pai, um dos maiores produtores de milho do Mississippi. Ele foi um homem muito rico e influente na década de 1950 e sempre precisou de pessoas de confiança ao seu lado para administrar os negócios. Antes de contratar seus diretores e gerentes, ele sempre fazia um teste antes da contratação.

— Como assim?

— É simples. Meu pai sempre dizia: "Filho, quando você crescer, se tornar uma pessoa rica e tiver muitos funcionários, precisará de homens de confiança ao seu lado, e a melhor forma de conhecer esses homens é testando-os com lindas mulheres. Se eles forem casados, leve-os até uma casa de diversões masculinas e lhes apresente belas garotas. Se porventura aceitarem, isso significa que, além de estarem traindo suas esposas, esses homens não são confiáveis. Se eles têm coragem de trair as próprias esposas, imagine o que poderiam fazer contra você se surgisse uma oportunidade de traí-lo? Pense nisso e faça sempre como seu pai: tenha pessoas de confiança ao seu lado. Nem sempre pessoas jovens e inteligentes são as melhores e mais confiáveis".

— Nossa! Seu pai devia ser uma pessoa e tanto! Eu também penso como ele, senhor Ashburn. Agora estou entendendo o objetivo do teste. Eu nunca poderia imaginar que o senhor estaria nos testando ao contratar aquelas garotas.

— Não costumo fazer isso, Adam. Na verdade é a segunda vez que faço isso. A Ashburn Investments só se tornou o que é hoje por causa dos diretores que estiveram ao meu lado. Neste exato momento, David e Travis devem estar a caminho de uma linda e sedutora noite com aquelas garotas e certamente estão pensando que são os caras mais

87

espertos e poderosos do mundo... Eles, no entanto, estão redondamente enganados, pois, para mim, os dois são uns frouxos. São homens que não merecem confiança alguma, pois sei que me trairiam na primeira chance que tivessem. Dentro de algumas semanas, felizmente, eles não estarão mais na nossa empresa, pois não passaram na prova. Para mim, homens que honram suas esposas e também a Deus merecem tudo na vida. Talvez você não saiba, Adam, mas sou um homem muito religioso e nunca traí minha esposa, afinal, sou muito feliz em meu casamento. Eu e Sarah confiamos plenamente um no outro. Se não existir confiança num relacionamento, não existe nada.

— Nossa! O senhor me surpreendeu de verdade desta vez! Além de ser um bom patrão, poderia certamente ser um bom ator também.

Reynolds sorriu:

— Bem que eu gostaria, Adam, mas a vida me levou para o mundo dos negócios. Quando eu era criança, sonhava em ser ator de cinema. Cheguei a fazer teatro na escola, porém, deixei tudo para trás depois.

— Acho que o senhor se daria muito bem como ator, pois me enganou perfeitamente.

— Que interessante! Eu me saí muito bem! — Reynolds sorriu e bebeu mais um gole de uísque.

— Mas e o garoto Brian? Ele também será despedido? — Adam indagou.

— Não, esse garoto vai longe. Ele estava louco para sair com a tal Verônica. Não notou o olhar dele?

— Não. O que tinha o olhar dele?

— Ele olhava para a moça como se ela fosse uma princesa. Tenho certeza de que o garoto ainda é virgem, pois todos os virgens sempre olham para as mulheres daquela forma, como se elas fossem deusas.

— Então, nesse caso, tudo bem ele sair com a prostituta?

— Claro que sim, afinal, ele não é casado e tem todo direito de se divertir e aproveitar a vida. David e Travis, no entanto, estão traindo as esposas, e isso eu jamais vou admitir.

— Tem razão, senhor. Coitadas das esposas, não?

— O que você disse? Coitadas das esposas?

— Sim, elas são umas coitadas. Estão em casa, enquanto os maridos as traem.

— Não, Adam. Aprenda uma coisa: coitados são David e Travis. As pessoas estão acostumadas a pensar que quem é traído tem um grande problema para resolver, porém, é exatamente o contrário. Quem tem um problema não é a pessoa que é traída, mas sim quem a trai. Essa pessoa sim tem grandes problemas internos para serem resolvidos. A pessoa que trai está criando um grande carma para sua vida, mas a ignorância não a deixa perceber isso.

— Carma? O senhor disse carma?

— Sim, já ouviu falar de carma?

— Já ouvi sim, mas não sei o que é.

Nesse momento, o vocalista da banda parou de tocar blues e agradeceu o público interrompendo a conversa de Reynolds e Adam:

— Senhoras e senhores, gostaria de agradecer a presença de todos nesta noite e dizer que esta sexta-feira é muito especial para mim, pois vejo que muitos amigos estão presentes. Gostaria, então, de chamar ao palco uma pessoa muito querida, cujo nome é Franco Legrand. Ele é baterista! Nós nos conhecemos desde a adolescência e tocamos juntos no colégio. Franco, meu amigo, suba no palco, por favor.

Franco levantou os braços e subiu correndo no palco. Adam ficou empolgado, pois não imaginava que seu melhor amigo guardasse tantos segredos assim.

Adam olhou para Reynolds e disse:

— Vamos chegar mais perto do palco para ver Franco tocar, senhor Ashburn?

— Não, Adam. Já está tarde, e preciso ir embora. Meu motorista já está lá fora me esperando. Mandei uma mensagem para o celular dele dizendo que em alguns minutos sairia do bar. Sarah, minha esposa, está me esperando em casa com um filé ao molho madeira e vinho tinto italiano. Nós vamos comemorar esta noite juntos!

— Isso é muito bom. Tem certeza de que não quer ficar mais um pouco, senhor?

— Não se preocupe comigo, Adam. Já consegui o que precisava. Eu só vim aqui hoje para fazer o teste com vocês três, por isso pedi que não trouxesse sua esposa. Pode parecer um teste simples perto das incontáveis habilidades que um profissional pode descrever em seu currículo, mas para mim a confiança está acima de tudo. Agora você já sabe. Falaremos sobre sua contratação dentro de três semanas.

— Combinado, senhor. Dentro de três semanas terá sua resposta.

— Então, até logo. Divirta-se e cuide do Franco. Ele é um cara legal, mas tem muitos segredos.

— Segredos? Que segredos?

— Ele pensa que não sei, mas conheço os segredos dele. Sou um homem de cinquenta e cinco anos de idade, e é muito difícil alguém esconder algo de mim. Sabe, Adam, eu consigo ler os olhos das pessoas.

— O quê? O senhor disse que lê os olhos das pessoas? É a segunda pessoa que me diz isso hoje.

— Sim. Os olhos me dizem muitas coisas. Ninguém me engana, se estiver olhando diretamente para meus olhos.

— E o que meus olhos estão dizendo agora, senhor? Pode me dizer?

— Sim, eles estão me dizendo que você não está nada bem.

— Como assim?

— Eles estão me dizendo que você está muito cansado e que precisa descansar.

— É a segunda pessoa que me diz isso hoje!

— Faça o seguinte, Adam... Não apareça no escritório nas próximas semanas. Tire umas férias, descanse um pouco e volte dentro de três semanas. Quando retornar das férias, tudo estará pronto para você começar a trabalhar em sua nova sala como gerente master da Ashburn. Combinado?

— Muito obrigado, senhor Ashburn. Acho que estou mesmo precisando de umas férias.

— Faça isso! Descanse durante as próximas três semanas.

— Farei isso.

— Até logo, Adam.

— Obrigado, senhor Ashburn. Mas, antes de ir embora, poderia me responder uma coisa?

— O quê?

— Que segredos o senhor acredita que Franco guarda?

— Pergunte você mesmo a ele. Assim que terminarem de tocar, converse um pouco com Franco. Tenho certeza de que ele lhe dirá algumas coisas, pois está bêbado e descontraído hoje. Ele não sabe que eu sei sobre seus segredos. Eu sei exatamente o que se passa com Franco. É algo que você nunca imaginou. Posso lhe garantir.

— Algo que nunca imaginei? O que será? Agora fiquei curioso.

O celular de Reynolds tocou:

— Meu Deus! Preciso ir embora. Boa noite, Adam.

— Boa noite, senhor Ashburn. Vou conversar com Franco. O senhor me deixou realmente curioso.

— Tenha um ótimo fim de semana, Adam, e ótimas férias também! Sugiro que saia um pouco com sua esposa e, se puder, viaje com ela. Seus olhos estão pedindo para deixar um pouco a vida maluca e corrida de Nova Iorque.

Adam sorriu:

— O senhor é a segunda pessoa que me diz isso hoje!
— Então, deve ser verdade. Até logo, Adam.
— Até logo, senhor.

Reynolds vestiu o paletó e saiu do John Johnson Pub à francesa, sem se despedir dos seus funcionários.

Capítulo 5
Ian Brand

O *show* terminou, e os aplausos se espalharam pelo *pub*. Ian Brand, o vocalista da banda, era realmente muito carismático. Ele era um rapaz de aproximadamente vinte e cinco anos de idade, magro, tinha cabelos longos, ombros largos e algumas tatuagens de estilo tribal no braço direito. Seu rosto era muito parecido com o de Adam.

Ian agradeceu ao público, vestiu sua jaqueta de couro e foi até o balcão do bar conversar um pouco com alguns fãs e beber algo para se esquentar, pois, do lado de fora do *pub*, os termômetros marcavam dois graus negativos.

Adam olhou pela janela e viu um pouco de neve caindo sobre os para-brisas dos carros que estavam estacionados em frente ao *pub*.

Franco levantou-se da bateria e retornou ao balcão onde Adam estava:

— E, então?! Gostou do som, Adam?

— Muito bom! Adorei as músicas. Você me surpreendeu mais uma vez, Franco! Não sabia que tocava bateria.

— Aprendi a tocar bateria com Ian, quando estudávamos juntos na faculdade.

— Ele cursou economia com você?

— Não, ele fez artes cênicas e cinema. Ian sempre foi ligado à área de humanas. Ele diz que exatas é coisa para gente maluca como nós.

Adam olhou para o balcão e viu Ian subindo numa cadeira e gritando como um maluco, mas de alegria.

— Ele diz que nós somos malucos? — Adam perguntou para Franco com ironia. — Olhe só seu amigo subindo na cadeira e gritando como um doido!

— Ele não é maluco, Adam. Ian só está feliz. Ele diz que toda pessoa que faz o que gosta se sente feliz o tempo todo.

Aquela simples frase foi intensa para Adam, pois ele sabia que era a mais pura verdade.

Franco perguntou:

— O que foi, Adam? Você ficou calado de repente.

— Não foi nada. Está tudo bem. Que tal pedirmos mais duas doses de uísque?

— Por mim, tudo bem! Afinal, hoje é sexta-feira. Hei, James, por favor, mais duas doses de uísque puro com gelo para mim e para meu amigo Adam.

— É pra já, garoto! — James respondeu prontamente.

Adam já dava sinais claros de embriaguez. Enquanto suas entranhas eram anestesiadas pelo álcool, a vontade de se abrir com o amigo parecia inevitável. No fundo, ele queria descobrir os segredos que Franco escondia, porém, não conseguia encontrar a maneira certa de perguntar.

Falante como sempre, Franco comandava a conversa, enquanto James empurrava os dois copos de uísque que escorregaram sobre o balcão de madeira.

Franco também estava intrigado com Adam. Ele queria saber sobre o estado de saúde do amigo e sobre o estranho comportamento de Adam nas últimas semanas:

— E então, Adam? Vai me dizer o que está acontecendo com você ou não?

— Não sei o que está acontecendo comigo...

— Quer saber o que eu acho?

— Quero.

— Acho que você e Natalee estão com problemas e você não quer falar sobre isso.

— Como sabe disso?

— Estou supondo e não afirmando. Ou você não a ama mais ou ela não o ama mais. Ou é uma coisa ou outra.

— Por que está dizendo isso, Franco? Está sabendo de alguma coisa?

— Não, Adam. Só estou lhe dizendo isso porque as pessoas que são amadas dificilmente adoecem.

— Por quê?

— Porque o amor é uma energia tão poderosa que não deixa as pessoas adoecerem.

Adam parecia não gostar do rumo que a conversa estava tomando:

— Pra mim, isso é papo furado, Franco. Não venha com essa conversa pra cima de mim agora.

— Você acha que está acima de tudo e de todos, não é? — Franco questionou.

Adam não respondeu e tomou mais um gole de uísque, mas de repente sentiu uma queimação muito forte na garganta. Assustado, ele ficou em silêncio por alguns instantes, porém, logo retomou a conversa fazendo outra pergunta:

— Você acha que sou um homem orgulhoso, Franco?

— Sim, eu acho.

Adam espantou-se com a resposta direta e tentou redimir-se:

— Então, você não sabe de nada, Franco, pois Natalee vem se distanciando de mim dia após dia. Ela não me ama mais!

— Você está dizendo que a ama?

Sem hesitar, Adam respondeu:

— Sim, eu a amo.

— E já disse isso para ela?

Adam tentou disfarçar bebendo outro gole de uísque.

— Faz tempo que você não diz isso para ela, não? Quantas vezes você disse para sua esposa que a amava?

— Uma vez.

— Uma vez?! — Franco exclamou.

— Sim. De verdade, só uma vez.

— E ela acreditou em você?

— Éramos namorados e estávamos na faculdade.

— Meu Deus! Eu já sei! Você só disse isso para conquistá-la, não foi?

Adam não respondeu e apenas balançou a cabeça afirmando que sim.

— Sabe o que eu acho, Adam?

— O quê?

— Que você não sabe o que é o amor. É isso que eu acho.

Adam estava nitidamente bêbado e falava enrolado.

— Agora você falou a coisa certa, Franco. Eu não sei o que é o amor. Na verdade, acho que nunca soube... Sabe por quê?

— Por quê?

— Porque ninguém me ensinou a amar. Nunca conheci o amor quando era criança. Não existia amor em minha casa. Havia só briga, discussão e mentira. Só mentira, está entendendo? Amor? O amor sempre foi uma utopia em minha vida. Para falar a verdade, nem sei se acredito nessa droga de amor. Essa é a verdade, Franco! Para mim, amor só serve para vender livros, telenovelas, filmes e músicas. No fundo, todo mundo sofre. Ninguém realmente sabe o que é amor de verdade.

Franco arregalou os olhos ao ouvir as palavras frias saindo da boca do seu amigo:

— Meu Deus, Adam! Quanto rancor está cultivando dentro desse coração! Estou entendendo melhor suas esquisitices. Você precisa aliviar a raiva que carrega dentro de você.

— É o que estou tentando fazer. Estou bebendo para esquecer as dores da droga de minha vida. Na verdade, não tenho mais prazer em viver. Parece que tudo está se esvaindo de dentro de mim. Nem mesmo Natalee se importa mais comigo. Ela está longe se divertindo em Los Angeles ou em São Francisco. Natalee nem telefona mais para mim.

Nitidamente embriagado, Adam gaguejava, mas continuou desabafando:

— Não tenho a mínima vontade de voltar para casa. Sinto como se não tivesse mais esposa.

— Mas pelo menos você tem um emprego e um bom salário, não?

— Esse é o problema, Franco. Não quero mais continuar vivendo dessa maneira. Todos pensam que estou rico, que tenho um bom emprego e que minha vida é uma maravilha. Minha esposa acha que tenho um monte de dinheiro investido, mas ela não sabe o que aconteceu comigo.

— O que aconteceu?

— Quer saber mesmo a verdade? — Adam questionou.

— Quero. Pode dizer, não contarei a ninguém.

— A verdade é que não tenho mais nada! Perdi tudo o que tinha durante a crise do Subprime de 2008. Apostei todas as minhas reservas e todo o dinheiro que tinha nas ações do setor imobiliário e me dei mal, muito mal. Foi isso que aconteceu. Perdi tudo e nunca mais consegui recuperar. Eu morro de vergonha disso, mas foi o que aconteceu. Como isso é possível, não? Como um dos melhores analistas de Nova Iorque pôde se deixar levar pela ganância e ser derrubado pelo *crash* de 2008? Mas eu aguentei firme e nunca contei nada a ninguém. Você é a primeira pessoa para quem estou contando.

Visivelmente nervoso e com remorso, Adam virou o resto de uísque e bateu o copo com violência na mesa.

— Fale mais, Adam — Franco insistiu.

— É melhor eu parar por aqui. Não vou dar mais detalhes sobre o acontecido, pois, se fizer isso, vou começar

97

a passar mal outra vez. Foi uma perda enorme, cara. Foram mais de 500 mil dólares perdidos em apenas uma semana. Você deve se lembrar muito bem de como tudo aconteceu em 2008, não?

— Sim, eu me lembro. Foi terrível. Muita gente perdeu dinheiro. Eu ainda estava estudando.

— Muita gente comum perdeu dinheiro, mas um especialista do mercado financeiro como eu deveria ter previsto o risco e jamais ter investido todo o capital que tinha nisso.

— Adam, você precisa superar isso. Tente manter a calma, pois, se continuar pensando nos erros do passado, será o mesmo que errar novamente. Você precisa esquecer isso de uma vez por todas.

— Eu tento, mas não consigo. Foram as economias de uma vida inteira, cara! Não dá para superar isso assim.

— Mas você precisa superar, Adam!

— Que droga! Agora estou aqui nesta droga de bar, embriagado, próximo de completar quarenta anos de idade, cansado, pobre e derrotado pela vida. A vida me venceu, cara! É isso que está acontecendo. Eu perdi a batalha.

— Não fale isso. Você não pode desistir de tudo assim.

Adam abaixou a cabeça entristecido e decepcionado. O silêncio o dominou por alguns segundos, mas em seguida ele disse:

— Franco, eu sinto que estou ficando doente e que algo muito ruim acontecerá comigo em breve. Não sei o que é, mas venho me sentindo fraco, desmotivado, triste e...

— Abandonado. Você quer dizer abandonado, não é? — Franco levantou-se e colocou a mão sobre seu ombro.

— Isso mesmo, amigo. Estou me sentindo abandonado. Você é a única pessoa que parece me entender. E não estou dizendo isso porque estou bêbado.

— Eu sei. Não se preocupe. Pode falar tudo o que sente. Confie em mim, Adam.

— Não consigo mais ver expectativa para minha vida, esse é o grande problema. Estou sem esperança, sem perspectiva, sem planos e sem rumo.

— Sua vida está sem sentido, Adam, por isso você não sabe para onde ir. Você tem de encontrar um sentido, uma direção. Quando encontrar novamente um sentido para sua vida, a força retornará. Acredite nisso.

Franco tentava ajudar o amigo, mas, sem controle, Adam começou a lembrar-se de cenas dolorosas do passado.

Ele balançou a cabeça negativamente, e Franco disse baixinho a seu ouvido:

— Não se preocupe. De tempos em tempos, as pessoas aprendem a amar outra vez.

Adam encolheu os lábios demonstrando impaciência e achou estranho ouvir Franco falar daquela maneira, afinal, todos os funcionários do escritório eram austeros, frios e distantes.

Nesse momento, Ian Brand se aproximou do balcão, sentou-se ao lado de Franco e fez um pedido ao *barman*:

— James, por favor, um refrigerante gelado.

Com o canto dos olhos, Adam notou que Ian estava segurando a mão de Franco por baixo do balcão. Ele arregalou os olhos intrigado e fixou Franco, tentando compreender o que estava acontecendo.

Franco olhou para Ian e em seguida para Adam:

— Está querendo saber meu segredo, não é, Adam?

Adam ficou sem jeito:

— Não, ou melhor, sim.

Franco sorriu.

— É isso mesmo que você está vendo. Não preciso mais esconder de você meu segredo. Sou gay, e Ian Brand é meu namorado.

Adam ficou vermelho de vergonha e não sabia para onde olhar.

— Alguém sabe disso aqui no bar e no escritório? — Adam perguntou encabulado.

— Não, ninguém sabe de nada. Sempre me portei de forma natural, mas ultimamente venho tentando tomar coragem para contar a verdade. Não aguento mais me esconder. Parece que, enquanto eu não resolver isso, minha vida não andará para frente.

Ian levantou-se e se apresentou. Era um homem muito bonito.

— Muito prazer, Adam. Meu nome é Ian Brand! Sou descendente de irlandeses, por isso tenho esse sotaque meio estranho.

— Muito prazer, Ian.

— Franco fala muito de você. Na verdade, ele anda preocupado com sua saúde.

— Eu e Franco somos muito amigos — Adam respondeu com certo preconceito aparente.

Franco sorriu:

— Adam, agora que sabe sobre meu segredo, espero que não deixe de ser meu amigo.

— Sinceramente, o primeiro pensamento que me veio à mente foi o de me levantar da cadeira e deixar você falando sozinho de mãos dadas com seu namorado, mas quer saber? Você é um cara legal e sempre foi meu amigo. Então, não vou me preocupar com o fato de você ser gay. Continuamos amigos, Franco. Não se preocupe.

— Tem certeza de que não está dizendo isso só porque está na frente do meu namorado?

— Sim, tenho certeza.

— Então, vou ligar para você amanhã pela manhã para conferir. Se não atender ao telefone, saberei a verdade.

— Pode telefonar. Não se preocupe, eu vou atender.

Uma garota se aproximou pedindo autógrafo para Ian, que se levantou educadamente:

— Com licença, Adam, preciso dar atenção a algumas pessoas. Fique à vontade com Franco.

— Obrigado, Ian. Foi um prazer conhecê-lo.

— O prazer foi meu. Voltarei ao palco dentro de alguns minutos para tocar novamente. Há alguma música em especial que gostaria de ouvir? É só pedir. Será um presente meu para você.

— Está falando sério?

— Sim. Pode pedir qualquer música.

— Bem, neste caso, eu gostaria de ouvir *Magic*, da banda American Brothers. Você conhece?

— Sim, claro que conheço. Costumava ouvir essa música com meu pai quando eu era pequeno e nós viajávamos para a praia no verão. É uma música emocionante. Vou tocá-la para você.

— Que legal! Obrigado, Ian. Essa música me faz lembrar muito uma pessoa querida.

— É isso aí! Relembrar é viver, meu amigo! — Ian respondeu sorrindo.

— Obrigado, Ian.

— Até daqui a pouco. Fique à vontade.

— Por acaso essa pessoa querida de quem você diz lembrar quando ouve a música é Natalee? — Franco perguntou.

— Não.

— Então quem é?

Adam engoliu em seco:

— Essa música me faz lembrar meu irmão Damien.

— Seu irmão?

— Sim.

— Você nunca falou sobre ele... Por quê?

— Infelizmente, ele não está mais neste mundo. Damien morreu quando tinha dezesseis anos. Na época, eu tinha onze anos. Éramos muito unidos. Damien era meu melhor amigo e confidente, um cara em quem eu me espelhava,

101

meu protetor e porto seguro. Depois que ele morreu, tudo mudou, e eu nunca mais tive paz na vida.

Adam não conseguiu controlar a emoção e tentou disfarçar ao perceber que todos os funcionários da empresa estavam se levantando para ir embora. Ele não queria demonstrar fraqueza perante os demais.

Franco percebeu a preocupação do amigo:

— Tenha calma, Adam. Não se preocupe com os outros. Daqui a pouco, todos irão embora, e nós ficaremos mais à vontade.

— Tudo bem.

— Você precisa desabafar, amigo. Suas dores no pescoço, o que aconteceu hoje de manhã na praça, tudo isso pode estar ligado aos problemas emocionais que carrega dentro de sua alma.

— Sabe, Franco, você deveria ser psicólogo e não um corretor de valores. Você leva jeito para isso.

— Eu sei. Sempre quis ajudar os outros, mas a vida me levou ao mercado financeiro. Gosto do que faço, mas me falta alguma coisa. Não sei o que é, porém, tenho certeza de que ainda vou encontrar meu caminho. Sei que vou. A vida vai ser generosa comigo, sinto isso.

— Espero que sim, pois você é do bem e merece.

— O pessoal já está indo embora, Adam. Enquanto pagam a conta, vamos falar sobre outra coisa.

— Seu amigo Ian, ou melhor, seu namorado parece ser um cara legal. Vocês se conhecem há muito tempo?

— Desde o primeiro ano da universidade. Nunca tive outra pessoa na vida, ele foi meu único namorado.

— Sério?

— Sim, mas nos separamos por um tempo. Ficamos separados por dois anos.

— Desculpe, Franco, mas é meio complexo entender isso. Prometo que vou me acostumar com a ideia de você ser gay, mas agora está sendo difícil.

Franco sorriu educadamente.

— Eu sei. Não se preocupe. Imagino como deve ser difícil para você.

— Por que vocês se separaram?

— Por causa das drogas. Ian se envolveu com heroína e cocaína no primeiro ano da faculdade e acabou internado numa clínica em Ohio. Ele quase morreu naquela clínica. Na verdade, nem ele mesmo sabe como está vivo hoje. Chegou a pesar 38 quilos e sofreu com crises horríveis de abstinência. Depois de um tempo, o levaram para o hospital, e Ian acabou entrando em coma. Os médicos o desenganaram três vezes. Ligaram para os familiares de Ian na Irlanda, mas ninguém veio visitá-lo. Graças a Deus tudo acabou bem, e ele conseguiu sobreviver. Como pode ver com seus próprios olhos, Ian está vivo, cantando e feliz. E o mais importante é que se libertou das drogas para sempre.

— Inacreditável.

— Realmente inacreditável. Ian Brand está totalmente limpo hoje.

— Mas o que o fez reagir e voltar a viver? — Adam perguntou curioso.

— Não sei. Ian diz que se encontrou com Deus quando estava na Unidade de Terapia Intensiva, entubado e totalmente inconsciente, sobrevivendo apenas com ajuda dos aparelhos. Quando chegou à beira da morte, ele disse que Deus se aproximou e lhe presenteou com uma espécie de moratória.

— Uma moratória? O que é isso?

— Uma moratória de amor. Um tempo a mais de vida, uma prorrogação. Disse também que ele teria uma missão para cumprir se conseguisse sobreviver.

— Que missão?

— Ele me confessou que não sabe. Na verdade, Ian está à procura, mas não parece preocupado. Ele está deixando a vida lhe mostrar os caminhos. Ian está calmo, consciente e feliz. Só de estar vivo, ele já pode se considerar um vencedor.

— Tem razão, o semblante de Ian é muito calmo e envolvente.

— Ele não tem ninguém neste mundo, Adam. Só tem a mim. A mãe de Ian morreu ano passado, e o pai dele morreu na década de 1990, quando estava na marinha.

— Que incrível! Olhando para ele, eu nunca imaginaria isso. Achei que Ian era mais um filhinho de papai que gosta de levar a vida perigosamente.

Franco sorriu:

— Pois é, amigo! Não podemos julgar as pessoas sem antes conhecê-las.

— Quanto tempo ele está livre das drogas?

— Há mais de três anos.

— Tem medo de que ele volte a usar?

— Não, não tenho medo. Ele está livre. Tenho certeza disso.

— Qual religião é a de Ian?

— Ele não tem religião. Ian diz que sua fé é algo que só tem a ver com ele e Deus. Ian não aceita intermediários.

— Interessante!

— Bem, Adam, a turma do escritório já saiu. Podemos conversar com calma agora. A propósito, você disse na Times Square que me explicaria algo sobre sua promoção. O que é?

— Ah sim! Eu ia lhe falar sobre a importância de ser um profissional jovem. Os jovens são mais bem cotados para serem promovidos, mas acho que me enganei. Deixe isso pra lá.

— Tudo bem. Então me fale sobre seu irmão. O que aconteceu com ele?

Antes que Adam começasse a explicar, Ian subiu no palco, segurou o microfone e disse:

— Senhoras e senhores, a pedido de uma pessoa que está na plateia hoje, vamos tocar uma das mais belas canções dos anos 1970. *Magic*! Acredito que todos que têm mais de trinta anos já ouviram essa bela música. Então, vamos lá! Um, dois, três...

A voz de Ian era rouca e envolvente. *Magic* estava sendo tocada com tanta emoção que Adam não aguentou e se emocionou ao lembrar-se de seu irmão Damien.

Franco se aproximou:

— Calma, cara. Você tem que superar isso.

— É muito forte, Franco. Eu não deveria ter pedido para Ian tocar essa música. Foi um pedido inconsciente. Essa foi a primeira música que me veio à mente.

— Quer falar o que aconteceu com seu irmão?

— Sim, mas deixe a música terminar. Preciso ouvi-la até o fim.

— Tudo bem.

Adam apoiou a mão no queixo a assistiu ao *show* emocionado até a música terminar.

Capítulo 6

Confissões

Ian finalizou a famosa canção folk dos anos 1970, e todos o aplaudiram com veemência. Ele agradeceu, mostrando-se também nitidamente emocionado por sua interpretação:

— Obrigado! Obrigado! Ofereço essa linda música para Damien. Muito obrigado a todos!

Em seguida, Ian continuou seu *show* e seguiu tocando outros clássicos do *rock* inglês.

Adam estava com os olhos arregalados, sem acreditar no que acabara de ouvir:

— Você ouviu o que Ian disse?! Você ouviu, Franco?

— Não prestei atenção. O que ele disse?

— Ele disse que estava oferecendo a música para Damien! Damien é o nome do meu irmão, cara! Como ele pode saber o nome do meu irmão, se nunca ouviu falar dele?

— Ele disse isso?

— Sim, acabou de dizer! Você não ouviu?

— Eu não me assusto mais com essas coisas.

— Que coisas?

— Depois que Ian sobreviveu ao coma, ele nunca mais foi o mesmo. Desde então, ele tem ouvido coisas, visto pessoas, tido intuições estranhas e previsto acidentes! Além disso, Ian tem tido algumas sensações...

— Que sensações?

— Não sei se é apropriado falar disso neste momento...

Adam se irritou e levantou-se furioso segurando o colarinho de Franco, que ficou completamente transtornado:

— Franco, por acaso você está escondendo alguma coisa de mim?! Você sabe alguma coisa sobre meu irmão e não quer me dizer?

De cima do palco, Ian percebeu que algo errado estava acontecendo entre Adam e Franco. Ele olhou para o baixista e fez um sinal para a banda continuar o *show* sem ele. Ian desceu discretamente do palco e se aproximou dos dois antes que as coisas piorassem.

— Opa! Opa! — sem hesitar, Ian separou Adam e Franco. — Você está muito alterado, cara. É melhor se afastar de Franco e se sentar.

Adam não parecia bem. Sentia falta de ar, e seu rosto começou a ficar avermelhado. Além disso, começou a tossir sem parar.

— O que está acontecendo aqui, afinal? Pode me dizer, Adam? — Ian perguntou.

Ele respondeu com dificuldade:

— Essa era a música que eu tocava com meu irmão quando éramos crianças. Era a música favorita dele.

— Sim, a música é linda, mas por que você estava segurando Franco daquele jeito violento?

— Desculpe, não sei o que aconteceu. Foi mais forte que eu. Vocês estão escondendo algo de mim, não é? Diga logo, Ian! Como sabe o nome do meu irmão Damien? Você dedicou a música para ele no final. Eu ouvi! Isso não pode ser possível. Não estou ficando louco. Eu o ouvi dizer o nome dele.

Franco olhou para Ian como se estivesse lhe pedindo permissão para falar.

— Vamos, falem logo! Não precisam me esconder nada. Já sofri muito com isso. Podem dizer.

Ian consentiu, e Franco, vendo o amigo angustiado, decide por fim falar:

— Adam, Ian consegue sentir os mortos. Às vezes, ele até os vê. Certamente, ele deve ter tido algum tipo de visão enquanto tocava a música.

— O quê? Pare de dizer asneiras, Franco! Sabe muito bem que não acredito nesse tipo de coisa. Já sei! Você falou com Natalee, e ela lhe disse o nome do meu irmão. E você, com esse seu jeitinho todo educado, foi logo contando tudo para seu namorado. Não foi? Pare de mentir. Assuma logo o que fez.

Franco olhou para Ian:

— Não adianta, Ian. Eu sabia que ele não iria acreditar.

Ian se aproximou e segurou a mão de Adam.

— O que está fazendo? — Adam perguntou, tentando soltar a mão.

— Adam, deixe Ian segurar sua mão durante alguns instantes. Não resista — Franco pediu.

Adam aceitou, e Ian segurou sua mão direita.

Imediatamente, algumas lágrimas começaram a escorrer pelo rosto de Ian, deixando Adam assustado:

— O que está acontecendo, afinal? — ele perguntou.

Como se estivesse numa espécie de transe, Ian respondeu:

— Damien está à sua procura há muito tempo. Sinto que ele sofreu muito e que sua energia está aqui agora. Não é exatamente ele, desculpe. Não sei explicar o que é, mas sinto que Damien está próximo de você, bem próximo. Mais do que você imagina.

Adam se desesperou e começou a chorar:

— Por que estão fazendo isso comigo? Por quê?

As lágrimas continuavam escorrendo pelo rosto de Ian:

— Adam, ele está indo embora agora, mas antes quer lhe dizer uma coisa.

— O quê?

109

— Ele sente muitas saudades de subir ao topo do Mont-Saint-Hilaire para acampar com você e nadar no lago durante as tardes ensolaradas de sábado. Ele está dizendo que nunca vai se esquecer de quando pulou de cima de uma árvore na parte mais funda do lago para salvá-lo de um afogamento. Ele diz também que você cumpriu com a promessa e nunca contou a ninguém o que aconteceu naquele dia.

Adam não acreditava no que estava ouvindo. Ele fixou os olhos de Ian e o abraçou em gratidão.

— Só nós dois sabíamos disso, Ian! Como isso pode ser possível?

— Não sei, Adam. Esse tipo de coisa acontece às vezes comigo. Eu lhe peço desculpas. Não queria que isso ocorresse aqui.

— Damien ainda está aí? — Adam perguntou.

— Não, a energia dele já dispersou. Com licença, Adam. Preciso lavar o rosto e me energizar.

Ian seguiu em direção ao banheiro, e Adam apoiou a cabeça no balcão do bar, segurando-a com as duas mãos em claro sinal de desespero. Ele disse ao amigo:

— Desculpe, Franco, não quis ser violento com você.

— Está tudo bem. Fique tranquilo. Você está passando por uma fase ruim, apenas isso.

— Ian disse que Damien está à minha procura! Como isso é possível? Nunca acreditei nessas coisas espirituais. Nem sequer entro numa igreja! Por que tudo isso está acontecendo comigo?

— Deve ter alguma razão, Adam, mas sinceramente não sei lhe explicar. Gostaria de saber mais sobre espiritualidade, mas é muito complicado para mim.

Nesse momento, Adam começou a sentir-se mal. Além de ter bebido bastante, aquela sexta-feira, sem dúvida, estava sendo muita intensa para ele. Muitas emoções, muitos sentimentos estranhos e encontros inesperados.

Aflito, Adam pediu para sentar-se numa das poltronas do bar, e Franco o ajudou. De repente, o semblante de Franco se modificou rapidamente, e ele começou a ficar muito preocupado.

A respiração de Adam ficou pausada e seu rosto pálido. Era um claro sinal de que sua pressão estava caindo rapidamente. Franco segurou o pulso do amigo e percebeu que algo errado estava prestes a acontecer. Não havia tempo para pensar. Sem hesitar, ele gritou:

— James! James! Chame uma ambulância agora mesmo! Rápido! Tem que ser rápido, pois Adam não está se sentindo bem!

James puxou o celular do bolso e discou rapidamente para o pronto-socorro do hospital central. Pouco depois, o bar já estava vazio devido à confusão.

Foram minutos de agonia. Enquanto os paramédicos não chegavam, Adam tossia sem parar e gritava de dor. Ele tossiu tanto que chegou a engasgar com a própria saliva e a cuspir sangue várias vezes.

Assim que a ambulância estacionou em frente ao bar e os paramédicos chegaram, Adam já estava desacordado. Franco, por sua vez, desesperara-se ao ver o amigo sendo levado de maca.

O que teria acontecido com ele afinal?

Ian aproximou-se de Franco:

— Franco, me arrependi de ter dito aquelas coisas para ele.

Franco confortou o namorado:

— Não se arrependa de nada, Ian. O que foi dito era para ser dito. Você já está acostumado com isso, não?

— Sim, estou.

Os dois homens entraram no carro e decidiram acompanhar a ambulância até o hospital central.

Franco e Ian passaram a madrugada sem qualquer notícia de Adam. Somente nas primeiras horas da manhã do sábado, enquanto Franco dormia exausto sobre as cadeiras geladas da recepção, o doutor Moore, oncologista e cirurgião do hospital, apareceu para falar-lhe sobre o estado de saúde de Adam.

Capítulo 7

Hospital Central

— Bom dia. Um de vocês é parente de Adam W. Stone?
Franco levantou-se assustado da cadeira:
— Não, doutor, não há ninguém da família dele nos Estados Unidos.
— Quem são vocês?
— Somos amigos. Eu trabalho com Adam. Como ele está, doutor?
— Eu preferiro falar com alguém da família, se não se importa.
— A família de Adam está toda no Canadá. Ele não tem ninguém em Nova Iorque.
— Mas no prontuário de Adam diz que ele é casado. Onde está a esposa dele?
— Em Los Angeles. Não sei quando ela retornará a Nova Iorque.
— Neste caso, vou passar para vocês o que está acontecendo. De qualquer maneira, no entanto, pedirei para minha secretária entrar em contato com a esposa de Adam, pois alguém da família precisa vir ao hospital o mais rápido possível.
— É alguma coisa grave, doutor?
— Adam não corre riscos neste momento, mas o estado de saúde dele é grave. Se ele tivesse feito *checkups*

periódicos, nós teríamos diagnosticado com antecedência a doença dele. Estou surpreso por Adam não ter percebido que havia algo errado nos últimos tempos.

Franco levantou-se da cadeira, e Ian postou-se ao seu lado para apoiá-lo, pois sabia que não ouviriam boas notícias da boca do doutor Moore.

— Ele está sedado agora. Nós vamos entubá-lo dentro de alguns minutos, mas antes gostaria de saber se vocês beberam muito a noite passada?

— Sim, doutor, bebemos algumas doses de uísque.

— Percebi. Adam passou a noite delirando e dizendo coisas estranhas, mas até amanhã acredito que vocês já vão poder entrar e falar com ele. A partir de hoje, serei o médico de Adam neste hospital. Se quiserem saber sobre o estado de saúde dele, falem comigo. Tudo bem?

Franco olhou para o crachá do médico onde estava escrito: Doutor Colin A. Moore – Oncologista e Cirurgião.

Ansioso e nervoso, Franco perguntou:

— Adam está com câncer, doutor?

— Sim, Adam está com câncer na garganta. A metástase já invadiu a traqueia e a parte superior da laringe.

— Meu Deus! Isso é grave? Tem cura? É possível alguma cirurgia?

— São muitas perguntas neste momento. Não posso lhes dizer nada sem antes fazer mais exames. A cirurgia, no entanto, está fora de cogitação, pois o câncer está avançado. O protocolo médico diz para seguirmos o tratamento com quimioterapia e radioterapia.

— Oh não, doutor! Isso é muito invasivo. Adam vai sofrer demais.

— Eu sei, mas é o protocolo médico.

— Mas isso pode curá-lo?

— Curar eu acredito que não. Ele mesmo terá de decidir a forma de tratamento. Temos de fazer mais alguns exames e, quando tivermos com o diagnóstico fechado, explicarei a situação a Adam. Só a partir daí começaremos os tratamentos.

— Tratar para curá-lo, não é, doutor?

— Esperamos que sim.

Ian segurou a mão de Franco, tentando apoiá-lo.

Nesse momento, uma das médicas da equipe do doutor Moore se aproximou:

— Doutor Moore, com licença.

— Sim, doutora Cíntia. Pode dizer.

— Doutor Moore, o paciente do quarto número 5 disse que gostaria de falar com alguém chamado Franco.

— Sou eu, doutora — Franco diz.

— Você é Franco?

— Sim. Ele está bem?

— Ele passou mal há pouco, e eu precisei sedá-lo. Vim até aqui para lhe dar o recado, mas, se quiser conversar com seu amigo, terá de esperar passar o efeito da sedação. Sugiro que volte amanhã ou na segunda-feira.

— Que horas poderei vir?

— As visitas são na parte da manhã. Quer que eu o avise assim que ele despertar?

— Sim, por favor.

— Então é melhor voltarem para casa. Quando Adam estiver melhor, entro em contato com vocês. Por favor, deixe seu número de telefone na recepção.

— Meu amigo poderá entrar comigo?

— Ele falou também sobre alguém com nome Ian Brand.

— Sou eu, doutora — Ian respondeu rapidamente.

— Então, quando vierem visitá-lo, entrem os dois juntos — doutor Moore disse.

— Obrigado, doutor Moore.

— Doutora Cíntia, por favor, avise às enfermeiras que os dois rapazes são amigos do paciente e que, quando vierem, podem ficar no quarto durante vinte minutos. Tudo bem?

— Sim, senhor. Farei isso agora mesmo.

— Rapazes, sigam até a enfermaria e deixem seus nomes e telefones de contato. Quando entrarem no quarto, não se esqueçam de lavar as mãos.

— Tudo bem, doutor. Obrigado.

— A doutora Cíntia acompanhará vocês. Agora preciso ir, pois tenho de atender outro paciente. Com licença.

No dia seguinte, Franco e Ian voltaram ao hospital, mas não puderam entrar para visitar Adam, pois ele continuava sedado e inconsciente. A doutora Cíntia comunicou-lhes que conseguira falar com Natalee em Los Angeles e que ela ficara muito abalada ao saber que o marido estava internado. Natalee disse que pegaria o próximo voo de volta para Nova Iorque, e Franco e Ian ficaram mais tranquilos com a notícia e prometeram retornar assim que Adam acordasse.

***

Na segunda-feira, por volta das oito horas da manhã, inquietos e muito preocupados por não terem recebido nenhum telefonema do hospital, Franco e Ian decidiram ir até lá na esperança de que poderiam visitar Adam.

Quando chegaram ao hospital, encontraram a doutora Cíntia no saguão aguardando a esposa de Adam. Antecipando-se, ela pediu desculpas aos dois rapazes por não ter ligado. Como Natalee não havia chegado, a médica imediatamente os acompanhou até o quarto de Adam.

— Vou deixá-los a sós durante vinte minutos, conforme doutor Moore pediu. Tudo bem para vocês? — doutora Cíntia perguntou.

— Tudo bem, doutora. Agradecemos imensamente sua atenção — Franco respondeu.

— Voltarei em vinte minutos.

Franco aproximou-se da cama e assustou-se com o semblante abatido de Adam.

— O que foi, Franco? Minha aparência está tão ruim assim? — Adam perguntou.

— Sim, está muito ruim, amigo. Você está bem abatido e seus olhos estão roxos.

— Que droga! Por que vim parar no hospital?

— Os médicos não falaram com você ainda?

— Só me disseram que terei de ficar aqui em observação por dois ou três dias. A médica me disse que tudo vai depender de mim. Se eu reagir, sairei logo.

— Quer ir para casa, não é?

Adam fechou os olhos e não respondeu. Logicamente, ele não queria voltar para casa, pois sabia que não teria ninguém o esperando.

Franco percebeu a agonia do amigo:

— Queria que Natalee estivesse aqui, não?

Adam encolheu os lábios:

— Sim, gostaria que Natalee estivesse ao meu lado agora, mas não recebi nenhuma uma ligação dela.

— Já faz dois dias que você está aqui no hospital.

— Sério?

— Sim, você ficou desacordado. Mas não se preocupe. Natalee estará aqui em breve.

— Obrigado por virem me visitar.

— Nós não poderíamos deixar você só, Adam.

— Você não vai trabalhar hoje, Franco?

— Vou sim. Saindo daqui, irei direto para a corretora. Não direi nada ao senhor Ashburn. A não ser que você queira que eu diga...

— Não! Não diga nada ao senhor Ashburn. Eu conversarei pessoalmente com ele quando sair do hospital. Ele me deu três semanas de férias.

— Que bom! E não se preocupe. Não direi nada a ninguém.

Adam fixou os olhos de Franco e disse:

— Você é meu amigo de verdade, cara. Você e Ian são pessoas boas. Obrigado por virem até aqui me amparar. A propósito, quero muito lhe perguntar uma coisa, Ian.

— Pode perguntar, Adam — Ian tornou.

— Franco me disse que, quando ficou em coma, você se encontrou com Deus. Isso é verdade?

— Sim, é verdade. As pessoas dizem que acreditam em Deus, mas, quando digo que me encontrei com Ele, todos começam a rir de mim. Não é estranho? Se Deus existe, então posso me encontrar com Ele, não?

— Tem razão — Adam riu. — E como Ele era?

— Todo mundo me pergunta isso, mas infelizmente não sei responder a essa pergunta. Porque, para mim, Deus não tem uma definição. Para mim, ele é apenas sentimento, entende?

Adam balançou a cabeça afirmativamente:

— Entendo.

— Entende? — Franco indagou.

— Sim, acho que Ele veio falar comigo enquanto estive desacordado aqui no hospital. Mas foi tudo muito rápido. Não tivemos tempo para conversar.

— Sério? E como Ele era? — Ian perguntou.

— Era um sentimento de paz infinita. Não sei explicar. Estávamos num lugar muito bonito.

— Como era esse lugar?

— Tinha montanhas gigantes, douradas e geladas.

— Interessante! Muito interessante!

— E você, Ian? Viu algum lugar específico, quando se encontrou com Ele?

— Sim, eu estava num jardim florido repleto de rosas brancas.

Franco interrompeu a conversa:

— Hei, pessoal! Se alguém entrar neste quarto agora, vai achar que vocês acabaram de tomar LSD! Que papo mais maluco é esse?

Adam olhou para Ian, e os dois caíram em gargalhada. Os risos, no entanto, logo cessaram, pois as dores na garganta de Adam começaram a voltar.

— Bem, amigo, é melhor você repousar, pois em poucos dias estará em casa outra vez. Não se preocupe com nada agora, somente com sua saúde.

— Assim espero. Não sei o que está acontecendo comigo, Franco, mas sinto que o doutor Moore não vai me trazer boas notícias.

Franco tentou disfarçar.

— Você está escondendo algo de mim, Franco?

— Não! Não!

— Não minta pra mim, por favor.

Franco foi até a cama:

— Quem precisa dizer o que está se passando com você é o doutor Moore, Adam. Ele nos contou o que você tem, mas prefiro que ele mesmo fale com você.

— Eu entendo, Franco. Isso significa que é algo grave, não?

Franco olhou para o chão.

— Se não fosse grave, você me diria, não diria? — Adam indagou.

— Tem razão, Adam. Eu diria.

Ian sentou-se em uma poltrona que havia ao lado da cama.

Adam estava inquieto, querendo saber mais sobre as experiências de Ian:

— Ian, você poderia me responder uma coisa? Se puder, é claro.

— Sim, Adam, pode me perguntar.

— Você acredita em vida após a morte? Como pode sentir e ver as pessoas que já morreram? Você deve acreditar nisso, não é?

119

Ian não esperava aquela pergunta, e, como sempre acontecia quando uma pessoa não queria responder algo indesejado, imediatamente ele respondeu com outra pergunta:

— Por que está perguntando isso, Adam?

— Eu vi montanhas douradas, Ian, e a sensação que tive foi a de que não estava mais neste mundo. Era como se eu estivesse em outro mundo, vivendo outra vida. Entende? Era um lugar maravilhoso de onde eu não queria sair. Será que, quando morremos, nós vamos para lugares iguais a esse? Fiquei pensando sobre isso depois de acordar essa manhã. Se vamos para algum lugar quando deixamos este mundo, espero que ele seja tão bonito quanto esse que vi enquanto estive desacordado.

Ian decidiu responder à sua maneira:

— Quer saber o que acho, Adam?

— Sim, por favor.

— Acho que a vida nunca acaba de verdade. Acredito que nós vamos nos transformando como se fôssemos moléculas de água.

— Como assim?

— Consegue imaginar a água?

— Sim.

— Pois bem... Nós não paramos para pensar que a água que bebemos é a mesma água que sempre existiu. Não é uma nova água. É sempre a mesma água. Compreende?

— Sim, continue, por favor.

— Essa água que um dia brotou em cima de uma montanha, desceu em seguida pelas encostas e se transformou em rio. Continuando sua viagem, se transformou em mar, evaporou com o calor do sol e se transformou em nuvem. Flutuou livremente pelo céu e viajou ao redor do planeta em forma de tempestades, furacões e tornados e, quando se cansou de lutar, ela se acalmou e se transformou em chuva, precipitando-se outra vez sobre a Terra. O frio chegou e transformou a água em gelo e neve. Em seguida, veio o verão e derreteu o gelo e a neve, transformando-os em água outra vez. Água que foi absorvida pelo solo, seguiu para as entranhas do planeta pelos lençóis freáticos e depois foi carregada pelas forças ocultas da natureza até o topo das montanhas, transformando-a novamente em uma linda nascente. A seguir, essa água cristalina escorreu pelas encostas das montanhas e se transformou novamente em cachoeira, depois em rio, em mar e assim por diante... Está entendendo, Adam? É assim que vejo a vida: como um eterno ciclo de renovação. Nós somos como a água; nunca morremos de verdade, apenas nos transformamos.

Adam nunca esperaria ouvir uma resposta como aquela, mas adorou, pois o deixara intrigado e pensativo.

Ian continuou:

— Adam, nós somos iguais à natureza, somos parte dela, mas, infelizmente, somos tão ignorantes que nem sequer paramos para pensar sobre seus segredos. Na verdade, não sabemos nada. Eu não sei nada, e você também não sabe. Somos simples mortais à espera de um milagre. Somos seres errantes, espíritos que vagam pela eternidade tentando aprender um pouco sobre os segredos que Deus guardou.

Franco nunca tinha ouvido Ian falar daquela maneira. Parecia até que ele estava sendo inspirado por alguém.

— Você me fez pensar, Ian, obrigado. Mas tenho de lhe dizer uma coisa antes que a doutora entre por aquela porta e peça a vocês para saírem.

— Pode dizer, Adam.

— Não fiquem chocados com o que vou lhes dizer... Eu acho que vou morrer logo.

— O quê? — Franco indagou.

— Sinto que não tenho muito tempo de vida, Franco.

— Não diga isso, Adam!

— É a pura verdade. Sinto que a morte está me chamando. É o mesmo sentimento que tive na Times Square na manhã da última sexta-feira. Sinto um vazio enorme em meu peito, uma vontade de dormir para sempre e nunca mais acordar.

— Você está muito estranho. Não pense assim, amigo!

— Tomara que eu esteja errado. Vamos ouvir o que doutor Moore tem a dizer sobre meu estado de saúde.

— Sim. É melhor você conversar com ele e não se desesperar.

Nesse momento, alguém bateu na porta e mexeu na maçaneta. Eles pensaram que era a doutora Cíntia para pedir a Franco e Ian que saíssem do quarto, mas ainda faltavam dez minutos para ao término da visita.

— Pode entrar! — Adam disse.

Era o doutor Moore acompanhado de uma linda moça de cabelos lisos, magra e muito bem vestida. Era nada mais, nada menos que Natalee, a esposa de Adam.

Doutor Moore disse:

— Adam, sua esposa está aqui. Vou pedir que seus amigos se despeçam e saiam do quarto, tudo bem?

— Tudo bem, doutor. Diga a Natalee que entre. Meus amigos já estão de saída.

— Por favor, ela quer falar a sós com o senhor.

Franco percebeu que era hora de partir:

— Adam, converse com Natalee e aproveite o momento para lhe dizer o que sente por ela.

— Vou tentar, Franco, obrigado. Assim que o doutor Moore me der alta do hospital, quero encontrá-lo para conversarmos.

— Tudo bem. Até logo, Adam.

— Até logo, Franco. Até logo, Ian.

— Cuide-se, Adam — Ian despediu-se nitidamente entristecido.

Capítulo 8

Adam e Natalee

— Por favor, entre, senhora Natalee! — doutor Moore abriu a porta.

Com trinta e seis anos de idade e sempre elegante, Natalee Linda Johnson entrou no quarto do hospital com o olhar pouco contente. Adam não sabia se o doutor já havia dito alguma coisa à sua esposa sobre seu estado de saúde, ou se ela trazia más notícias sobre os negócios em Los Angeles. O olhar de Natalee demonstrava desprezo e ao mesmo tempo tristeza.

Ela agradeceu ao doutor, encostou a porta e aproximou-se da cama a uma distância suficiente apenas para segurar a mão do marido.

— Como está, Adam? — Natalee perguntou fixando os olhos do marido.

— Não estou me sentindo muito bem. Você me fez muita falta durante esses dias.

Natalee tentou disfarçar. Ela soltou a mão do marido e foi até o outro lado do quarto para pendurar sua bolsa de couro numa poltrona.

— Natalee, o que está acontecendo? Seu olhar não é dos melhores. Por acaso o doutor Moore lhe disse algo?

— Sim, ele disse.

— O que doutor Moore disse?

— Que virá aqui dentro de alguns minutos para explicar o que está acontecendo com você. Ele me disse que precisava atender um paciente, mas que viria em seguida para conversar com nós dois.

— Tudo bem, vamos esperá-lo, então. Como foi em Los Angeles?

— Foi tudo bem. Sílvia e eu fizemos ótimos contatos com empresários e investidores de São Francisco. Nosso projeto será um sucesso. Tenho certeza disso.

— O que é mesmo que estão fazendo? Você nunca me explicou direito do que se trata o tal projeto. Por acaso é algum segredinho que vocês duas estão guardando?

Natalee ficou irritada com a pergunta irônica do marido:

— Não é um segredinho, Adam.

— Então, por que nunca me falou nada sobre o tal projeto?

Natalee ficou incomodada, pois há tempos vinha se preparando para dizer algumas coisas importantes a Adam. Contudo, não imaginava que, quando voltasse para Nova Iorque, o encontraria deitado numa cama de hospital.

Ela respondeu de maneira sutil, porém direta:

— Eu não lhe disse nada, porque você nunca perguntou. Só por isso, Adam. Sabe qual é o grande problema? Nós não conversamos há muito tempo. Você sempre chega exausto do trabalho e se tranca no escritório para estudar seus gráficos e suas análises financeiras.

Adam assustou-se com a resposta ríspida de Natalee e preferiu ficar calado.

— Nós estamos muito distantes, Adam. Já faz tempo que estamos muito distantes um do outro. Não é de agora que isso vem acontecendo.

— Está me dizendo que não sentiu minha falta enquanto esteve em Los Angeles?

— Não, Adam, infelizmente não senti sua falta. Sinceramente, você não fez a mínima diferença em minha vida nesses dias. Eu gostaria de lhe dizer o contrário, mas não posso continuar mentindo. Eu decidi que não mentiria mais para mim e que mudaria completamente minha vida quando retornasse a Nova Iorque.

— Do que está falando, Natalee? O que aconteceu em Los Angeles? Você está muito estranha.

Natalee olhou para o chão, e Adam insistiu:

— Já sei! Sua amiga Sílvia encheu sua cabeça de besteiras sobre mim, não foi? Tenho certeza de que foi ela a causadora de tudo isso. Você saiu tão bem de casa para viajar e agora está parada na minha frente com esse olhar estranho e distante.

— Você está enganado, Adam! Eu não saí bem de casa para viajar. Eu fingi que estava bem! Na verdade, eu estava mentindo para mim mesma e também para você. Como estamos fazendo há um bom tempo.

— Tenho certeza de que sua amiguinha idiota, a Sílvia, está enchendo sua cabeça!

— Sílvia não está fazendo nada comigo, Adam. Não coloque a culpa nela, não coloque a culpa em ninguém, por favor.

— Então o que aconteceu? Alguém deve ter dito alguma coisa para você. Ninguém muda dessa maneira em apenas uma semana.

— Você tem razão, Adam. Uma pessoa realmente me disse algumas coisas.

Adam arregalou os olhos:

— Outro homem? — ele indagou.

Natalee sorriu ironicamente e sentou-se na poltrona.

— Vocês, homens, são todos iguais. Sempre acham que estão sendo traídos por suas mulheres com outro homem melhor, mais bonito, mais forte, mais másculo e mais competitivo.

— Então, é outro homem? Eu sabia que tinha outro homem nessa história!

— Claro que não, Adam! Você acha que eu o trairia?

— Não, acho que não seria capaz disso. Espero que não.

— Então, pare com esse ciúme doentio, por favor!

— Me diga, então, quem é essa pessoa.

— O nome dela é Samantha. Eu a conheci três dias atrás em São Francisco. Ela leu meu destino, e eu entendi muitas coisas sobre nossa vida. Foi isso que aconteceu.

— Uma cartomante?! Que droga, Natalee! Não vai me dizer que deixou uma velha *hippie* encher sua cabeça com um monte de porcarias! Essa gente é drogada, maluca e insana. São charlatões. Quanto você pagou para ela?

— Samantha não é uma velha *hippie*, e eu não paguei nada pela consulta. Nós nos conhecemos num jantar na casa de uma amiga da Sílvia, e ela fez a leitura do meu destino de graça, se é isso que quer saber. Samantha é uma moça de vinte e dois anos de idade e tem uma luz muito especial. Ela me ajudou a entender muitas coisas. Ela é descendente de mexicanos, mas nasceu na Califórnia.

— Mas o que ela disse?

Adam percebeu que algo muito intenso havia acontecido em São Francisco.

Natalee jogou seus cabelos longos, negros e lisos para trás e disse com firmeza:

— Adam, ela disse que você terá de ser forte. Eu também terei de ser forte, mas você muito mais.

— Forte? Por que ela disse isso? O que essa tal de Samantha sabe sobre mim?

— Samantha disse que muitas coisas vão acontecer com você daqui em diante e que, logo após esta conversa que estamos tendo, sua vida mudará drasticamente.

Adam mostrou-se nervoso e ansioso:

— Droga! O que vai acontecer comigo? O que essa tal de Samantha sabe?

— Ela disse que você vai passar por um período de muitas provações e que esse período começará exatamente hoje. Ela mencionou também que, quando eu chegasse à Nova Iorque, nossas vidas começariam a desmoronar.

— Desmoronar? Como assim? O que ela quis dizer com isso?

— Exatamente o que você ouviu. Que nossas vidas vão começar a desmoronar.

— Mas por quê? Que idiotice é essa, Natalee? Eu serei promovido dentro de três semanas, e tudo ficará bem outra vez. Teremos dinheiro e paz como antigamente.

Natalee levantou-se e fixou os olhos de Adam:

— Adam, você não está entendendo. Não estou falando de dinheiro nem sobre carreira e negócios. Estou falando sobre nós. Você não entende nada mesmo, não é? Na verdade, acho que nunca quis entender!

— Não sei do que está falando, Natalee. As coisas vão começar a melhorar! Eu lhe prometo.

— Esqueça isso, Adam. Esqueça o dinheiro, o apego à matéria. Sei que você perdeu tudo em 2008 durante a crise financeira, mas não é isso que vem abalando nosso casamento. Até pensei que era, mas não é. Pensei que estava preocupada com nossa situação financeira, com nosso apartamento, essas coisas com que todo casal se preocupa... Mas não. Não estou preocupada com nada disso, Adam.

— Então, o que é? Seja direta, Natalee.

Ela foi até a janela, olhou para a rua repleta de carros, respirou fundo, virou novamente para ele e decidiu dizer:

— Adam, já que você pediu, vou ser direta.

— Por favor.

— Não quero mais viver assim. Nosso casamento não tem mais sentido. Não existe mais amor em nossa vida, e nosso lar está vazio. Não há mais vida lá, e você sabe disso melhor do que ninguém. E sabe muito bem por que isso tudo aconteceu, não?

127

— Não estou gostando da forma como está falando comigo, Natalee.

— Você sabe do que estou falando, Adam. Não tente desviar o assunto. Não adianta mais esconder embaixo do tapete nossas frustrações como casal. Chegou a hora da verdade.

— O que foi, Nat? Calma! Você está muito nervosa.

— Estou mesmo. E não me chame de Nat! Odeio quando você tenta me ludibriar dessa maneira.

— Desculpe.

— Não é fácil aguentar essa dor sozinha. Sei que para você também não é fácil, mas Samantha disse que eu não poderia mais levar uma vida de mentiras, teria de viver a verdade. Por mais duro que parecesse, eu deveria viver uma vida de verdades e não de mentiras, como estamos fazendo. Ela disse que meu espírito não aceita mais as mentiras, que ele clama por verdade. Foi isso que Samantha me disse. Foi isso que mudou minha cabeça, Adam. Está me entendendo agora? Não há homem nenhum nessa história. Se tivesse alguém, eu lhe diria.

— De que mentiras está falando, Natalee? — Adam estava nitidamente assustado.

— Adam, desde que a doutora Christine, minha ginecologista, confirmou que não poderíamos ter filhos, você nunca mais olhou para mim como antes. Foi como se eu tivesse me transformado em um objeto sem utilidade para você! Às vezes, sozinha no apartamento, eu me sentia menos importante que o aspirador de pó. Você sabe o que é isso? Faz dois anos que me sinto assim: rejeitada e jogada pelos cantos da casa.

Adam não disse nada e permaneceu calado. Natalee estava decidida a seguir adiante:

— A verdade é que o encanto do nosso casamento acabou. Já faz dois anos que tudo se acabou. Só você vem tentando esconder isso a qualquer custo. Não dá mais para suportar a vida dessa maneira. Não posso mais viver assim.

Estou deprimida e tentando encontrar uma saída. Não fui para Los Angeles para me divertir, mas para encontrar algo que preenchesse o imenso vazio que está me corroendo. Você sabe que sempre quis fazer algo em prol das crianças necessitadas. Já tentei trabalhar como voluntária em orfanatos e escolas, mas nada adiantou. Já tentei de tudo, porém, essa droga de vazio nunca é preenchido. Nunca!

Natalee parou por alguns instantes, respirou fundo e continuou:

— Aí eu conheci Sílvia, e ela me disse que tinha um projeto muito interessante para angariar fundos para crianças portadoras de paralisia, demência, síndrome de Down, autismo e outras doenças. O projeto dela é lindo, e tenho certeza de que pode melhorar muito a qualidade de vida dessas crianças. Quem sabe por meio desse projeto eu encontre minha felicidade?! Samantha disse que uma criança trará a felicidade que tanto desejo.

— O que está querendo me dizer, Natalee? Estou numa cama de hospital, e você vem com essa conversa de ajudar os outros? De novo essa idiotice? Por que não sossega e continua dando suas aulas de história como sempre fez? Você ganhava bem lá. Por que precisa encontrar problemas onde não existem?

— Sei que esta não é a melhor hora para lhe dizer isso, mas...

O semblante antes calmo, sereno e compreensivo de Adam começou a mudar. Era como se houvesse outra personalidade extremamente orgulhosa, arrogante e impertinente:

— Natalee, você está dizendo que...

Natalee não deixou Adam terminar a frase:

— Sim, Adam! Estou lhe dizendo que quero me divorciar de você. É isso. Pronto, está dito.

A rejeição veio com força total. Adam não acreditava no que estava ouvindo. Nesse momento, ele tentou encontrar armas para atacar Natalee verbalmente. Sem pensar, ele disse algo para machucá-la:

— Você está dizendo tudo isso só porque é estéril, não é? É por isso que quer se separar de mim? Está deprimida por não poder ter filhos e agora vem com essa conversa querendo me atacar. Você tem um problema e está tentando transferi-lo para mim, não é?

Natalee respirou fundo e se controlou:

— Já que me propus a falar apenas a verdade a partir de hoje, vou lhe dizer o que venho escondendo há mais de dois anos. Fiz isso para preservá-lo, não para magoá-lo. A doutora Christine e eu decidimos fazer isso juntas. Ela não queria, mas insisti e agora estou pagando por isso. Contudo, chegou a hora de lhe dizer a verdade, Adam.

Mesmo deitado na cama do hospital, ele mostrou-se forte:

— Pode dizer. Não tenho medo de nada.

— Não sou estéril, Adam. Sou uma mulher perfeita. Posso ter filhos quando quiser.

— Como assim?

— Você sim é estéril, Adam. Nunca poderá ter filhos em sua vida. Seus exames comprovam isso. Estão aqui neste envelope. Veja com seus próprios olhos.

— O quê? Está ficando louca? Isso não pode ser possível.

— Não estou ficando louca. Veja você mesmo.

— Não quero ver nada.

— Veja.

— Tem certeza do que está dizendo?

— Sim. Os exames não mentem.

— E por que escondeu isso de mim durante todo esse tempo?

— Porque sempre soube que seu maior sonho era ter um filho e não quis acabar com seu sonho. Por isso, preferi mentir. Mas agora a verdade precisa ser dita, Adam. Você nunca poderá ter um filho. Infelizmente, essa é a pura verdade.

As lágrimas começaram a escorrer pelo rosto de Adam, mas Natalee não se intimidou. Ela estava decidida a seguir adiante e sabia que não poderia amolecer naquele momento. Apesar de ver a frustração do marido, ela estava determinada a ir até o fim.

Adam, por sua vez, se recuperava da emoção e segundos depois seu orgulho também se recuperou. A personalidade egoísta de Adam veio à tona, e ele respondeu com arrogância:

— Obrigado por vir até aqui para me trazer tantas notícias boas, Natalee. Foi ótimo recebê-la em meu quarto. Faça o seguinte... Assim que sair do hospital, procure seu advogado e lhe peça para preparar os papéis.

Naquele momento, todos os planos de Adam de expressar a Natalee seu amor tinham ido por água abaixo. Ela o pegara de surpresa e, fragilizado pela situação em que se encontrava, mais uma vez deixou seu orgulho sobressair-se, transformando o encontro numa discussão sem concordância, como sempre acontecia. Adam, na verdade, tinha muita dificuldade de dizer que amava Natalee, pois não sabia o que era o amor, não sabia nada sobre isso. A única coisa que ele conhecia na vida era o orgulho, o sofrimento e a incompreensão, heranças de sua família.

Adam não admitia sair perdendo nas discussões. Sempre que terminava uma briga com Natalee, ele batia a porta do apartamento e saía para a rua como se fosse um vencedor. Dessa vez, no entanto, havia sido diferente. Ele tentou fazer a mesma coisa com Natalee, porém, estava preso numa cama de hospital e nitidamente em desvantagem.

Talvez uma palavra amorosa e verdadeira, um abraço de redenção, um pedido de perdão ou até mesmo uma palavra de compreensão pudesse evitar o pior, mas o orgulho de Adam mantinha-se superior a tudo isso. Ele costumava ser um homem compreensivo, contudo, nunca admitia ser controlado por uma mulher. Certamente, era algo que ele trazia da infância. Um sentimento que nascera por ter vivido ao lado de uma mãe dominadora como Eva Bonnet, uma mulher demasiadamente autoritária e controladora.

Natalee arrumava suas coisas, quando Adam disse em tom alto e arrogante:

— Natalee, pegue a droga de sua bolsa e a porcaria desse exame da doutora Christine e me deixe sozinho!

Natalee manteve-se firme, e Adam continuou atacando:

— Quer saber a verdade? Já que quer tanto a verdade, então, ouça! Eu não preciso mais de você, Natalee. Se quiser o divórcio, terá o divórcio! Não me importo de ficar sozinho!

Antes de sair do quarto, Natalee respondeu:

— Sei que você não está falando a verdade, Adam. Sabe por quê? Porque a verdade nunca é demonstrada por meio da raiva e do orgulho. Quando as pessoas falam a verdade, elas não gritam; elas falam com calma e sobriedade. Já a mentira, essa sim vem com gritos, rancor, raiva e discórdia, exatamente como você está fazendo agora. Por isso, sei que está falando tudo da boca para fora. É por isso que decidi não viver mais com você.

Adam ficou ainda mais nervoso:

— Quanta besteira! Quanta bobagem, Natalee! É isso que dá querer ajudar as pessoas. Eu a apoiei para ir a Los Angeles com sua amiga e olhe o que recebi em troca? Um pedido de divórcio!

— Novamente a mentira está ao seu redor, Adam. Não minta para si mesmo. Você só me apoiou porque está desesperado para se livrar das dívidas que contraiu em 2008. No fundo, você está torcendo para que nosso projeto seja bem-sucedido, pois não vê a hora de pedir demissão daquele seu emprego medíocre e sem propósito algum, não é? Um homem não pode viver somente de especulação! Ele precisa muito mais do que isso. Se eu estiver errada, por favor, me corrija. Sei que é isso que se passa em sua cabeça! Não adianta se enganar, Adam. Quando começamos a dizer a verdade, a verdade começa a se manifestar.

Adam ficou calado, porque sabia que o que Natalee estava dizendo era verdade.

Ela pegou sua bolsa, enrolou a blusa entre os braços e disse:

— Desculpe, mas preciso ir, Adam.

Ele não se redimiu e disse em voz alta quase gritando:

— Vá embora daqui e me deixe sozinho, Natalee! Se veio até aqui só para isso, então, é melhor ir embora.

— Antes de sair, tenho outra coisa a lhe dizer, Adam! Preste atenção, pois pode lhe ser útil um dia. É para seu bem. Samantha me disse que a verdade dói, mas tem o poder de curar as pessoas. Já a mentira não dói, porém, tem o poder de adoecer as pessoas. Se você está doente, precisa descobrir o porquê.

Adam ficou calado.

— Eu preciso me curar, Adam, por isso decidi seguir o caminho da verdade. Sugiro que faça o mesmo! Pense nisso.

Natalee virou-se e saiu. Pela primeira vez ela terminava uma discussão, já que era sempre Adam quem batia a porta saindo como vencedor, deixando-a sozinha no apartamento. Na verdade, tudo era uma grande ilusão, pois ambos saíam perdendo. O orgulho, no entanto, nunca deixava Adam enxergar o que realmente acontecia.

Natalee saíra do quarto, mas não fez o mesmo que Adam. Em vez de bater a porta nervosa, ela saiu serena, calma e consciente de que tinha feito o melhor para os dois naquele momento. Ela encostara a porta lentamente e deixara aquele quarto sem qualquer culpa em seu coração.

Adam mantivera-se firme até Natalee fechar a porta, mas poucos minutos depois, ele receberia outra notícia que o abalaria de uma vez por todas. Apesar das previsões de Samantha, Natalee nunca poderia imaginar que Adam

133

estivesse passando pelo momento mais crítico de sua vida. Talvez se ela soubesse, não tivesse a coragem de tomar as decisões que acabara tomando naquele dia.

    Adam teve apenas alguns minutos para refletir sobre o pedido de divórcio, pois a maçaneta da porta se mexeu outra vez, e por alguns instantes ele acreditou que era Natalee arrependida e pronta para lhe pedir desculpas. No entanto, não era ela quem entrava no quarto, mas sim doutor Moore, que, com o semblante sério, trazia nas mãos uma prancheta e exames.

Capítulo 9

Doutor Moore

— Boa tarde. Como está se sentindo, Adam?

— Certamente, este não é o melhor dia de minha vida, doutor.

— Percebi que sua esposa saiu chorando do quarto. Aconteceu alguma coisa?

Adam estava nervoso e respondeu com rispidez:

— Nada de mais, doutor. Ela só veio pedir o divórcio.

— Divórcio? Está falando sério?

— Sim. O senhor acredita numa coisa dessas?

— Isso não é bom, nada bom.

— Por quê, doutor?

Doutor Moore não respondeu. Tentando disfarçar, ele olhou para os exames, folheou o prontuário e perguntou:

— Você tem mais algum parente em Nova Iorque? Algum familiar?

— Não, senhor. Só tenho Natalee, ou melhor, tinha.

— Vocês não têm filhos?

— Não, infelizmente não — Adam respondeu com o semblante entristecido.

— E os pais dela? São de onde?

— Eles vivem em Minnesota. Natalee também não tem nenhum parente próximo em Nova Iorque.

— É uma pena que isso tenha acontecido, pois gostaria muito que Natalee estivesse ao seu lado para ouvir o que tenho a lhe dizer.

— Afinal, o que eu tenho, doutor?

— Calma. Já vou lhe explicar, Adam.

— É grave?

— Sim, mas ainda não consigo precisar com detalhes. Preciso de mais exames.

— Oh, meu Deus! Estava torcendo para receber uma boa notícia.

Doutor Moore se aproximou da cama onde Adam estava deitado e colocou a prancheta ao lado dos aparelhos:

— Infelizmente, não tenho boas notícias para lhe dar, Adam. Gostaria que fosse diferente, mas...

— Diga logo, doutor. Estou preparado para tudo hoje.

Doutor Moore sentou-se na beirada da cama:

— Bem, Adam, o caso é o seguinte: você está com câncer na garganta.

— O quê?! Câncer?

— A causa do seu sofrimento nos últimos tempos é um câncer na faringe. Ele deve estar aí há mais de dois anos, mas só agora começou a se manifestar.

— Câncer? Tem certeza disso, doutor? Sempre fui uma pessoa saudável, nunca tive nada.

— Você fuma?

— Não. O que pode ser?

— Não tenho certeza. Existem muitos estudos alternativos que dizem que alguns cânceres têm origem emocional.

Adam ficou pensativo.

— Por acaso você teve algum trauma muito grande nos últimos anos? Algo que tenha lhe causado muito estresse?

— Sim. Eu perdi tudo o que tinha na bolsa em 2008. Foi muito difícil para mim, mas não considero isso um trauma emocional.

— Pode ter sido apenas um gatilho para outros traumas.

— Um gatilho?

— Sim, algo que desencadeia outros traumas, que ficaram escondidos durante muito tempo.

— Será?

— Não adianta tentar encontrar agora a origem da doença, Adam. O importante é saber que ela está aí e em estado avançado.

— Avançado? Não diga isso, doutor! O que o senhor quer dizer com "avançado"?

— Estou dizendo que é grave e que certamente teremos de iniciar o tratamento nas próximas semanas.

— Oh não! Não pode ser verdade, doutor. Diga que está brincando comigo! Diga que estou sonhando, que é mentira, por favor.

— Gostaria muito de lhe dizer que é um sonho, Adam, mas não posso mentir para você. Sinceramente, gostaria que sua esposa estivesse aqui neste momento, pois você precisará de alguém ao seu lado. O que vai fazer sobre isso, Adam?

— Não sei, doutor. Estou arrasado com tudo o que está acontecendo na minha vida. Natalee parece decidida e pronta a dar andamento no processo de divórcio. Ela é calma e paciente, mas, quando decide algo, ninguém a segura. Eu a conheço muito bem.

— Posso lhe dizer uma coisa, Adam?

— Sim, senhor.

— Pelo olhar de sua esposa, ela ainda o ama.

— Não acredito nisso. Será...?

— Sim.

— Por que o senhor diz isso?

— Porque conheço as mulheres. Nós, homens, somos uns otários, Adam. Achamos que conquistamos as mulheres com dinheiro, carros luxuosos, *status* e essas coisas fúteis, mas isso só funciona quando somos jovens. O problema é que pensamos que seremos sempre jovens e continuamos

137

fazendo as mesmas coisas. As mulheres, no entanto, amadurecem mais rápido e passam a se interessar por outras coisas além da futilidade material.

— Como assim?

— Elas querem amor e atenção, Adam. Querem se sentir amadas e respeitadas, mas nós, homens, somos brutos, ignorantes e primitivos. Ainda queremos demonstrar força e virilidade. Enquanto elas querem simplificar a vida, nós queremos complicá-la. Esse é o grande problema. Se soubéssemos como simplificar a vida, faríamos nossas esposas mais felizes.

— O senhor é casado?

— Infelizmente, não. Sou divorciado.

— Há quanto tempo?

— Cinco anos. Laura me deixou para viver com outro homem. Vivo sozinho há cinco anos numa cobertura no sul de Manhattan.

— Isso não é bom?

— Sabe, Adam, a única coisa que me faz seguir adiante é meu trabalho. Se não tivesse que acordar todos os dias e vir para o hospital atender meus pacientes, certamente estaria à deriva na vida.

— À deriva? Como assim?

— Perdido ao sabor do vento e da vontade alheia. Sendo levado sem destino. Não posso reclamar. Tenho uma vida boa, mas ela só tem sentido por causa do meu trabalho.

Doutor Moore sempre se mostrava um homem austero e forte, mas ali, ao lado da cama de Adam, ele estava mostrando sua verdadeira personalidade: a de um homem fragilizado com sua própria história de vida.

Curioso, Adam perguntou:

— O senhor tem filhos, doutor?

— Não, meu único filho morreu aos dezesseis anos vítima de leucemia. Infelizmente, mesmo com todo o conhecimento que tenho, não pude curá-lo. É uma sensação de impotência indescritível.

— Eu imagino como o senhor se sente, pois perdi meu irmão com a mesma idade do seu filho. Não deve ter sido fácil para o senhor.

— Se ele estivesse vivo, eu seria um homem completamente diferente. Certamente, eu seria uma pessoa mais feliz.

— O senhor não é feliz, doutor?

Doutor Moore olhou espantado para Adam.

— O senhor é uma pessoa muito bem-sucedida e rica, não é?

— Sim, sou rico e tenho tudo de que preciso. Tenho sessenta anos de idade, mas não me considero um homem feliz.

— Por quê?

— Porque sou um homem sozinho, Adam.

— Que pena, doutor.

— Sabe qual é a pior coisa para mim?

— O quê?

— Tirar férias. Eu odeio férias. A pior coisa da vida é viajar sozinho e não ter com quem compartilhar um pôr do sol, um jantar, uma ida ao teatro, uma paisagem. É o tipo de coisa que não se pode fazer sozinho, entende? Quem diz que é feliz sozinho está mentindo.

— Acho que vou começar a entender isso a partir de hoje, doutor. Ainda não tive essa experiência.

Adam se mostrava frustrado, e doutor Moore, por sua vez, mostrava-se arrependido de ter dito certas coisas:

— Desculpe, Adam, não quis deixá-lo triste, mas acabei desabafando.

— Está tudo bem, doutor. Não se preocupe.

— Preciso ir agora, Adam. Você terá alta na sexta-feira. Na próxima semana, faremos exames mais detalhados para descobrirmos sua real situação, tudo bem?

— Tudo bem, doutor.

— Nosso próximo encontro será em meu consultório particular. Faça os exames aqui no hospital e leve os resultados ao meu consultório.

— Onde fica seu consultório, doutor?

— No Queens. Tudo bem para você ir até lá?

— Tudo bem. Quando terei de ir?

— Pode ser no dia 21 de fevereiro. Acredito que terá tempo suficiente para fazermos todos os exames necessários.

— Três dias antes do meu aniversário de quarenta...

— Meus parabéns! Tomara que eu tenha boas notícias para lhe dar nesse dia.

— Assim espero, doutor, pois estou arrasado. Nunca esperei receber uma notícia como essa. Estou me sentindo completamente perdido. Nunca me senti assim antes.

— E sua família no Canadá? Não pode ligar para eles e pedir que alguém fique com você durante o tratamento?

Ao tocar no assunto "família", Adam ficou nervoso:

— Não quero nada de minha família, doutor.

— Desculpe. Se você quiser, posso pedir à minha secretária que entre em contato com eles para lhes explicar a situação.

— Não! Por favor, não faça isso! Não quero que meus pais saibam de minha doença. Minha mãe vive num mundo de fantasias. Ela acredita que sou um grã-fino bem-sucedido de Nova Iorque, que ando de limusine pra lá e pra cá bebendo champanhe e comendo caviar e que vivo rodeado de gente milionária e interessante.

— Eles pensam que você é milionário?

— Sim.

— Por que faz isso com sua família, Adam?

— Isso o quê?

— Por que mente para eles?

— Prefiro pensar que estou oferecendo o que eles desejam. É melhor assim.

— Você se sente melhor fazendo isso?

Adam ficou pensativo:

— Acho que sim, pois dessa forma não recebo cobranças de minha mãe e ela continua achando que sou um homem rico e influente. E isso me basta, doutor. Ela se sente bem e pode continuar dizendo para suas amigas da alta sociedade que tem um filho rico e bem-sucedido em Nova Iorque. A vida vai seguindo desse jeito. Que mal há nisso?

— Sua mãe acredita mesmo nessa história?

— Para ser sincero, acho que não, mas ela nunca me questionou.

— Ela vive uma ilusão como a maioria das pessoas desta droga de mundo vive — doutor Moore comentou.

Adam viu uma semelhança com seus pensamentos, quando doutor Moore disse "droga de mundo".

— O que o senhor disse, doutor? "Droga de mundo"? Eu também venho pensando muito sobre isso nos últimos tempos.

Doutor Moore tentou desconversar:

— Esqueça isso, Adam. Eu preciso ir, pois estou atrasado. Preste atenção numa coisa: levar uma vida de mentiras é muito ruim. A maioria das pessoas está fazendo isso, mas elas não sabem que as mentiras trazem muitos problemas no futuro. Eu sei bem como essas coisas terminam.

— Como elas terminam, doutor?

— Não quero mais me estender, Adam. Não sou psicólogo. Contudo, seria uma boa ideia você procurar um profissional pra ajudá-lo, sabia?

— Psicólogo?

— Sim. Se quiser, eu conheço alguns profissionais para lhe indicar.

— Não quero saber de psicólogos. Muito obrigado, doutor. Já superei fases difíceis como essa e não vou me amedrontar por causa de um simples câncer.

— Você parece ser um cara muito forte, Adam!

— O senhor acha, doutor? — Adam gostou da colocação que o doutor Moore fez.

— Eu não quis dizer que você é uma pessoa forte de espírito, Adam. Estou dizendo que seu orgulho é forte.

— Por quê, doutor?

— É a primeira vez que vejo uma pessoa encarar a notícia de um câncer dessa maneira.

— Eu supero tudo, doutor. Já superei coisa pior na minha vida.

— Tudo bem, mas recomendo não menosprezar essa doença, pois ela não costuma ser boazinha com as pessoas.

— Besteira, doutor. Vou sair dessa e provar para todo mundo, inclusive para Natalee, que sou um homem vencedor e que não preciso de ninguém me bajulando.

Doutor Moore ficou assustado com as palavras arredias de Adam.

— Bom, acho melhor eu ir embora. Vamos nos encontrar no dia 21 de fevereiro.

— Combinado, doutor. Até lá.

— Até logo. Cuide-se, Adam. A doutora Cíntia vai acompanhá-lo nos próximos dias. Tudo bem?

— Muito obrigado, doutor, ficarei bem. Até logo.

Capítulo 10

O vazio

Quatro dias depois, Adam voltou para seu apartamento. Fisicamente ele parecia bem, mas emocionalmente estava muito fragilizado. Assim que entrou em casa, ele encontrou o apartamento totalmente vazio, sem vida, sem energia e sem sua esposa Natalee, que não perdera tempo e retirara todas as suas coisas antes que Adam recebesse alta do hospital.

A sala estava sem o sofá novo que Natalee comprara e, no quarto praticamente não havia mais móveis, e da cozinha ela levara o micro-ondas. Natalee só deixara a cama, a mesa de trabalho e o computador de Adam.

Foi um enorme choque para Adam ver o apartamento completamente abandonado e vazio, um sinal claro de que tudo havia acabado realmente. No fundo, ele tinha esperança de chegar em casa e encontrar Natalee arrependida e sentada no sofá, contudo, não foi o que aconteceu. Ela parecia decidida e estar seguindo um plano, uma meta, algo que Natalee sabia que seria doloroso, mas que precisava ser feito.

Mas qual seria o motivo? Qual seria o objetivo de Natalee ao agir daquela maneira tão fria e repentina? Seriam as diretrizes da tal Samantha, a cartomante de São Francisco? Ou seria uma enorme crise de identidade e de desamor? Talvez nem ela mesma soubesse a causa e o motivo de tudo aquilo. Talvez ela estivesse simplesmente seguindo seus sentimentos e sua verdade. No entanto, mesmo que ela quisesse encontrar uma forma de voltar atrás, os sentimentos agora pareciam estar todos destruídos.

Quando Adam abriu a porta do apartamento, a primeira coisa que viu foi uma carta escrita à mão colocada embaixo de um vaso de porcelana sobre a mesa de jantar. A carta era direta e isenta de qualquer sentimento, nada comum vindo de Natalee, pois ela sempre fora uma mulher romântica, que perseverava para que seu casamento desse certo.

Estava claro naquelas breves palavras que o descaso e o orgulho doentio de Adam tinham machucado muito Natalee nos últimos anos. A carta dizia:

Adam, espero que você seja forte e supere todos os seus obstáculos. Desejo que a verdade cure sua alma e atraia as pessoas certas para sua vida. Vou morar na casa de uma amiga por tempo indeterminado. Então, por favor, não me procure, não me telefone, não mande e-mails ou mensagens ao meu celular. Dentro de alguns dias meu advogado entrará em contato para resolver os trâmites burocráticos do divórcio. Espero que fique bem. Cuide-se.

Namastê!
Natalee Johnson

Adam ficou furioso ao ler a carta que mais parecia um bilhete. Sem hesitar, ele rasgou o papel e o jogou na lata de lixo ao lado do fogão. Xingando, ele gritou:

— Droga! Droga! Que porcaria é essa? Que droga é essa de "Namastê"? Namastê de onde? Natalee nunca falou esse tipo de coisa! Tenho certeza de que essa tal de Samantha está enchendo a cabeça dela com porcarias holísticas e espirituais. Namastê! Namastê! Uma porcaria de Namastê! Afinal, o que significa isso?

Ele estava totalmente descontrolado. Tudo o que ele tinha na vida, ou melhor, tudo o que ele pensava ter na vida estava se esvaindo. A vida de Adam estava desmoronando, exatamente como Natalee descrevera no quarto do hospital.

Com raiva, ele seguiu até o escritório para ligar o computador. Eram exatamente três horas da tarde de uma sexta-feira. Uma semana antes, à mesma hora, ele chegava exausto do trabalho logo após conseguir o grande feito para o senhor Ashburn.

Nitidamente nervoso, Adam apertou a tecla ON do computador, tentando acelerar a inicialização do aparelho. O computador demorava a ligar, e ele, de tão irritado que estava, começou a bater com força na mesa, querendo quebrar o *notebook*.

Percebendo seu descontrole, Adam respirou fundo e tentou acalmar-se, e o computador, por fim, iniciou normalmente.

A intenção de Adam era acessar a internet e descobrir o significado da palavra que Natalee escrevera na carta: "Namastê". Ele, então, foi direto ao site de pesquisa e digitou: "Significado da palavra Namastê".

Nesse momento, Adam começou a ouvir a mesma cantoria irritante que ouvira uma semana antes. Eram as as mesmas vozes, as mesmas mulheres, talvez quatro ou cinco, cantando o mantra *Om Gam Ganapataye Namaha* ao som de uma cítara indiana.

Adam levantou-se da cadeira e foi até a janela fechar o vidro. Ele sussurrou irritado:

— Que droga! Este bairro sempre foi um lugar tranquilo. Por que essa gente maluca precisa cantar justamente embaixo da minha janela?

Ele voltou ao computador, e o buscador mostrou vários sites que traziam o significado da palavra "Namastê". Adam

145

clicou no mais simples, pois não queria se aprofundar no que dizia ser "uma besteira religiosa".

— Vamos ver o que isso significa, afinal — ele disse a si mesmo, enquanto apertava as teclas.

O significado surgiu na tela do computador: "Namastê é uma saudação budista utilizada na Índia, no Tibete e no Nepal. Significa: O ser que habita o meu coração saúda o ser que habita o seu coração".

Ele irritou-se mais um pouco:

— Demagogia! Uma droga de demagogia barata! Mais uma modinha espiritualista como muitas que há por aí!

Adam digitou outras palavras. Dessa vez, queria saber o significado do mantra que as mulheres cantavam do lado de fora, nos fundos do prédio vizinho, onde havia um toldo e um pequeno jardim com flores brancas.

Ele digitou *Om Gam Ganapataye Namaha* e logo a explicação surgiu na tela do seu computador: "[...] é uma invocação a Ganesha e serve para remover os obstáculos, tanto materiais como espirituais. Como se fosse uma limpeza energética, uma preparação para o espírito que sofre. Um pedido de auxílio aos deuses da criação para que o melhor se manifeste na vida daqueles que solicitam".

Adam sussurrou novamente orgulhoso:

— Besteira! Mais uma dessas besteiras que vêm do Oriente para tirar dinheiro dos americanos. Além do mais, nunca tivemos problema com barulho por aqui. Quer saber? Vou fechar a janela e a cortina, tomar uma cerveja gelada e assistir a um pouco de beisebol na TV. É isso que vou fazer. Minha casa está uma tranquilidade, uma maravilha!

Adam abriu a geladeira e pegou uma cerveja. Por alguns minutos, parecia ter esquecido tudo o que o doutor Moore lhe dissera sobre seu estado de saúde. No entanto, segundos depois, ele caiu em si e lembrou-se das recomendações que a doutora Cíntia passara: não beber nada gelado e alcoólico. Fumar nem pensar. A única coisa que ele podia beber era suco natural de frutas.

Ele foi até a geladeira, abriu uma caixa de suco industrializado e voltou a assistir ao jogo na TV. Sua suposta paz, no entanto, não duraria muito. Foram apenas quarenta ou cinquenta minutos de sossego. O jogo terminou, e foi o tempo suficiente para a realidade vir à tona, fazendo-o pensar em sua medíocre existência.

Em pouco tempo, Adam começou a pensar no que sua vida se transformara. A tristeza tentou invadir sua mente, mas o orgulho resistiu bravamente. Ele tentava se enganar a qualquer custo, como se estivesse brigando consigo mesmo. Nervoso, apertou com força os botões do controle remoto, tentando encontrar outros programas interessantes para passar o tempo.

Adam estava aparentemente confortável em seu apartamento, mas a verdade era mais forte que tudo. O orgulho de Adam queria manter as angústias escondidas nas profundezas de sua mente, preservando assim a mesma vida que ele sempre levara. A vida, no entanto, não queria que as coisas continuassem iguais. Ela queria testá-lo e provocá-lo a reagir. Talvez o câncer fosse a única maneira que a vida encontrara para fazê-lo acordar.

Será? Será que tudo aquilo era somente um teste? Ou será que a vida estava preparando algo mais aterrorizante para Adam?

Nao aguentando a solidão, ele levantou se da cama, desligou a TV e telefonou para a única pessoa que poderia escutá-lo naquele momento: seu amigo Franco Legrand.

Adam já sabia do segredo de Franco, contudo, ainda não tinha se acostumado com a ideia de ter um amigo gay. Franco, no entanto, era seu único amigo naquele momento. A única pessoa que certamente lhe daria atenção.

Deitado na cama, Adam telefonou para Franco, e, do outro lado da linha, alguém atendeu à ligação:

— Alô.

— Franco! Sou eu, Adam. Como está? Já recebi alta do hospital e estou em casa. Você pode falar agora?

— Não é o Franco quem está falando, é Ian Brand.

— Oi, Ian. Tudo bem?

— Tudo bem, Adam.

— Gostaria de falar com Franco. Ele está por aí?

— Não, Franco está trabalhando. Esqueceu que é horário de trabalho? São quatro horas da tarde, e ele está sobrecarregado na corretora. Todos os dias, Franco está chegando em casa cansado, pois está assumindo parte do que você costumava fazer no escritório.

— Isso é bom. Ele vai aprender muito.

— Sim, ele sabe disso e está gostando bastante do trabalho. Franco disse que o senhor Ashburn está muito satisfeito. Desculpe-nos por não visitá-lo no hospital. Franco ficou muito ocupado esta semana. Nós telefonamos para lá e conversamos com o doutor Moore.

— Ele disse alguma coisa sobre meu estado de saúde?

— Não, Adam. Ele disse que não podia falar nada.

— Que horas Franco costuma chegar em casa?

— Geralmente, às 20 horas. Mas ele me ligou há pouco para dizer que sairia mais cedo hoje, por volta das 17 horas. Nós combinamos de caminhar no Central Park no fim da tarde. A tarde está linda.

Adam nem sequer havia olhado para fora, pois estava totalmente desconectado do mundo externo. Ele tentou disfarçar concordando com Ian:

— Que bom! O dia está realmente lindo! Está frio lá fora, mas está lindo.

— O que você está fazendo agora, Adam?

— Nada. Na verdade, estou me sentindo um pouco só. Será que eu poderia encontrá-los no Central Park?

— Claro que sim.

— Talvez pudéssemos nos encontrar perto do lago às 18 horas... O que acha?

— Ótima ideia! Eu ia lhe fazer esse convite. Você precisa respirar um pouco de ar puro, Adam.

— Tem razão.

— Franco quer muito conversar com você, pois está preocupado. O doutor não quis dar mais detalhes sobre seu estado de saúde, contudo, disse que algo errado está acontecendo.

— Franco tem razão em ficar preocupado. Conversarei com ele mais tarde no parque.

— Combinado. Então veremos o pôr do sol no Central Park.

— Até daqui a pouco, Ian. Obrigado.

— Foi muito bom falar com você outra vez, Adam. Até daqui a pouco.

Capítulo 11

Central Park

Deitado no gramado, Adam olhava para o céu azul de Nova Iorque e tentava relaxar respirando um pouco de ar puro. Franco praticava *cooper* ao lado de Ian quando o avistou. Ele aproximou-se lentamente, sentou-se ao lado do amigo e perguntou:

— Pensando na vida, Adam?

Adam assustou-se com a pergunta:

— Franco?! Que prazer revê-lo!

Franco usava uma calça de *nylon* preta, tênis branco próprio para corrida, óculos escuros e blusa azul de moletom com capuz. O dia estava lindo, mas os termômetros marcavam três graus positivos.

Franco era magro, alto, corpo atlético e bem definido. Era evidente que ele gostava de cuidar da aparência e da saúde. Ele disse:

— Eu estava correndo com Ian, quando o vi deitado na grama olhando para o céu. Ian disse que continuaria correndo, então, decidi parar e conversar com você.

— Que bom encontrá-lo, Franco!

— E então? Você não respondeu à minha pergunta.

— Que pergunta?

— Perguntei se estava pensando na vida, enquanto olhava para o céu.

— Pensando na vida? Para ser sincero, acho que não — Adam respondeu olhando para o gramado.

— No que estava pensando, então?

— Na verdade, estava pensando na morte.

— Pare com isso, Adam. Por que estava pensando na morte?

— Estou numa enrascada. Fui diagnosticado com câncer.

— Eu sei. Doutor Moore nos contou no hospital.

— E, para piorar, tenho outra notícia ruim!

— Outra?

— Sim, Natalee me deixou. Ela foi embora de casa há dois dias. Disse que quer o divórcio.

— Oh, meu Deus! Isso é muito ruim!

— Muito ruim mesmo.

— Ela sabe sobre o diagnóstico do doutor Moore?

— Acredito que não.

— Por que não liga para ela e lhe conta o que está acontecendo?

— Porque não sei onde ela está! Natalee me pediu para não lhe telefonar, escrever e para não procurá-la. Nós discutimos. Nosso casamento não estava indo muito bem. Nada bem, para ser sincero. Mas quer saber a verdade? Ela não está fazendo falta, sabia?

Franco percebeu algo estranho na postura e nas últimas palavras que Adam dissera. Ele exclamou:

— Eu ainda não conhecia seu lado orgulhoso, Adam! Pelo jeito, só conhecia seu lado bom.

— Tem razão, Franco. Você não sabe nada sobre mim. Da mesma forma como também não sabia nada sobre você há uma semana.

— É verdade. Todos nós temos segredos — Franco confirmou.

— É mesmo. As pessoas costumam se esconder atrás de máscaras, e, quando essas máscaras caem, tudo vem à tona. É o caso de Natalee, por exemplo. Nunca poderia imaginar que ela seria capaz de fazer uma coisa dessas comigo.

— Será que o problema é Natalee, ou será você o problema, Adam? Já parou para pensar nisso?

— É claro que não sou o problema! Tá ficando maluco? Estou em plena consciência. Natalee é quem está sendo ludibriada e iludida pelas amigas espiritualistas dela.

— Se você pensa dessa forma, tudo bem, Adam — Franco decidiu não provocar.

Adam continuou:

— Sabe, Franco, eu estava me sentindo muito sozinho em casa esta tarde, por isso sugeri ao Ian de nos encontrarmos aqui no Central Park.

— Fez muito bem. Você não pode ficar sozinho. Precisa de pessoas ao seu lado.

— Foi o que a doutora Cíntia me disse.

— Mas me diga... Seu câncer é grave?

— Doutor Moore não soube dizer com exatidão e não quis se precipitar. Ele pediu que eu fizesse mais exames e fosse até seu consultório no dia 21 de fevereiro. O consultório dele fica no Queens.

— Se quiser, posso ir com você.

— Não precisa, amigo, irei sozinho. Não se preocupe.

— Tudo bem. Quando vão acabar suas férias?

— No dia 24 de fevereiro, no dia do meu aniversário.

Ian passou correndo e acenando a menos de cinquenta metros, ao completar mais uma volta ao redor do lago.

Adam comentou:

— Vocês parecem felizes.

— Sim, nós somos felizes, Adam. Às vezes, nós nos desentendemos, mas temos uma técnica para evitar discussões e complicar a vida.

— O que vocês fazem?

— Fizemos uma espécie de pacto. Combinamos que não procuraríamos problemas onde não existissem e que não reclamaríamos de nada. Nosso lema é não reclamar, somente agradecer.

— Não reclamar e só agradecer? Como é isso?

— Na verdade, é uma técnica de gratidão que Ian aprendeu com uma amiga dele que dá aulas de ioga. Ela diz: "Sempre que estiver triste, irritado e se sentindo frustrado com a vida, louco para descontar sua raiva em alguém, olhe para trás e veja tudo o que já superou e viveu para chegar aonde está hoje. Ao fazer isso, pare de reclamar e comece a agradecer pela vida. Nesse momento, a gratidão fará parte do seu dia a dia, e sua vibração se elevará até as nuvens".

— Bonito... Mas o que isso significa, Franco?

— Significa que temos de parar de reclamar do que não temos e começar a agradecer pelo que temos. Temos de simplificar a vida, amigo. Essa é a regra daqui em diante. Sabe por quê?

— Por quê?

— Porque o mundo vai ficar cada vez mais enlouquecido. Quem não conhecer os poderes da gratidão estará fadado à loucura e à depressão. As pessoas não suportarão por muito tempo tanta pressão e competitividade — Franco tornou.

— Venho pensando muito nisso ultimamente, sabia? Mas agora, depois de receber a notícia do câncer e ouvir Natalee pedindo o divórcio, estou me sentindo completamente perdido e vazio. Minha vida parece ter perdido o sentido, então eu lhe pergunto: como posso agradecer por isso? Não sei se os ensinamentos dessa moça servem para todas as pessoas, Franco!

— Entendo que não esteja sendo fácil para você, Adam...

— Não está mesmo. Acho que essa técnica só funciona para quem está bem, não para quem está mal como eu.

Na verdade, acho que tudo isso é mero passatempo, mais uma invenção dessa gente que não tem o que fazer.

Franco percebeu que Adam não gostava de espiritualidade e de assuntos relacionados à autoajuda e imediatamente tentou mudar de assunto. Ele, no entanto, acabou se arrependendo de fazer a próxima pergunta:

— Por que não liga para seus pais, Adam? Eles poderiam vir até Nova Iorque e ficar com você.

Era tudo o que Adam não queria ouvir naquele momento. Algo despertava sua ira quando ele ouvia alguém falar de sua família:

— Que droga! Por que todos dizem a mesma coisa? Por que tenho de ligar para meus pais?

— Porque eles são sua família, Adam.

— Não gosto de minha família, Franco! Odeio meus pais! Por que tenho, então, de telefonar para pessoas de quem não gosto? Eu sei muito bem me virar sozinho e nunca precisei deles para nada. Por que precisaria agora?

— Tem certeza de que não precisa deles?

— Não preciso de ninguém, Franco.

— Não mesmo? Nunca precisou deles?

— Não.

— Então, me diga uma coisa... Quem pagou sua universidade?

Adam calou-se por alguns segundos, mas respondeu:

— Minha mãe, por quê?

— Então, não pode dizer que ninguém o ajudou.

— Ela pagou a universidade, mas só fez isso porque tinha interesses. Não pagou porque queria me ver feliz. Na verdade, eu nunca quis ser um economista. Esse não era meu grande sonho.

— Não? Agora você me surpreendeu! O que queria ser?

— Não sei, Franco. Talvez músico, ator ou escritor. Sei lá, algo relacionado com artes. Até cinema eu pensei em cursar.

Sempre tive o sonho de ser uma pessoa famosa e conhecida no mundo inteiro. Eu e Damien sempre falávamos sobre isso quando éramos crianças. Sonhávamos em escrever trilhas sonoras para filmes, roteiros de cinema, essas coisas. Sonhos malucos de criança, entende?

— Você sente muitas saudades do seu irmão, não é?

— Sim, muitas saudades. Meu maior desejo é que Damien estivesse vivo. Eu daria tudo para tê-lo ao meu lado.

— Percebi isso no John Johnson Pub, quando Ian sentiu a presença do seu irmão após cantar aquela linda canção.

— Tem razão, aquela canção foi muito intensa. Damien e eu costumávamos cantá-la nos festivais de música folk que aconteciam no Canadá. Meu avô estava sempre conosco. Quanto à minha avó, eu a vi algumas vezes, por isso não me lembro muito bem dela. Era uma polonesa loura de olhos azuis. Meu avô dizia que ela era muito bonita e que a havia conhecido enquanto viajava pela Europa, navegando pelos gelados mares do Norte.

— Você se emociona muito quando fala do seu irmão, não?

Adam sensibilizava-se ao falar de Damien. O clima do parque, o sol avermelhado pondo-se no horizonte e a presença de um amigo pareciam estar ajudando-o bastante, pois Adam precisava se abrir e contar um pouco sobre seu passado.

Franco insistiu:

— Fale-me mais sobre seu irmão, Adam.

Ele, no entanto, se irritou, surpreendendo Franco:

— Não sei se é momento de falar sobre isso. Por que deseja tanto saber sobre meu passado? Você é muito intrometido, Franco!

Franco não se intimidou e decidiu revidar no mesmo tom:

— Adam, sabe o que eu acho?

— O quê?

— Que você se acha um cara durão.

— Eu sou um cara durão. Sou forte como uma rocha!

— Isso é o que você pensa. Quer saber realmente o que eu acho de verdade?

— Sim, pode dizer.

— Para mim, você ainda é um garoto mimado que não saiu da barra da saia de sua mamãe. Desculpe a sinceridade, mas é isso que eu acho!

Adam olhou atravessado, nitidamente contrariado e espantado com a coragem de Franco.

Franco não hesitou e continuou:

— Está na hora de se transformar num homem de verdade, cara! Só porque vai completar quarenta anos de idade, você pensa que é um homem de verdade?

Adam irritou-se e respondeu atacando o amigo:

— O que você sabe sobre isso, Franco? O que sabe sobre masculinidade?

O orgulho de Adam começou a vir à tona outra vez, exatamente como acontecera com Natalee no hospital. Naquele momento, ele imaginou que sua única alternativa era atacar a masculinidade de Franco, que, por sua vez, logo percebeu que Adam estava querendo manipular a conversa e decidiu continuar:

— Não estou falando sobre esse tipo de "masculinidade", seu idiota! Preste atenção no que vou lhe dizer!

Adam arrancou um punhado de grama do chão e jogou para cima demonstrando muita raiva. Em seguida, tentou redimir-se:

— Desculpe, não quis ofendê-lo, Franco.

— Tudo bem, não me ofendeu, mas preste atenção. Depois que ouvir o que tenho a lhe dizer, você decide se quer ou não me contar sobre seu irmão. Se não quiser falar, não tem problema. Eu me levanto, vou ao encontro de Ian, e você fica aí sentado no gramado, reclamando da vida e pensando na sua droga de passado cheio de traumas e sofrimentos. Eu não me importo. Se quiser continuar mergulhado no orgulho, então faça isso, mas fique ciente de uma coisa: o orgulho é muito perigoso. As pessoas não percebem isso, porém, ele vai crescendo até chegar a um ponto crítico.

— Que ponto crítico?

— O ponto em que ele o domina e engole completamente. Está entendendo o que estou querendo lhe dizer?

Adam nunca ouvira Franco falar daquela maneira, mas ele estava sendo franco e verdadeiro naquele momento.

De repente, algumas pessoas passaram caminhando lentamente ao lado deles, olhando assustadas para os dois amigos devido à discussão. Ninguém, no entanto, se intrometeu e seguiu adiante. Ian passou novamente perto do gramado e acenou outra vez. Franco acenou de volta e sorriu, demonstrando que estava à vontade, mesmo precisando elevar o tom de voz com Adam.

Ian desapareceu atrás das folhagens, e Franco continuou:

— Adam, você deve ter passado por maus bocados em sua vida, mas todo mundo passa por dificuldades. Você não é a única pessoa que enfrenta problemas familiares, como a morte de um parente.

— Eu sei disso.

— Sabe mesmo? Então, você sabe que não é uma pessoa especial, não é?

— Sim.

— Por que não reage e limpa logo essas lembrancinhas idiotas de sua cabeça? Não percebe que está ficando doente e que não pode mais ficar jogando dados com a vida? Meu pai sempre dizia: "Franco, a vida sempre vence. Não adianta lutarmos contra ela, pois no final ela sempre vence. A vida é mais forte que tudo". Compreende?

— Compreendo.

— Não parece que está compreendendo, Adam. Parece que você está querendo enfrentar tudo até mesmo a lei da vida e da morte!

Adam irritou-se e ficou enlouquecido ao perceber que Franco estava colocando-o em xeque-mate.

— E daí, Franco? Por que está me dizendo tudo isso? Por acaso está querendo me dar conselhos? Se estiver, fique sabendo que não lhe pedi conselho algum, não estou lhe pedindo nada. Só vim até aqui para relaxar um pouco. Não vim ao Central Park para passar nervoso.

Era o típico discurso de uma pessoa orgulhosa. Mesmo precisando muito de ajuda, Adam resistia a qualquer palavra de apoio, mas, ainda assim, as tentativas de Franco não foram em vão. As duras palavras do amigo fizeram Adam reagir de alguma forma.

Depois de alguns segundos em silêncio, Adam perguntou:

— Quer saber a verdade, Franco?

— Por favor.

Adam olhou para o lago gelado do Central Park, encolheu os lábios e começou a dizer:

— Damien e eu éramos muito mais que irmãos, éramos amigos, confidentes e cúmplices. Ninguém sabia o que nós sabíamos. Embora eu fosse cinco anos mais novo e não compreendesse direito o que se passava, Damien compartilhava tudo comigo, seus sentimentos, dores e anseios. Até hoje, guardo tudo dentro da minha cabeça e nunca disse nada a ninguém. Sabe por quê? Porque minha mãe sempre teve vergonha do meu irmão. Ela o escondia das pessoas, dos parentes, da sociedade, da igreja e dos professores. Damien nem sequer frequentava a escola, pois minha mãe tinha muita vergonha dele.

— Por que ela tinha vergonha dele?

— Porque Damien tinha sofrido queimaduras profundas quando tinha seis anos de idade, e seu rosto ficou desfigurado. Ele tinha manchas horríveis na face e nos braços. Eu era bebê e não vi o acidente acontecer, mas, depois que cresci, fiquei sabendo do que realmente aconteceu.

Franco começou a surpreender-se com a história:

— Continue, Adam, por favor.

— Na verdade, Damien não era filho de minha mãe nem de meu pai. Ele foi adotado pelo falecido marido dela. Antes de se casar com meu pai, minha mãe foi casada com um empresário muito rico de Nova Iorque. Esse homem morreu seis anos antes de eu nascer, e ela teve de ficar com Damien.

— De onde Damien veio? Você sabe?

— Ninguém sabe sua origem. Uma vez, ele me contou que havia sido abandonado num latão de lixo e levado por uma senhora a um orfanato, numa pequena cidade a oeste de Boston. Meses depois da morte do marido, minha mãe acabou conhecendo meu pai durante uma confraternização na igreja central de Mont-Saint-Hilaire e se casou outra vez. Ela nem esperou o corpo do coitado esfriar no caixão. Eu nasci em fevereiro de 1975.

Adam começou a tossir, e novamente as lembranças do passado pareciam afetar não somente sua mente, como também seu corpo físico.

Franco estava interessado na história:

— Sua mãe gostava do primeiro marido?

— Aí está o ponto, Franco... A resposta é não. Tenho certeza de que ela não gostava dele. Minha mãe só se casou com ele, porque era um homem muito rico. Acho que ele trabalhava na indústria do entretenimento, não sei. Minha mãe só queria saber de luxo, *glamour* e *status*. Esse homem não podia ter filhos, então, apenas depois de muita insistência e de muitas brigas com minha mãe, ele acabou adotando Damien. Na verdade, ela nunca o desejou como filho, mas as circunstâncias a forçaram a ficar com ele depois do falecimento do marido.

— Você acha que ela nunca gostou do seu irmão?

— Ela o odiava. Para ela, Damien era um completo estorvo, um problema, principalmente depois que sofreu as queimaduras no rosto e ficou desfigurado. Damien era ruivo e sua pele era muito branca, por isso as queimaduras acabaram deixando seu rosto bem marcado.

— Meu Deus!

— Com o tempo, o rosto dele foi melhorando. Eu não me importava com aquilo, mas Damien tinha muita vergonha de sua aparência e não tinha coragem de frequentar a escola e se misturar com outras pessoas. Ele sempre se escondia quando alguma visita chegava à nossa casa.

— Qual era o nome do primeiro marido de sua mãe?

— Acho que era Charles ou algo assim.

— Você não chegou a conhecê-lo?

— Não. Como eu lhe disse, ele morreu seis anos antes do meu nascimento.

— Como seu irmão se queimou?

Adam não respondeu prontamente e ficou calado durante alguns segundos. Ele olhou para os lados, respirou fundo e se enfureceu. Estava tão furioso que começou a bater no chão com força, tentando descontar sua ira.

— O que foi, Adam? — Franco perguntou.

Adam decidiu falar:

— Droga! Eu tenho certeza de que foi ele o culpado. Ele sempre negou, mas sei que foi ele quem fez aquilo.

— Ele quem?

— Meu pai, Robert Stone.

— Você está dizendo que seu pai queimou seu irmão de propósito?

— Sim, ninguém tira isso da minha cabeça. Meu pai é um frouxo idiota. Um homem submisso que não tem voz ativa para nada. Um molenga que sempre foi comandado por minha mãe. Sempre foi o cachorrinho de estimação dela, um homem completamente submisso!

— Coitado! Não fale assim do seu pai! — Franco exclamou.

— Coitado?! Meu pai é um crápula, Franco. Uma pessoa sem escrúpulos. Ele queimou meu irmão de propósito, eu sei disso. E sabe por que ele fez isso? Porque ele sempre foi igual à minha mãe e, assim como ela, odiava Damien por ele não ser seu filho legítimo. Meu pai tem complexo de inferioridade e por toda a vida sofreu de depressão e baixa autoestima. E pior! Ele tinha ciúmes de minha mãe por causa do falecido, do tal Charles.

— Meu Deus!

— Como meu avô Willian Stone era um homem rico e um dos maiores produtores de maçã do leste do Canadá, minha mãe foi se aproximando do meu pai, e, em pouco tempo, os dois acabaram se casando. E é lógico que esse casamento aconteceu por interesse da parte dela. Sempre a mesma coisa, o mesmo motivo: o interesse. Minha mãe colocou o *status*, as regalias, uma gorda herança e um sobrenome forte como o nosso, Stone, em primeiro lugar. Ela achava bonito o sobrenome do meu pai. Dizia que era um sobrenome forte! "Stone, duro como uma pedra"! Infelizmente, meu pai era uma exceção em nossa família, pois nunca foi um homem durão como meu avô e eu. Muito pelo contrário! Ele sempre foi um frouxo, um panaca passivo.

— Não fale assim do seu pai, Adam!

— Falo o que eu quiser dele, Franco! Por favor, não me venha com sentimentalismo agora. Não gosto do meu pai e pronto. Nunca gostei e nunca vou gostar dele.

— Tudo bem! Tudo bem! — Franco percebeu que Adam estava alterado e preferiu não provocá-lo. O melhor era apenas ouvir o que ele tinha a dizer.

Franco deu andamento à conversa:

— Por que acha que ele fez aquilo com seu irmão?

— Não sei. O que sei é que, enquanto meu irmão era envolvido pelo fogo e gritava como louco na cama, meu pai ficou parado sem dizer nada, apenas olhando meu irmão sendo tomado pelas chamas. Foram os vizinhos quem o socorreram, apagaram o fogo e levaram meu irmão às pressas para o hospital. No mesmo dia, os bombeiros encontraram um vidro de álcool de limpeza e panos queimados embaixo da cama. Ficou claro que foi meu pai quem havia feito aquilo, como se ele quisesse se vingar de Damien.

— Que horror, Adam! Se vingar por quê?

— Não sei. Meu pai sempre teve uma mente estranha, só pode ser isso. Não existe outra explicação a não ser vingança, raiva e ciúmes.

— Que estranho! — Franco exclamou.

— Estranho não, aterrorizante! Todos os dias, meu pai presenciava minha mãe brigando com Damien. Acho que ele não aguentava mais ouvir tantas brigas, gritos e pontapés, e, então, na cabeça dele, a única maneira de parar com os gritos e com o suposto sofrimento de minha mãe seria afastando Damien da família.

— Você está dizendo que ele quis matar seu irmão? É isso?

— Sim, esse era seu objetivo.

— Quem lhe contou isso? O próprio Damien?

— Não, foi uma vizinha, uma senhora que morreu anos depois. Eu perguntei várias vezes a Damien sobre o acontecido, mas ele dizia que não conseguia se lembrar de nada, pois só tinha seis anos de idade e estava dormindo quando o fogo começou a consumir seu corpo. Foi um pesadelo para ele. Coitado do meu irmão... Ele sofreu muito depois desse dia, muito mesmo.

Adam emocionou-se ao lembrar-se do semblante sofrido e do rosto queimado de Damien.

— Meu Deus! Deve ter sido muito doloroso para ele — Franco completou.

— Tem razão... Acredito, no entanto, que ele tenha sofrido mais por causa da melancolia crônica e da depressão do que com a dor física. Damien chorava muito pelos cantos da casa e no jardim. A única coisa que o fazia ficar feliz era subir comigo até o Mont-Saint-Hilaire.

— Mont-Saint-Hilaire?

— Sim, a montanha. Ele adorava escalar o Mont-Saint-Hilaire e acampar na margem do lago que havia no topo. Subíamos a montanha no fim da tarde e dormíamos sozinhos em meio à natureza. Era algo mágico e inesquecível, e ele adorava fazer aquilo. Era um momento de êxtase estar ali sem ninguém para julgá-lo, rejeitá-lo ou maltratá-lo. Damien dizia que a natureza era sua verdadeira mãe.

— Que lindo! — Franco quase chorou de emoção.

Adam sentiu-se mais calmo e continuou:

— Quando não estávamos na montanha, a vida de meu irmão era um completo tormento. Todos os dias minha mãe brigava com ele. Às vezes, ela se irritava tanto que chegava a agredi-lo fisicamente. Eu sei que Damien não era nenhum santo, mas, além de ter sido rejeitado pela mãe biológica, ele sempre foi um menino incompreendido quando criança. Damien era uma alma boa, um cara que tinha um coração gigante e que nunca faria mal a ninguém. Não sei por que a vida foi tão cruel com ele. Até hoje não entendo isso.

— Quantos anos ele tinha quando morreu?

— Dezesseis.

— E seu pai? Quantos anos ele tem hoje?

— Acho que meu pai está com setenta anos. Não sei dizer exatamente.

— Ele está bem? Como seu pai está hoje?

— Está com mal de Alzheimer há mais de seis anos e não se lembra das coisas do passado, principalmente do episódio que acabei de lhe contar sobre as queimaduras. Todas as lembranças ruins foram apagadas de sua memória, como se fosse algo proposital. Ele só se lembra das coisas boas e nunca fala sobre as coisas ruins do passado. Estranho, não?

— Muito estranho! Parece proposital mesmo — Franco concordou.

— Também acho. Parece que o mal de Alzheimer veio no momento certo para ele, como se o forçasse a esquecer as coisas ruins do passado para sobreviver à própria doença.

— Certamente a doença veio para blindá-lo das memórias ruins do passado, como uma espécie de ausência forçada.

— Tem razão, Franco. Não tinha pensado por esse ponto de vista.

— Isso quer dizer que vocês não se dão muito bem. Vocês não se falam?

— Não falo com ele há mais de vinte anos. Na verdade, depois da morte do meu irmão, passei a odiá-lo e não posso vê-lo na minha frente. Quando o encontro nas reuniões de fim de ano no Canadá, tenho vontade de esganá-lo, mas acabo me contendo e não faço nada. Contudo, de uma coisa eu tenho certeza: nunca vou perdoá-lo na vida! Nunca!

— Não diga "nunca", Adam. A vida muda com o tempo. Você não pode ser tão radical assim com seu pai.

— Não me importo com ele nem quero vê-lo na minha frente. Na verdade, não quero ver mais ninguém da minha família. Agora, com quase quarenta anos de idade, consigo ver tudo com clareza. Consigo ver o que eles fizeram com as próprias vidas, com a vida do meu irmão e com a minha. Não posso mais conviver com isso e continuar guardando tudo calado. Foi muito sofrimento, Franco! Você me entende?

— Entendo, Adam! Mas você não acha que a rejeição por parte da mãe biológica e também dos seus pais, somadas à indiferença, raiva e vergonha de sua mãe, tenham alguma relação com a morte dele?

— Sim, tenho certeza de que sim. Eu estava lá e vi o que aconteceu no momento em que ele morreu. Eu tinha apenas onze anos de idade e vi tudo acontecer bem na minha frente, porém, não pude fazer nada infelizmente.

Minha mãe acobertou tudo, foi isso que ela fez. Mentiu para todos como costumava fazer, e todos aceitaram a história que foi contada. Isso é o que mais me dói. Entende? — e começou a chorar.

— Que história, Adam! Mas seu irmão não foi atropelado? Você disse que ele tinha sido atropelado por uma picape. Isso não é verdade?

Adam respondeu soluçando:

— Sim, é verdade. Ele foi atropelado, mas...

— Mas o quê, Adam?

Adam não conseguiu responder. Ele começou a sentir fortes dores na garganta, e sua voz não saiu. Franco respeitou o sofrimento do amigo e esperou Adam se recuperar.

Ian aproximou-se suando de cansaço. Como Franco precisava entender o que estava acontecendo com o amigo e não queria ninguém por perto atrapalhando, ele olhou para Ian e sugeriu:

— Por que não dá mais algumas voltas, Ian?

— O quê?! Quer que eu corra mais? Tá ficando maluco, Franco? Estou morto de cansado. Acho que vou parar e sentar um pouco com vocês.

Franco imediatamente o repeliu e encontrou uma boa saída:

— Acho que você deveria dar pelo menos umas dez voltas mais.

— Dez voltas?! Por quê?

— Porque você está com uns pneuzinhos bem salientes na barriga, não está vendo?

— Pneuzinhos?! Tem certeza, Franco?

— Claro que sim. Se tivesse um espelho aqui, você poderia vê-los com seus próprios olhos.

— Que droga! Sendo assim, é melhor eu correr mais um pouco. Até já!

— Faça isso, Ian — Franco respondeu, e Adam abriu um leve sorriso, transmutando o mal-estar que vinha sentindo. Sua voz retornou:

— Você parece conhecer muito bem o ponto fraco das pessoas, Franco.

— Isso é verdade.

— Por favor, não comente com ninguém o que estou lhe contando, principalmente lá no escritório, pois o pessoal da corretora é muito traiçoeiro, principalmente David e Travis.

— Não contarei a ninguém.

— Não conte nem mesmo ao senhor Ashburn, por favor.

— Fique tranquilo, Adam. Continue sua história.

— Bem, como eu estava lhe dizendo, nós morávamos numa pequena cidade do interior do Canadá chamada Mont-Saint-Hilaire, no sudeste de Quebec, às margens do rio Richelieu no Conselho Municipal de La Vallée-du-Richelieu. A montanha e a cidade têm o mesmo nome. Mont-Saint-Hilaire é uma das elevações montanhosas que os canadenses chamam de Monteregian Hills, que se elevam de forma proeminente acima do Vale do Rio São Lourenço. Ela tem mais de 400 metros de altura e é um lugar lindo e enigmático, de difícil acesso. Só quem é da região conhece os caminhos que levam até o topo, o que ajudou a mantê-la protegida das atividades humanas. Dizem que existem forças ocultas lá.

— Que tipo de forças ocultas?

— Não sei explicar, Franco. Algumas pessoas dizem que é um lugar muito importante para avistamentos de UFOs. Outros dizem que o local é assombrado e outros que é um lugar mágico.

— Em qual deles você acredita?

— Eu sou daqueles que acreditam que o Mont-Saint-Hilaire é um lugar mágico. Não sei explicar, mas, sempre que me lembro do lago, a palavra que me vem à mente é magia. É um lugar realmente maravilhoso. O lugar onde Damien e eu costumávamos passar o dia nadando, pescando e vivendo uma vida natural. Subíamos sempre às sextas-feiras à tarde e só voltávamos para casa no domingo à noite, pois na segunda-feira eu precisava acordar cedo para ir à escola. Era muito bom. Não víamos a hora de chegar o fim de semana para prepararmos a barraca, o fogareiro, as varas de pesca, as mochilas e as botas e subirmos o penhasco.

— Devia ser muito especial para vocês!
— Nós adorávamos aquele lugar.
— Você nunca mais voltou lá?

Adam olhou para baixo e começou a passar a mão lentamente na grama. Sua mente vagou por breves segundos.

— O que foi, Adam?
— Depois que Damien morreu, nunca mais voltei lá. Acho que tenho medo de retornar ao Mont-Saint-Hilaire.
— Medo de quê? De espíritos? Assombrações?

Adam sorriu:

— Não, nunca tive medo de assombrações e fantasmas.
— Do que tem medo, então?
— Tenho medo de me lembrar dos momentos mágicos que passei naquele lugar com meu irmão e perceber que nada daquilo existe mais. Que restaram somente lembranças, ilusões que pairam na minha mente, algo que nunca mais voltará.

Franco colocou a mão no ombro do amigo, tentando ampará-lo. Adam podia ser um homem orgulhoso e arrogante às vezes, mas estava ficando claro que era assim somente por fora, pois, por dentro, ele era um homem sensível. As circunstâncias da vida o endureceram tanto que ele se tornara uma pessoa incapaz de demonstrar seus sentimentos.

Franco estava envolvido com a história e precisava compreender o que realmente havia acontecido com Damien:

— Adam, você precisa colocar tudo para fora. Conte-me o que aconteceu com seu irmão. Como ele morreu? Alguém fez algum mal a ele? Alguém o matou? Foi isso que aconteceu?

Adam percebeu que havia chegado o momento de desabafar. Após vinte e nove anos, havia chegado o momento de falar:

— Ninguém matou meu irmão, Franco. Ele se suicidou. Damien tirou a própria vida na minha frente e fez isso por desespero.

Franco arregalou os olhos indignado:

— Suicidou-se?! Tem certeza disso, Adam?

— Sim, todos acham que foi um atropelamento, mas sei que não foi. Minha mãe sabe, e meu pai também. Eu vi tudo.

— Como isso aconteceu?

Adam estava decidido a continuar:

— Foi muito trágico. Eu tinha apenas onze anos, e a cena não sai de minha cabeça até hoje. É como um tormento que me acorda todas as manhãs. Nem preciso de despertador, pois acordo com os gritos de Damien todos os dias. É como um pesadelo que nunca acaba. Entende?

— Entendo, Adam, mas continue. Explique como foi.

— Eu estava no quintal de casa, no gramado onde costumávamos jogar futebol. Eu ia chutar a bola ao gol, quando ouvi os gritos de minha mãe na cozinha. A casa era grande e o jardim também. Ela estava brigando com Damien outra vez como sempre acontecia. Não sei por que ela gritava tanto com ele... Era uma eterna perseguição. Tudo o que Damien fazia era motivo de briga. Acredito que o simples fato de meu irmão existir era suficiente para minha mãe brigar com ele todos os dias.

— E seu pai?

— Meu pai não fazia nada, apenas ouvia os gritos e se remoía por dentro. Naquela tarde, no entanto, tudo mudaria em poucos segundos. Damien saiu pela porta da cozinha chorando e com marcas roxas nas pernas. Minha mãe tinha batido nele com um cinto. Percebi que ele estava muito transtornado e o chamei para brincar comigo. Ele não respondeu, se sentou na grama e começou a chorar. Damien estava muito mal. Segurei a bola e fui até ele. Parei ao lado de meu irmão e perguntei se minha mãe havia batido nele outra vez. Ele permaneceu com a cabeça baixa e chorando. Tive vontade de entrar na cozinha e... Sei lá... Naquele momento, eu seria capaz de matar minha mãe, mas é lógico que não fiz nada. Sentei-me ao lado de Damien na grama, exatamente como estamos agora, e fiquei quieto sem dizer uma palavra. Eu tinha apenas onze anos e não sabia nada da vida. Meus pais também não me davam carinho. A única diferença é que não me batiam. Eu não entendia por que implicavam tanto com meu irmão. O que eu poderia dizer ou fazer?

Adam estava visivelmente abalado, mas continuou:

— Alguns segundos depois, enquanto olhava para o chão e chorava, Damien disse: "Adam, eu só queria ter uma família que me amasse de verdade. Não sou lixo".

Com um nó na garganta, Adam respirou fundo:

— Não consegui responder. Fiquei estático sem saber o que dizer. Na minha inocência, me levantei e voltei a jogar bola, pensando que Damien se levantaria e viria brincar comigo como sempre fazíamos, mas infelizmente não foi isso que aconteceu.

— O que aconteceu, Adam?

— Fui até o outro lado do gramado, e de repente Damien se levantou e saiu correndo como um maluco em direção à estrada. Quando olhei para trás, vi uma picape passando em alta velocidade e comecei a gritar para meu irmão: "Pare, Damien! Saia da estrada! Saia da estrada!". Infelizmente, não deu tempo. Ele continuou correndo pelo acostamento, e a picape passou por mim. De súbito, ele parou de correr, fixou meus olhos e não hesitou... Assim que a picape se aproximou, ele...

Adam não conseguiu terminar a frase, mas respirou fundo e continuou:

— Ele se jogou debaixo da picape. Ele fez aquilo de propósito, não foi um acidente. Suas pernas foram esmagadas pelas rodas da caminhonete na hora.

— Oh, meu Deus!

— Imediatamente, saí correndo ao encontro de Damien, mas fiquei mudo quando cheguei perto dele. Eu não gritava, não chorava, não tinha reação alguma. Fiquei apenas parado, vendo o corpo de meu irmão agonizando, cheio de sangue e tremendo sem parar. Pensei que ele ficaria bem, mas Damien estava morrendo bem ali na minha frente. Segundos depois, uma vizinha chegou, e eu continuei parado no mesmo lugar sem me mexer. Não conseguia dizer uma palavra sequer, não tinha nenhuma reação... Eu apenas olhava Damien no asfalto quente.

— O que você pensava naquele momento?

— A única imagem que me vinha à mente era a de nós dois nadando no lago do Mont-Saint-Hilaire. Eu pensava que nunca mais iríamos fazer aquilo outra vez. Era o fim. O fim de um sonho.

Adam suspirou e continuou:

— De repente, a ficha começou a cair, quando os vizinhos correram para chamar a ambulância, e Damien parou de tremer. Um senhor segurou o pulso de meu irmão e acenou negativamente com a cabeça para as pessoas que se aglomeravam ao redor. Eu me mantive quieto, apenas olhando tudo sem dizer nada. Não entrei em pânico, não chorei, não gritei e não corri para chamar minha mãe, pois sabia que tudo tinha acontecido por causa dos meus pais. Era o fim. Meu único irmão, a única pessoa que sempre esteve ao meu lado, tinha acabado de se suicidar bem na minha frente. A ambulância chegou quinze minutos depois, mas já era tarde. Damien estava morto.

Emocionado, Franco abraçou o amigo em sinal de solidariedade por sua dor, mas Adam precisava falar, precisava por tudo para fora, e aos prantos prosseguiu:

— Na minha ingenuidade, eu pensava que nada daquilo precisaria ter acontecido, mas a vida foi implacável com Damien. E ele não suportou as duras provas deste mundo e decidiu deixá-lo à sua maneira. Quando acampávamos na montanha, ele sempre dizia: "Adam, o mundo é muito cruel com as pessoas. Temos de ser muito fortes para sobreviver neste mundo. Não sei se vou aguentar por muito tempo". Hoje, eu entendo o que Damien queria dizer quando falava que o mundo era cruel demais com as pessoas. Veja como estamos vivendo, Franco! Para mim, isso não é vida, amigo! Estamos sobrevivendo, não vivendo. Ninguém se importa com o próximo, e todos querem somente dinheiro, consumo, poder, *status* e reconhecimento. Estamos vivendo num mundo completamente medíocre, sem qualquer sentido. Desculpe desabafar dessa maneira, mas venho percebendo que as pessoas estão enlouquecendo.

— Tem razão, Adam. As pessoas estão enlouquecendo porque se esqueceram de amar.

Adam ficou calado.

— Pois bem, Franco, essa é a história de minha vida. Não vou detalhar mais o acidente, pois a cena continua viva em minha mente. Prefiro ficar com a imagem de nós dois nadando, pescando e levando uma vida de aventuras. O resto eu quero apagar de minha memória.

— Tem razão. Você precisa apagar essas memórias negativas, pois estão lhe fazendo sofrer.

— O mais estranho é que, naquela noite no John Johnson Pub, Ian disse que sentiu Damien próximo de mim, mas eu não soube lidar com isso. Mesmo querendo acreditar que ele está próximo de mim, não consigo aceitar a ideia de vida após a morte.

— É só uma questão de crença, Adam, mas não se preocupe com isso agora. O que aconteceu com você depois que Damien morreu?

— Eu me isolei em meu próprio mundo e só saía de casa para ir à escola. Comecei a estudar como um maluco, pois sabia que a única maneira de me livrar de meus pais era entrando em alguma universidade em Montreal ou nos Estados Unidos. E foi o que aconteceu. Aos dezessete anos, acabei me matriculando na Universidade de Nova Iorque e me formando em economia, conforme minha mãe desejara.

— Interessante — Franco comentou.

— Minha mãe disse para todos da cidade, inclusive para os repórteres do jornal regional, que Damien tinha sido atropelado. O dono da picape desapareceu da cidade, e as coisas acabaram ficando por isso mesmo. Damien foi esquecido por todos e nunca mais seu nome foi lembrado. Parece que ele foi apagado deste mundo, como se nunca tivesse existido. Isso é o que mais me dói, entende? Como uma pessoa passa pelo mundo dessa forma tão insignificante? Meu irmão veio somente para sofrer. Ele se suicidou e foi esquecido para sempre. Qual é o sentido disso, Franco? Isso é o que mais me machuca. Não compreendo por que o mundo precisa ser tão cruel com as pessoas.

— Eu sei, Adam. A vida realmente pode ser muito cruel. Você disse que perdeu a voz quando era criança. Como foi isso?

— Sim, isso aconteceu depois do acidente. Fiquei completamente mudo. Minha mãe me levou a vários médicos, fonoaudiólogos, psiquiatras, psicólogos, mas nada, nada adiantou. Permancci mudo por mais de um ano. Era horrível. Eu não sabia o que estava acontecendo. Minha mãe, por sua vez, fazia tudo por mim e nunca me bateu. Ao contrário de Damien, eu era o queridinho da mamãe, o filho legítimo que se tornaria um homem rico e transformaria a família Stone na mais perfeita família do leste do Canadá. No entanto, é claro que era tudo mentira! Minha mãe podia enganar a todos, mas não a mim.

— Como você se curou da mudez?

173

— Não lembro direito como foi. Eu tinha doze anos de idade, quando meu avô me levou a um convento, e lá uma freira me benzeu. Foi tudo muito rápido. Ela colocou as mãos sobre minha cabeça e depois passou uma espécie de água benta no meu pescoço. Disse algumas palavras em francês e me pediu que eu tomasse um pouco de água. Eu olhei para meu avô, e ele disse que não havia problema em beber aquela água, pois era sagrada. Uma semana depois, comecei a falar novamente. Foi tudo muito rápido. Acho que aquela freira tinha algum tipo de dom.

— Que interessante! Ainda bem que você foi curado, Adam.

— Sim, mas nas últimas semanas, venho sentindo novamente as mesmas dores no pescoço e tenho tossido muito. Às vezes, perco a voz durante alguns minutos, exatamente como acontecia no passado. É uma sensação horrível. E agora as coisas estão piores. Como sabe, fui diagnosticado com câncer na garganta pelo doutor Moore. Acho que a bênção da freira está indo embora, e as lembranças de Damien estão voltando com força à minha mente. O que será isso, Franco? Estou desesperado e sozinho, amigo.

Franco percebeu a aflição de Adam.

— Não se preocupe, Adam, tudo vai ficar bem. Tenha calma e não se precipite. Primeiro, converse com doutor Moore e veja se o diagnóstico está correto, pois hoje em dia existem muitas tecnologias e muitos medicamentos para curar o câncer. Não se precipite.

— Vou tentar me acalmar. Obrigado por me ouvir, Franco.

— Estou aqui para isso, amigo. Conte comigo. Não é nenhum sacrifício para mim. Eu passaria a tarde toda conversando com você, mas como pode ver não será possível. Ian já está chegando, e temos um compromisso marcado para esta noite.

Ian chegou no momento em que Franco e Adam terminavam a conversa. Franco ficou preocupado, pois sabia o que poderia acontecer com o amigo, pois já tinha perdido parentes próximos por causa do câncer e sabia que o avanço da doença poderia ser rápido.

Cansado, Ian se aproximou:

— Franco, precisamos ir. Temos um jantar marcado, esqueceu?

— Não esqueci, Ian, mas ainda estamos dentro do horário. Não se preocupe! Adam, infelizmente nós temos que ir.

— Fique tranquilo, eu ficarei bem. Vou assistir ao pôr do sol e depois vou embora.

— Gostaria de vir conosco ao jantar?

— Acho que não. Prefiro ficar sozinho em casa.

— Tem certeza?

— Sim. Divirtam-se.

— Ligue para mim quando quiser, Adam.

— Tudo bem, Franco, não se preocupe. Se houver qualquer novidade, eu entrarei em contato. E como estão as coisas no escritório?

— Muito bem. O senhor Ashburn o está aguardando dentro de duas semanas. Não se esqueça disso.

— Ele lhe disse alguma coisa?

— Sim. Ele me adiantou que você foi promovido e que vai me treinar para ficar em seu lugar. Sabe como o senhor Ashburn é um homem pragmático. Contudo, ele só me deu essa promoção por um motivo.

— Qual?

— Ele disse que só me daria essa promoção se lhe dissesse a verdade e contasse meu segredo.

— Você contou a ele sobre sua sexualidade?

— Sim. Tomei coragem e disse que eu sou gay e moro com meu namorado.

— E o que ele disse?

— Ele sorriu e me disse que já sabia de tudo, mas queria ouvir a verdade de minha boca! Admirado com minha

175

coragem, senhor Ashburn proferiu uma frase que me fez sentir muito bem. Foi mais ou menos assim: "Garoto, viva sua verdade, e a verdade começará a fazer parte de sua vida". Daqui em diante, não terei mais medo de nada. Estou me sentindo muito melhor agora.

— Que bom para você, Franco. Eu fiquei feliz. Meus parabéns!

— É você quem merece os parabéns, Adam, afinal, foi o escolhido para ser o gerente de negócios da Ashburn Investments.

— Tem razão, Franco — Adam respondeu sem qualquer empolgação.

— Não está feliz com a promoção?

Adam não respondeu. Ele levantou-se, colocou o capuz sobre a cabeça, virou-se de costas e disse:

— Vou caminhar um pouco. Até logo, Franco. Até logo, Ian. Bom jantar para vocês.

— Até logo, Adam.

Adam saiu caminhando, e Franco olhou para Ian com o semblante preocupado e apreensivo. Ele sabia o que estava se passando na mente do amigo naquele momento. Era a dor da solidão e do desamparo corroendo seus pensamentos.

Capítulo 12
O consultório

Foram duas semanas muito difíceis para Adam, pois ele nunca imaginara chegar aos quarenta anos doente e sozinho.

A realidade estava apresentando-se cruel e algoz dia após dia. Natalee o abandonara de verdade e, depois de sair de casa, não dera mais sinal de vida. Ela apenas lhe enviara um *e-mail* dizendo que estava morando na casa de Sílvia, no Bronx, e que em alguns dias seu advogado entraria em contato com Adam para resolver os trâmites do divórcio, não dando, no entanto, mais detalhes sobre o processo. No final da mensagem, ela perguntou se Adam estava passando bem, e ele, sempre orgulhoso, decidiu ignorar a mensagem e não responder ao *e-mail*.

A solidão estava assolando sua alma, porém, Adam não dava o braço a torcer. Sem dúvida, foram para ele as férias mais terríveis e inúteis de sua vida.

Preocupado com a saúde, Adam praticamente não saía de casa durante os dias frios de fevereiro com medo de sua garganta piorar. Ele passou os dias assistindo à televisão, luta livre, a filmes e jogos de beisebol, e às vezes ouvia um pouco de suas músicas preferidas, que passavam pelo folk canadense, o *rock* inglês dos anos 1980 e o *rock* progressivo dos anos 1970. Ele tinha uma velha guitarra guardada no armário, mas naqueles dias não teve motivação alguma para tocar.

Durante dias duros de isolamento em seu apartamento, Adam pensou muito na vida, em sua solidão e que estava prestes a se divorciar de Natalee. Era uma espécie de batalha sem fim dentro de sua mente. Era como se seu orgulho brigasse com sua sanidade o tempo todo, em uma eterna briga entre mente e consciência. Sua mente lhe dizia para continuar sendo o homem durão e indestrutível que sempre foi, mas sua consciência lhe dizia que era hora de se redimir e pedir ajuda. Mas pedir ajuda a quem, se a única pessoa que poderia ajudá-lo naquele momento era o doutor Moore?

Os dias foram passando, e, além de cansado, Adam estava irritado, inquieto e nervoso com tudo o que vinha acontecendo nas últimas semanas. Estava entrando em depressão e não sabia.

Franco tentou ligar várias vezes para o celular de Adam, mas ele não atendia às ligações. A depressão e o isolamento estavam dando as mãos.

No entanto, algo o faria despertar naquela tarde de 21 de fevereiro. Novamente, Adam ouviu mulheres cantando o mesmo mantra que ele escutara semanas antes no mesmo horário, exatamente às duas horas da tarde: *Om Gam Ganapataye Namaha*. Desta vez, porém, as vozes pareciam mais altas e abrangentes.

Adam estava dormindo e sonhando com o irmão, quando a música o despertou. Naquele momento, ele estava envolvido por um pesadelo horrível, em que Damien lhe pedia ajuda e se arrastava pelo chão do apartamento por não conseguir movimentar as pernas. O semblante de Damien estava diferente, e ele não parecia o mesmo garoto da infância. Adam, contudo, sabia que era ele, pois seu olhar não mentia. Era o mesmo olhar meigo e sincero de sempre. Damien tentava aproximar-se da cama, mas algo não o deixava chegar mais perto. Adam esticou a mão para ajudá-lo, porém, não conseguiu alcançá-lo, o que o fez entrar em desespero ao ver o irmão sendo puxado para trás por uma força estranha. Ele gritou: "Damien! Damien! Não vá embora. Preciso falar com você!".

Antes de ser envolvido por aquela força estranha e desaparecer, Damien respondeu: "Adam, você ainda não está preparado. Desculpe! Você ainda não está preparado!".

Adam acordou gritando desesperado e levou alguns minutos até perceber que tudo aquilo fora apenas um pesadelo. Espantado, ele pulou da cama ao ouvir a cantoria entrando pela janela e ficou tão irritado que, com os lençóis enrolados entre as pernas, saiu cambaleando em direção à janela, fechando-a em seguida com força.

— Droga de música! Vão para o inferno! — ele gritou, retornando em seguida para a cama para tentar dormir outra vez. As imagens do pesadelo, no entanto, não lhe saíam da cabeça, em um tormento completo.

Nervoso com a cantoria, Adam gritou para si mesmo como se estivesse proferindo uma ordem:

— Parem com essa droga de música repetitiva e enjoada! Parem agora mesmo! Parem!

Seus gritos, porém, foram em vão, pois com as janelas fechadas certamente ninguém ouvira seus clamores.

Alterado, Adam decidiu ir até o edifício vizinho para acabar com a cantoria, mas, assim que se levantou da cama e olhou pela janela, viu flocos de neve caindo sobre as folhas das árvores. Imediatamente, ele desistiu de sair, pois sua tosse estava piorando e era melhor não abusar da sorte.

Transtornado com o pesadelo e a cantoria, Adam seguiu até a cozinha para beber um copo de água. Assim que olhou para a mesa, a luz do seu celular acendeu sem fazer qualquer barulho, pois ele deixara o aparelho em modo silencioso.

Imaginando que pudesse ser sua esposa, Adam agarrou o celular com rapidez, mas imediatamente suas esperanças se esvaíram, pois não era Natalee. Era somente uma mensagem de texto chegando do consultório do doutor Moore, para avisar que a consulta de Adam estava marcada para a próxima hora.

Adam desesperou-se ao perceber que se esquecera da consulta e, sem perder tempo, abriu o armário com pressa, pegou a primeira calça jeans que encontrou, vestiu uma blusa de moletom com capuz preto, pôs óculos escuros para esconder as olheiras, um tênis velho e um casaco. Depois, desceu as escadas seguindo até a estação mais próxima do metrô, para chegar ao bairro do Queens o mais rápido possível. Era imprescindível ir até o consultório do doutor Moore naquela tarde para compreender seu real estado de saúde.

Ao desembarcar na estação do Queens, Adam subiu até a avenida e acenou para o primeiro táxi que viu, pois não sabia qual era a distância entre o metrô e o consultório e não queria chegar atrasado. Para sua sorte, a apenas algumas quadras da estação, o taxista parou o carro e fez sinal de que a clínica era logo em frente. Adam, então, surpreendeu-se ao ver que era uma casa antiga e discreta, um local simples e sem qualquer luxo.

Adam retirou uma nota de 20 dólares do bolso e pagou o taxista. Em seguida, saiu apressado do carro, esquecendo-se de receber o troco da corrida.

Era um ponto pacato da parte antiga da 81st St. do Queens, uma travessa da Broadway Avenue, onde muitos vendedores ambulantes e comerciantes colombianos costumavam ganhar a vida trabalhando no mercado informal como vendedores de rua, mascates e até mesmo como pequenos traficantes de drogas.

Adam não costumava visitar aquele lado de Nova Iorque, pois era uma área de Manhattan geralmente habitada por chineses, coreanos, indianos e também nepaleses. Ele tocou a campainha, mas ninguém atendeu. Ele, então, decidiu entrar na clínica por conta própria:

— Boa tarde, senhorita!

Wanda, a secretária do doutor Moore, estava ao telefone. Ela acenou, pedindo a Adam para sentar-se e aguardar um pouco.

Segundos depois, a moça desligou o telefone e sorriu de maneira simpática:

— Obrigada por me chamar de senhorita, mas já sou uma senhora casada de quarenta e cinco anos de idade.

— Desculpe, mas sinceramente não parece!

— Não parece que sou casada, ou não parece que tenho quarenta e cinco anos?

— As duas coisas! Desculpe-me a ousadia, mas você é muito bonita.

Adam não estava flertando com a mulher, apenas estava sendo natural e verdadeiro.

— Obrigada, moço, adorei o elogio! Acho que ganhei o dia hoje — Wanda respondeu e em seguida pegou um pequeno espelho que costumava guardar na primeira gaveta de sua mesa de trabalho.

— Por que está dizendo isso, senhorita? Ou melhor, senhora.

— Porque faz muito tempo que ninguém me elogia dessa maneira sincera e despretensiosa. Depois de quase vinte anos de casamento, meu marido não olha mais para mim desse jeito. Às vezes, um pequeno elogio como esse pode mudar a vida de uma mulher, sabia? Não custa nada aos homens elogiarem suas esposas, não acha? Acredito que muitos casamentos terminam por causa disso. Pela falta de romantismo.

Aquela frase inesperada foi impactante para Adam. Foi como se ele tivesse levado um soco na cara e atingisse o seu orgulho em cheio. Ficou quieto, mas naquele instante percebeu o que tinha acontecido com seu casamento. Sem dúvida, o problema era a falta de romantismo e sinceridade.

181

De repente, a imagem de Natalee desamparada e sozinha dentro do apartamento veio à sua mente. Imagem que se repetira várias vezes, quando, em meio a uma discussão, ele saía batendo a porta com raiva, deixando-a para trás com suas lamentações.

Adam não percebia, porém, a vida estava novamente querendo mostrar-lhe de maneira sutil as falhas cometidas no passado, as pequenas coisas que foram passando despercebidas no dia a dia, mas que acabaram culminando numa drástica e repentina separação. Era novamente a mesma briga interna manifestando-se. A briga entre o orgulho e a lucidez, entra a ignorância e a consciência.

Parado em frente à secretária do doutor Moore, Adam ouvia sua consciência dizer: "Você deveria ter elogiado mais sua esposa. Você se esqueceu de agradecer à pessoa que sempre esteve ao seu lado. As mulheres não precisam de tudo isso que os homens imaginam. Elas só querem ser reconhecidas e amadas, só isso".

Entretanto, os avisos da consciência de Adam não adiantavam, pois o orgulho era sempre mais forte. Em apenas um segundo, Adam suprimiu todos os erros cometidos com Natalee no passado e apagou tudo de sua mente, retornando à realidade sem qualquer remorso. Sem hesitar, ele disse:

— Desculpe, senhora, devo estar atrasado para a consulta com o doutor Moore.

— Por acaso o senhor é Adam W. Stone?

— Isso mesmo.

— Que bom! Mandei uma mensagem ao seu celular há uma hora, avisando-lhe sobre sua consulta.

— Quem bom que você me lembrou! Obrigado!

— Não precisa agradecer, senhor Stone. Pode entrar, pois o doutor já o está esperando. Seus exames acabaram de chegar do hospital, e o envelope está com ele.

— Oh, meu Deus! — Adam exclamou, demonstrando aflição e apreensão.

— O senhor não parece muito bem.

— Estou apreensivo para saber o resultado dos exames. Preciso me curar logo.

— Não se preocupe, senhor Stone. O senhor está em boas mãos. Doutor Moore é um dos melhores oncologistas de Nova Iorque.

— Espero que sim.

— Senhor Stone, antes de entrar, por favor, retire os óculos escuros para falar com o doutor Moore. Ele gosta de falar olhando nos olhos das pessoas.

— Ah sim, me desculpe. Não tinha percebido.

— Pode entrar, por favor.

— Obrigado. A propósito, qual é seu nome?

— Meu nome é Wanda.

— Bonito nome. Já pensou em deixar seu cabelo mais curto? Acho que um corte mais moderno ficaria ótimo em você.

Wanda ficou encabulada, mas, assim que Adam entrou no consultório, ela correu para pegar o espelho e retocar sua maquiagem. Em seguida, acessou a internet para pesquisar sobre cortes de cabelos modernos.

— Boa tarde, doutor Moore. Desculpe chegar atrasado.

— Não está se sentindo bem, não é, Adam? — doutor Moore disse incisivamente, enquanto se ajeitava em sua poltrona de couro legítimo.

— Não, senhor. Infelizmente, não estou me sentindo bem.

— Sente dores na garganta, inchaço e tem tossido?

— Sim, bastante.

— Por acaso, cuspiu sangue alguma vez nos últimos dias?

— Sim, duas vezes durante a madrugada.

Ao olhar para os exames que estavam sobre a mesa, doutor Moore encolheu os lábios demonstrando preocupação.

— O que foi, doutor? Diga logo! Não faça essa cara! Diga logo o que o senhor vai fazer para me curar!

— Bem, Adam, já estou acostumado com isso, mas é sempre difícil dizer certas coisas.

— Como assim difícil? Diga o que tem que ser feito e pronto. Não tem mistério algum! — Adam ficou nervoso e avançou sobre a mesa, querendo, sem a autorização do doutor, ver os exames.

Doutor Moore percebeu o descontrole de Adam e calmamente retirou o envelope da mesa.

— Calma, rapaz, você está muito tenso. Precisa se acalmar e ouvir o que tenho a lhe dizer.

— Me acalmar?! Está dizendo isso, porque não está na minha pele! Diga logo o que tenho, e vamos acabar logo com isso, doutor! Aposto que o senhor faz esse suspense com todo mundo que vem ao seu consultório, não é? Pelo jeito, o senhor gosta de supervalorizar seu trabalho!

Doutor Moore levantou-se da poltrona e tentou ser educado:

— Sente-se, Adam, por favor. Você está muito nervoso.

Vendo que perdera a compostura, Adam se recompôs:

— Desculpe, doutor, é que venho passando por uma fase muito ruim.

— Eu imagino. Então, sente-se e ouça.

Adam sentou-se e começou a balançar a perna direita em sinal de ansiedade.

Doutor Moore não hesitou e foi direto nas palavras:

— Adam, você está com câncer e seu caso é grave. Na verdade, é gravíssimo. Desculpe-me dizer, mas essa é a mais pura verdade.

— Oh, meu Deus! — ele exclamou assustado.

— Posso continuar, Adam?

— Sim, senhor.

— Você tem no máximo dois meses de vida, pois o câncer está em estado muito avançado e vem se alastrando rapidamente pela traqueia.

Adam ficou pálido e decidiu ouvir o que doutor tinha a dizer. Seu silêncio, no entanto, não era de conformidade, mas de pavor, pois ele sempre temeu a palavra "morte", principalmente agora que ela estava sendo proferida por um médico.

Doutor Moore continuou:

— Sei que não é fácil ouvir esse tipo de coisa, Adam, mas é sua realidade. Não posso escondê-la de você. Não é ético de minha parte fazer isso. Eu poderia mentir para você e lhe dizer que existe uma cura, mas, infelizmente, não há cura no seu caso, e tudo o que for feito será paliativo. Isso, porém, não significa que não seguiremos todos os protocolos de tratamento. Muito pelo contrário! Faremos tudo o que for possível, mas infelizmente os exames não mentem. Se você quiser, pode conferir os resultados com seus próprios olhos.

Adam não respondeu, pegou o envelope das mãos do médico, conferiu os resultados e em seguida jogou tudo sobre a mesa outra vez:

— Desculpe, doutor, mas não posso aceitar isso.

— Não aceitar o quê, Adam?

— Desistir de minha vida dessa forma covarde, como o senhor está sugerindo. Não aceito esses exames nem a ideia da morte.

— Sei que é difícil, Adam, mas você precisa aceitar.

Doutor Moore tentava ser pragmático, porém, Adam se rebelou e elevou o tom de voz, mostrando-se arredio e violento com as palavras:

— O senhor não está entendendo, doutor! Eu não posso morrer dessa maneira medíocre! Não aceito morrer assim! Não está nos meus planos morrer aos quarenta anos de idade!

Nervoso, Adam levantou-se e começou a andar de um lado para o outro do consultório. Doutor Moore tentou novamente remediar, mas acabou dizendo a única frase que não deveria ser dita naquele momento:

— Você está muito transtornado, Adam. Se você quiser, posso lhe indicar um bom psicólogo. Ele é um grande amigo meu e pode ajudá-lo bastante nessa fase.

Adam ficou enfurecido, e sua vontade era de soltar um palavrão e chutar tudo o que havia pela frente, mas se conteve para não a ser mal-educado com o médico. Apenas abriu a porta do consultório e disse:

— Não preciso de nenhum psicólogo, doutor! Só preciso encontrar uma alternativa melhor.

— Alternativa? Que alternativa você encontrará aí fora? Sou um dos melhores especialistas da cidade. Pense bem no que vai fazer para não se arrepender depois.

— Desculpe, doutor, mas o senhor não está me dando nenhuma alternativa! A única coisa que fez foi decretar minha sentença de morte, apenas isso. Não posso aceitar o que o senhor está me dizendo. Desculpe, mas vou embora procurar uma alternativa.

— Você não está entendendo, Adam. Precisamos dar andamento aos tratamentos de quimioterapia e radioterapia, e isso deve ser feito a partir da próxima segunda-feira. Pelo menos, dessa maneira poderemos lhe dar um pouco mais de sobrevida.

— É melhor o senhor não me dizer mais nada, doutor. Vou embora.

— Não vá embora, Adam. Você é meu paciente agora.

Adam não respondeu e saiu do consultório transtornado, sem se despedir de Wanda, que se assustou ao vê-lo saindo nervoso do consultório. Ela comentou com o patrão:

— O que ele tem, doutor? Por que aquele moço bonito saiu daqui tão nervoso?

— Medo, Wanda. Isso se chama medo.

— Que pena! Um homem tão lindo! Por acaso ele está muito doente, doutor?

— Sim. Por favor, Wanda, assim que a próxima paciente, a senhorita Hellen, chegar, diga-lhe para entrar, pois já estou com os exames dela.

— Sim, senhor.

Doutor Moore entrou no consultório, trancou a porta e voltou ao seu trabalho rotineiro.

Capítulo 13

Broadway Avenue

  Adam não sabia, mas a partir daquele momento sua vida começaria a mudar drasticamente.
  Perambulando pela 81st St., Adam estava atordoado com o fato de ter pouco tempo de vida. Tentando digerir as palavras do médico, ele seguiu sem rumo na direção da Broadway Avenue, uma via movimentada e repleta de lojas populares, lanchonetes, vendedores ambulantes e muitos imigrantes latinos e asiáticos. Ele nunca tinha andado por ali antes e estava nitidamente desorientado após receber a notícia de sua morte iminente.
  Adam não estava preparado para ouvir aquelas palavras, no entanto, doutor Moore não podia esconder o diagnóstico. E a recusa de Adam aos tratamentos que o médico sugerira não era mera irresponsabilidade, mas sim medo.
  Vagando desnorteado pela rua, Adam, ao tentar atravessá-la, quase foi atropelado por um carro que passou a menos de trinta centímetros do seu corpo. Assustado ao vê-lo andando no meio da movimentada avenida, o motorista apertou a buzina com força, pôs a cabeça para fora da janela do carro e xingou Adam, chamando-o de maluco suicida.
  Mas ele não se importou. Adam estava totalmente fora de si. Era como se estivesse entorpecido por algum

tipo de droga, andando a esmo pela rua e pensando em sua vida medíocre.

Ele estava nitidamente cansado. Além de perdido, sentia-se também derrotado, fracassado, nervoso e sem qualquer rumo na vida.

Com a respiração ofegante, Adam continuou caminhando, mas logo se desequilibrou e tropeçou na guia da calçada, caindo no chão com violência e esfolando o lado direito do rosto e também as palmas das mãos, como se alguém tivesse lhe dado um rasteira. De certa forma, fora exatamente isso que ocorrera, contudo, não fora alguém e sim a vida lhe dando uma bela rasteira.

Estirado no chão frio da calçada, Adam, nervoso, ofegante, arrastou-se até uma parede ao lado de uma pequena loja de doces e com dificuldade sentou-se encolhendo os joelhos. Por alguns segundos, ele ficou observando a sujeira sendo dragada por um bueiro logo à sua frente.

Naquele momento, Adam sentiu que o mundo inteiro estava contra ele. Além da sensação de total rejeição, ele passou a sentir algo mais forte: a vida esvaindo-se de si como se nada mais fizesse sentido.

Era um vazio sem explicação que lhe dizia: "Tudo o que você construiu na vida, tudo o que criou, todo o tempo em que trabalhou está indo pelo ralo como se fosse um monte de lixo. É tudo descartável, inútil e imprestável. Nada do que fez durante a vida tem serventia agora".

Como se fosse um mendigo sentado na beira da calçada, Adam começou a refletir e perceber que tudo aquilo que pensava possuir — carreira, conhecimento, trabalho, esposa, dinheiro e reconhecimento — no fundo não era nada, simplesmente nada perante a fragilidade da vã e passageira vida. De repente, ele teve alguns instantes de lucidez e compreendeu que dinheiro, posses, bens e poder seriam capazes de substituir a enorme vontade de ter sua saúde de volta.

Foi como um choque de realidade para Adam. Ele, no entanto, não teve muito tempo para refletir sobre sua real situação, pois, enquanto tentava levantar-se e recompor-se, algo aconteceu. Ainda encostado na parede, ele viu uma cena que o deixou intrigado e visivelmente apreensivo. Era nada mais, nada menos que a mesma van preta com vidros insulfinados que parara em frente ao seu edifício na semana anterior. Ela estava estacionada do outro lado da rua, a menos de vinte metros de distância.

— Que droga! — ele exclamou. — Que diabos é isso, afinal? Quem está me seguindo?

Louco para ir até o carro e arrebentar o vidro para ver quem estava lá dentro, Adam tentou levantar-se, mas, assim que encostou no chão gelado da calçada com as palmas das mãos machucadas, sentiu a pele arder. Com dificuldade, ele levantou-se e atravessou a rua na direção da van, pronto para descobrir de uma vez por todas quem o estava seguindo. Por sorte, nenhum carro foi ao seu encontro.

Com o semblante enraivecido, Adam aproximou-se da van e sem hesitar tentou abrir a porta do veículo. As maçanetas e os vidros, contudo, estavam completamente fechados, o que tornava impossível ver o que havia dentro do veículo.

Muito contrariado e gritando de raiva, Adam começou a socar o vidro com força e a chutar a lataria da van. De repente, todas as pessoas que estavam na rua pararam para ver o que estava acontecendo.

Enraivecido, ele gritava:

— Saia de dentro desse carro agora mesmo, seu idiota! Não tenho medo de você, saia agora. Por que está me seguindo? Quem o mandou me seguir? Vamos! Saia de dentro desse carro e fale alguma coisa, seu covarde!

Apesar da força dos golpes e dos gritos, ninguém saiu do carro. Adam, então, foi até o capô e começou a bater nele com força.

Num breve instante, quando olhou através do vidro dianteiro espelhado, Adam percebeu que não havia somente uma pessoa dentro do carro, mas sim quatro. O motorista parecia estar vestindo um terno preto e gravata, o que demonstrava que ele trabalhava para pessoas da alta sociedade. Adam fez uma nova tentativa, mas só conseguiu ver os vultos das três pessoas que estavam sentadas uma do lado da outra no automóvel.

Ao ver que Adam estava fora de si, o motorista reagiu acelerando o motor e mantendo as rodas freadas para forçar a queima dos pneus no asfalto. Em um ímpeto de sobrevivência, Adam afastou-se com medo de ser atropelado. Sem hesitar, o motorista saiu pela rua cantando os pneus e deixando-o para trás.

Enraivecido, Adam seguiu perambulando na direção da Broadway Avenue. Parecia que algo o puxava para lá, como se ele estivesse hipnotizado. Quase alucinado e totalmente desorientado com o ocorrido, ele foi caminhando sem se dar conta do destino para onde estava indo.

As ideias de Adam não tinham coerência, e tudo parecia girar. Algumas pessoas na rua iam ao seu encontro, mas, assim que se aproximavam, Adam via seus rostos deformados. Elas perguntavam se ele precisava de ajuda, e suas vozes se misturavam com outros sons, como se fossem notas musicais. Notas musicais com cores, que se moviam acima de suas cabeças. As cores iam do laranja ao verde-limão e em seguida se transformavam em tons de cinza que chegavam ao negro. Tudo parecia estranho e sem sentido. Era como se Adam estivesse vivendo um pesadelo acordado.

Seriam os sintomas do câncer? Certamente não. Estaria ele intoxicado por algum medicamento? Certamente não. Estaria ele então sendo impedido de prosseguir para não encontrar a pessoa que estava determinada a cruzar seu caminho? Certamente sim.

Capítulo 14

Miss Sun

Suando frio, Adam avistou uma aglomeração de pessoas a menos de trinta metros de distância e decidiu ir até a esquina entre a 81st St. e a Broadway Avenue. Embora não soubesse que força era aquela que o puxava em direção àquelas pessoas, Adam estava decidido a ir em frente.

Adam caminhou pela 81st St. a passos lentos e, ao atravessar a calçada, deparou-se com um velho mendigo de cabelos longos e brancos, jogando farelo de milho para um bando de pombas que havia por ali. Ele parou em frente ao homem, tentando entender como alguém sujo e miserável poderia estar tão feliz e sorrindo sem nenhum motivo aparente. Ao perceber a presença de Adam, ele ficou incomodado e parou de jogar milho às pombas. O velho homem fixou os olhos de Adam e perguntou:

— O que foi, rapaz? O que está olhando? Nunca viu alguém feliz?

Adam não respondeu e ficou estático, apenas olhando para o semblante do homem que se transformou em segundos. Ele não se intimidou e continuou atacando Adam verbalmente:

— Sabe qual é o problema? Vocês, riquinhos de Manhattan, não sabem nada sobre a vida! Esse é o problema! Quando vocês se sentem perdidos e ficam sem dinheiro, perdem completamente o rumo da vida e se desesperam. Para mim, vocês são apenas adultos mimados, crianças crescidas que ainda precisam de apartamentos bem aquecidos e leite quentinho para viverem. Hei, cara! Quer saber o que é vida dura de verdade? Quer mesmo saber? Então, venha viver minha vida e pare de reclamar um pouco da sua. Está entendendo, *playboy* mimado de Wall Street?

Adam ficou surpreso com as palavras do mendigo, mas preferiu não revidar. Ele viu que ao lado do velho havia um amontoado de cobertores e algumas caixas de papelão encostadas na parede. Certamente era onde ele morava.

Ele resolveu seguir adiante, pois percebera que estava entrando em um ambiente hostil, em um bairro diferente daquele em que estava acostumado a viver.

O velho ficou para trás, mas continuou atacando Adam pelas costas. Ele gritava bem alto:

— Vá cuidar de sua droga de vida, cara! Um dia, você conhecerá a realidade e as dores do mundo. Você não sabe nada sobre a vida. Pensa que sabe, mas não sabe. Vá embora e me deixe em paz!

Adam seguiu de cabeça baixa em sinal de respeito até chegar ao aglomerado de pessoas na esquina da Broadway Avenue. Ele não sabia o que elas estavam fazendo, porém, uma voz interna lhe dizia para ir até lá. Talvez entre aquelas pessoas alguém pudesse ajudá-lo. Mas quem? Quem poderia ajudá-lo naquele momento, se nem mesmo o doutor Moore, com todo seu conhecimento de medicina, fora capaz de ajudá-lo?

Assim que dobrou a esquina, Adam se decepcionou com o que viu. O aglomerado na verdade era uma fila de quase trinta pessoas ou mais, esperando ansiosas para comprar um mísero saco de pipocas.

— Pipocas?! — ele exclamou. — Que droga! Devo estar ficando maluco mesmo. O que estou fazendo aqui, afinal?

Adam estava ardendo em febre, e suas entranhas pareciam suplicar por qualquer ajuda.

A primeira reação de Adam ao ver aquela fila foi dar meia-volta e acenar para qualquer taxista que passasse para levá-lo embora para casa. Mas uma voz interna, uma intuição muito forte continuava lhe dizendo: "Não vá embora, Adam. Fique na fila e compre um saco de pipocas. Já que você está prestes a morrer, tente aproveitar um pouco mais sua vida. Tenha calma. Entre na fila e aguarde sua vez".

Adam acalmou-se e decidiu entrar na fila. Inquieto, ele tentava ver quem estava preparando aquelas pipocas de aroma irresistível.

De repente, Adam assustou-se ao notar que se tratavam do mesmo carrinho de pipocas que estava estacionado na Times Square semanas antes e da mesma senhora que cobria as pipocas com um delicioso caramelo. Intrigado, Adam arregalou os olhos e sussurrou para si mesmo:

— O que é isso, afinal? Quem é essa senhora? Por que tenho de ficar nesta fila? Não quero comer pipocas, ainda mais pipocas doces.

Ele ergueu a cabeça e olhou para o letreiro posicionado acima do carrinho, que dizia: "Pipocas Miss Sun. Adoce sua vida".

Ao ler o letreiro, Adam sorriu. Na verdade, aquela frase lhe soou como uma provocação.

Estranhamente, depois que Adam entrou na fila, nenhuma pessoa entrou atrás dele. No entanto, mesmo incomodado, ele continuou onde estava.

De repente, Adam sentiu-se bem melhor e mais calmo. As vertigens pararam, e as alucinações também.

Quase chegando a sua vez de ser atendido, Adam começou a reparar nos trejeitos da pipoqueira. Ela enchia os sacos com pipocas, despejava um pouco de caramelo nelas e depois as entregava às pessoas. O mais intrigante em seu ritual era a forma como finalizava a venda. Depois de entregar o saco de pipocas aos clientes, a mulher os abraçava e sussurrava alguma coisa em seus ouvidos. Não importava se era idoso, jovem ou criança.

Adam queria saber mais sobre aquela senhora e sobre o que ela dizia às pessoas.

Finalmente, chegou a sua vez de ser atendido, e Adam pediu:

— Por favor, eu quero uma pipoca de tamanho médio.

— Sim, moço. Só um minuto, por favor.

Adam não podia perder a oportunidade de perguntar:

— Desculpe, mas posso lhe fazer uma pergunta, senhora?

— Claro que sim — o sotaque da mulher era diferente. Parecia chinês, mas não era. Na verdade, era um sotaque nepalês.

— O que a senhora costuma dizer às pessoas depois que lhes entrega o saco de pipocas?

— Para cada pessoa eu digo uma coisa específica, mas, no geral, sempre agradeço a elas, pois para mim a coisa mais importante da vida é a gratidão.

— Interessante!

— Moço, você sabia que por meio da gratidão, do amor e do perdão conseguimos tudo na vida?

Adam não respondeu e continuou aguardando seu saco de pipocas.

— Pronto, moço, aqui está. Pipocas cheias de caramelo para adoçar um pouco sua vida.

Adam segurou o saco de pipocas e olhou para a senhora.

— Sabe, moço, o ser humano é muito estranho. Ele só dá o devido valor à saúde quando não mais a tem mais, não é?

Adam assustou-se com o que aquela senhora acabara de dizer, pois parecia que ela sabia exatamente o que estava falando.

— Por que a senhora está dizendo isso justamente para mim?

— Porque você está doente.

— Como a senhora sabe que estou doente?

— Seus olhos me disseram. Você está muito doente e se sentindo rejeitado pelo mundo. Não é verdade?

Adam olhou para os lados, mas não viu ninguém ao redor.

— Não se preocupe, moço. Não tem ninguém por perto, todos se foram. Eu costumo ter o controle das pessoas que vêm até mim. Como pode notar, você entrou na fila e logo depois pedi para ninguém mais se aproximar.

— Oh, meu Deus! Não vai me dizer que também possui um dom?

— Sim, eu possuo. Como sabe disso?

— Não sei de nada, mas ultimamente tenho encontrado algumas pessoas que dizem ter dons. Isso é muito estranho. Outro dia, conheci uma menina que dizia ter o dom de ver o futuro. A senhora acredita nisso?

— Uma menina loura de aproximadamente dez anos de idade?

— Sim, isso mesmo, uma menina linda. A senhora sabe quem é?

— Eu a conheço. O nome dela é Annie. Essa menina vem sempre aqui com o pai para comprar pipocas. Eles são muito queridos. Adoro a família do senhor Watson.

— Watson? Esse é o nome do pai dela?

— Sim, eles estão sempre por aqui.

— Que coincidência! É incrível conhecer a mesma pessoa no meio de milhões em Nova Iorque.

— Não é coincidência, moço. Isso se chama sincronicidade.

— Sincronicidade?

— Sim, nunca ouviu falar sobre isso?

— Não.

— Então, está na hora de conhecer um pouco mais sobre a magia do mundo. Infelizmente, você é igual a todos os outros.

— Outros? De quem a senhora está falando?

— Dos ocidentais. Infelizmente, vocês, os ocidentais, só acreditam naquilo que seus olhos podem ver. Vocês não creem em mais nada além do mundo físico. São muito inteligentes para algumas coisas, mas para outras são tão primitivos.

— Sobre o que a senhora está falando? Desculpe, não estou entendendo!

— Estou falando sobre os conhecimentos perdidos do Oriente e da magia que envolve este mundo.

— Não sei do que a senhora está falando.

— Eu sei que não sabe. Por isso, você veio até aqui hoje, para descobrir o que ainda está encoberto.

— Descobrir o quê? Está me dizendo que...

Adam não conseguiu completar a frase, mas Miss Sun fez isso para ele:

— Sei o que você ia dizer, moço. Você ia menosprezar meus conhecimentos e dizer que é um completo absurdo uma pipoqueira como eu querer lhe ensinar alguma coisa, não é?

Adam ficou sem jeito, mas respondeu:

— Sim, era exatamente isso que eu estava pensando.

— Então, aprenda uma coisa, moço... Coloque o saco de pipocas sobre o carrinho e se aproxime um pouco mais de mim.

Adam fez o que a senhora pediu e ficou parado bem na frente dela. Miss Sun tinha no máximo 1,60 metro de altura, e Adam 1,84 metro.

Ela se aproximou, segurou as mãos de Adam e depois o abraçou com força. Adam não conseguia compreender o que estava acontecendo.

Enquanto Miss Sun o abraçava, seus olhos ficavam marejados de emoção. Era como se aquela senhora tivesse uma espécie de dom de cura, uma energia incrível que envolvia seus braços e seu corpo. Durante alguns instantes, ela o manteve protegido entre seus braços. Adam sentiu uma energia de puro amor envolvendo-o e emocionou-se em silêncio entre os braços daquela senhora de feição meiga e com aproximadamente setenta anos de idade.

De repente, Miss Sun foi afrouxando o abraço lentamente e fixou os olhos de Adam, que exclamou:

— Meu Deus! O que é isso, senhora?

— Sabe o que está sentindo, moço?

— Não, mas posso dizer que é muito bom. Estou me sentindo vivo, leve e vibrante. O que é isso?

— Essa é a energia que as pessoas se esqueceram de usar, moço. É a magnânima energia do amor, a mais poderosa do mundo.

Adam sentiu-se ainda melhor.

— Desculpe, mas como a senhora se chama?

— Meu nome é Miss Sun.

— De onde a senhora é?

— Do Nepal. Vim para a América na década de 1970 para encontrar uma pessoa e ajudar minha filha a completar seus estudos.

— Eu sabia que a senhora era de algum lugar muito longe, mas nunca poderia imaginar que era de tão longe. De que lugar do Nepal a senhora vem?

— Do Himalaia. Eu nasci aos pés das montanhas sagradas. Deixei mais três filhos lá. O mais velho tem cinquenta anos de idade.

— Não tem vontade de voltar para casa?

— Vontade eu tenho, mas estou feliz aqui. Não posso reclamar, só posso agradecer. Esse é o nosso lema! Gratidão sempre.

— Que incrível! Desculpe perguntar, mas o que a senhora fez enquanto me abraçava?

— Apenas imaginei seu semblante sorrindo e as montanhas sagradas abençoando-o, só isso. Emanei energia de amor ao seu coração sofrido e um pouco de bem-estar para suas células. Foi isso que fiz. Suas células estavam sedentas por carinho e amor. Só lhes dei o que elas estavam querendo.

— Incrível! Estou sentindo como se estivesse eletrizado.

— É seu corpo vibrando de alegria e agradecendo em silêncio.

— Estou perdido. Será que a senhora poderia me ajudar?

— Sim, eu posso. Afinal, você veio até aqui para isso.

— Como sabe que estou à procura de ajuda?

— Não faça tantas perguntas. Preocupe-se somente com as respostas.

— A senhora tem as respostas de que preciso?

— Não serei a responsável por trazê-las a você.

— Quem as trará?

— Talvez meu filho possa ajudá-lo.

— Seu filho? Onde ele está?

— No Nepal.

— No Nepal? Mas não tenho muito tempo! Estou com câncer e fui diagnosticado com...

Miss Sun interrompeu Adam, enquanto juntava as coisas para fechar a barraca de pipocas:

— Não precisa dizer nada, moço. Já sei qual é o seu problema. Quando o abracei, acessei todos os seus registros.

— Que registros? Os exames não estão comigo. Eu os deixei no consultório do doutor Moore.

Miss Sun sorriu:

— Não estou falando sobre esses registros, mas sobre os registros Akáshicos, que estão guardados em Shamballa, o mundo oculto de Amém. É nesse local que os guardiões do mundo preservam aquilo que é desconhecido aos homens. Os exames médicos são os registros conhecidos, porém, estou falando sobre os registros desconhecidos. Sabe o que é isso?

— Não, nunca ouvi falar sobre isso.

— Pois bem... Então, a partir de hoje, você começará uma nova vida. Você não me conhece e nunca me viu, mas posso lhe afirmar que estou aqui na sua frente para lhe dizer uma coisa.

— O quê?

— Estou aqui para lhe dizer que chegou a hora de você partir.

— Partir? Partir para onde?

— É hora de deixar o mundo para trás e ir embora.

— Como assim ir embora?

— Ir embora dos Estados Unidos.

— Na verdade eu quero muito deixar essa vida maluca de Nova Iorque, mas como posso fazer isso? Para onde irei? Estou perdido, não tenho mais ninguém, estou sozinho no mundo e o pouco dinheiro que tenho guardado não é o suficiente para muito tempo.

— Preste atenção, moço... O dinheiro e o tempo que você possui são suficientes para tudo o que você precisa. O universo não dá nada além do que precisamos, portanto, essa não deve ser sua preocupação neste momento. Apenas confie e siga adiante.

— O que devo fazer, então?

— Você precisa descansar, partir e não desistir.

— O que a senhora disse?

— Exatamente o que você ouviu.

— Meu Deus! Foram exatamente as mesmas palavras que a menina Annie me disse na Times Square. É muita coincidência!

— Como lhe disse, não é coincidência, mas sim sincronicidade — Miss Sun tornou sorrindo.

— Sincronicidade? Vou pensar mais sobre isso.

— Não se preocupe. Você compreenderá melhor sobre a sincronicidade no futuro próximo.

— Tudo bem, senhora. Estou intrigado com tudo o que vem acontecendo na minha vida.

— Você quer saber o que deve fazer, não é?

— Sim.

— Quando você fará aniversário?

— Dia 24, completarei quarenta anos de idade.

— Isso é bom. Geralmente, é nessa idade que as pessoas recebem o grande chamado.

— Que chamado?

— O chamado espiritual.

— Como assim?

— Se quiser saber a resposta, vá até o Nepal e pergunte ao meu filho Sher-rap. Ele lhe dará muitas respostas. Sugiro que descanse por três dias e, no dia do seu aniversário de quarenta anos, parta rumo a Katmandu, no Nepal. Isso é o que deve fazer.

— O quê? Ir para o Nepal? Como?

— Vá ao Aeroporto John F. Kennedy e pegue o primeiro voo para Katmandu. Lá, você se encontrará com meu filho Sher-rap, um dos curandeiros mais poderosos do Nepal e exímio conhecedor dos segredos da vida e da morte. Ele vive num vilarejo chamado Namche Bazaar, aos pés do Himalaia.

— Ele estará me esperando em Katmandu?

— Não, ele não gosta muito da vida urbana. Ele o encontrará em outro lugar. Quando chegar ao Aeroporto Tenzing-Hillary, o aeroporto de Lukla[5], meu neto lhe recepcionará e o levará ao encontro de Sher-rap.

— A senhora está falando sério mesmo?

— Sim, quando chegar à capital do Nepal, Katmandu, pegue um voo secundário até Lukla. A pista é muito pequena e já ocorreram alguns acidentes por lá, mas fique tranquilo. Nada de ruim acontecerá com você.

— E o que devo fazer quando chegar a esse local?

---

[5] O aeroporto de Lukla é considerado o mais perigoso do mundo e fica no topo de uma grande montanha no Himalaia, a 3000 metros acima do nível do mar.

— Tensing Solu, meu neto, vai recepcioná-lo e resolver tudo.

— E depois?

— Daí em diante, sua vida estará nas mãos do meu filho.

— É só isso?

— Sim, é só isso. Não está bom?

— Mas e a cura? Que tipo de tratamento seu filho faz? Quanto isso vai me custar? Ele é um curandeiro?

Miss Sun sorriu ironicamente, enquanto apagava o fogo do tacho de caramelo.

— Vocês, os ocidentais, são cheios de preocupações. Esse é o problema. O pagamento você acerta com ele. Não se preocupe com isso agora.

— Mas preciso saber se terei dinheiro para pagá-lo.

— Terá o suficiente, acredite em mim. Nossa família é muito generosa, e você não terá problemas com isso.

— Mas não tenho muito tempo, Miss Sun! Segundo doutor Moore, só tenho dois meses de vida.

— Dois meses de vida se você ficar aqui nos Estados Unidos. Mas envolto pelas sagradas montanhas do Himalaia certamente sobrevirá por muito mais tempo.

— Assim espero.

— Não espere, confie. Como lhe disse, você não me conhece, mas posso lhe assegurar que minha família no Nepal o ajudará bastante.

De repente, uma linda música começou a ressoar do outro lado da avenida, e Adam olhou para ver quem estava tocando. Ele viu um senhor negro sentado no chão sobre um cobertor de lã, com um teclado digital antigo e uma caixa de som ao lado.

Miss Sun empurrou a gaveta do caixa e perguntou:

— Qual é o seu nome, moço?

— Eu me chamo Adam Stone.

— Adam de Adão e Stone de Pedra?

— Sim, senhora. Por que pergunta? Tem alguma coisa especial em meu nome?

— Não, é que não gosto de cobrar as pessoas sem saber o nome delas, só por isso. A pipoca custa um dólar, moço. Vou fechar o caixa e preciso receber.

— Ah sim, desculpe! Estava me esquecendo de pagar a pipoca. Aqui está. Um dólar.

Miss Sun pegou a moeda, guardou-a na gaveta e, em seguida, abraçou Adam dizendo em seu ouvido:

— Você não é especial, Adam, mas se tornará quando descobrir que não é. Entende o que estou dizendo?

Adam ficou pensativo e pareceu não ter compreendido.

Miss Sun afastou-se um pouco e em agradecimento abaixou a cabeça em reverência:

— Namastê!

Inconsciente, Adam também fez o mesmo gesto e repetiu a palavra:

— Namastê!

— Sabe o que significa essa palavra? — Miss Sun perguntou.

— Não, senhora. O que significa?

— Significa: "O Deus que habita no meu coração saúda o Deus que habita no seu coração".

— Nunca gostei muito de religiões, mas gostei dessa reverência. Namastê.

— Isso não é religião, é religação. Você compreenderá muitas coisas, quando chegar ao Nepal, a terra sagrada dos Budas.

— Mas lá há hospitais? Eu posso morrer se for pra lá!

— Você não está entendendo, Adam. Você vai morrer de qualquer forma um dia, seja aqui em Nova Iorque ou no Nepal. A diferença é que no Nepal você poderá encontrar respostas e nos Estados Unidos continuará vivendo envolto por perguntas.

— Droga! Mas não quero encontrar respostas! Apenas quero me curar. Não quero fazer turismo! Quero resolver meu problema.

— Se quiser resolver problemas, encontrará mais problemas. Se quiser encontrar soluções, encontrará soluções. Você precisa mudar o foco de sua atenção, entende?

— Entendo. Mas me diga uma coisa... Você viu alguma coisa diferente quando me abraçou?

— Sim, vi muitas coisas quando o abracei. Como lhe disse, acessei seus registros espirituais.

— O que a senhora viu?

— Quer mesmo saber?

— Sim, senhora. Preciso muito saber.

— Não vai ficar assustado se eu lhe disser?

— Nada mais me assusta, Miss Sun.

— Bem, eu vi sua morte.

— Minha morte? Droga! Então, por que eu preciso ir ao Nepal, se não tenho alternativa alguma?

— Você precisa deixar tudo para trás e enfrentar seu maior medo.

— Meu maior medo?

— Sim, a morte é seu maior medo. E ela vai se apresentar a você em breve. Você precisa, então, se preparar para enfrentá-la da melhor maneira possível.

— Por quê? Não faz sentido algum o que a senhora está dizendo!

— Desculpe, mas para mim o que não faz sentido é um homem chegar aos quarenta anos de idade sem ao menos descobrir o sentido da própria vida.

Adam calou-se, pois sabia que Miss Sun estava completamente certa.

— Moço, preste atenção. Se você não encontrar um sentido para sua vida, ela nunca fará sentido. É simples assim. Está na hora de sair e buscar o sentido de sua vida.

Todos que chegam aos quarenta anos recebem um chamado, cada um à sua maneira, mas todos são chamados.

— Por quê?

— Porque os quarenta anos trazem o arquétipo da metade da jornada. O intervalo do jogo. O tempo que a vida dá para as pessoas refletirem.

Adam ficou calado, e Miss Sun continuou:

— Você precisa vencer o medo da morte. E sabe por quê?

— Por quê?

— Porque quem tem medo de morrer também tem medo de viver. No fundo, você não tem medo de morrer, mas sim de viver. E para perder o medo da vida é preciso perder o medo da morte. É um imenso paradoxo, mas é exatamente assim que aprendemos durante as iniciações nas montanhas sagradas do Himalaia, no fabuloso templo de Tengboche[6].

— Você é um tipo de sacerdotisa? É isso que está me dizendo, Miss Sun?

— Mais ou menos. Meus filhos e eu fomos iniciados nas montanhas sagradas e temos acesso aos conhecimentos ocultos do mundo espiritual.

— Isso quer dizer que podem me curar, não é?

Miss Sun sorriu, fechou o carrinho de pipocas e não respondeu à pergunta. Em vez disso, ela olhou para o outro lado da avenida e acenou para o velho negro, que tocava o teclado sentado no chão gelado da calçada e parecia ser um homem muito simpático.

— Quem é ele, Miss Sun? — Adam perguntou.

---

6 O Mosteiro de Tengboche está localizado a 3.867 metros de altura no cume de uma montanha. A estrutura foi construída em 1923 e, em 1934, foi destruída por um terremoto. Após sua reconstrução, foi destruída novamente por um incêndio em 1989 e novamente reconstruída com o auxílio de voluntários locais e de ajuda financeira do exterior. Tengboche tem uma vista panorâmica das montanhas do Himalaia, incluindo os conhecidos picos de Tawesche, Everest, Nuptse, Lhotse, Ama Dablam e Thamserku.

— É o Mr. Brown. Somos amigos desde que cheguei aos Estados Unidos em 1973. Quando cheguei aqui, ele já trabalhava como músico de rua. É um dos maiores músicos que já conheci e toca piano como ninguém. Ele também tem um dom muito interessante.

— Dom? Que tipo de dom? Todos parecem ter dons por aqui!

— Vá até lá e converse um pouco com ele. Se tiver um tempinho, Mr. Brown lhe contará histórias incríveis do Mississippi e da Carolina do Norte, onde costumava tocar quando jovem.

— Quantos anos ele tem?

— Não sei. Mr. Brown não gosta muito de dizer sua idade, mas acredito que tenha uns oitenta anos ou mais.

— Nossa! Ele é bem velhinho.

— Olhe lá, ele está acenando.

Miss Sun fez um sinal, perguntando se poderia mandar Adam atravessar a rua. Imediatamente, Mr. Brown acenou com a cabeça dizendo que sim.

— Vá até lá e converse um pouco com Mr. Brown. Peça que toque alguma música para você. Quem sabe, assim, não acalme um pouco seu coração enrijecido.

— Obrigado pelas palavras, Miss Sun. Vou pensar sobre ir ao Nepal. Terça-feira é meu aniversário, e preciso voltar ao trabalho.

Brava com o que Adam acabara de dizer, Miss Sun fixou seus olhos:

— Garoto, está achando que tudo o que eu lhe disse foi brincadeira? Você não entendeu nada, não foi? Eu lhe disse que você precisa deixar este mundo o mais rápido possível. Se não quiser ir ao Nepal, não tem problema! Mas precisa ser firme e dizer agora mesmo que prefere aceitar sua doença e continuar nos Estados Unidos.

Adam assustou-se com o posicionamento de Miss Sun, que não se intimidou e finalizou:

— E então? Vai ao Nepal ou não?

Adam pensou durante alguns segundos, olhou para os lados e respondeu:

— Sim, irei, mas acho que o dinheiro que tenho é apenas suficiente para comprar a passagem de ida.

— É somente disso que você precisa no momento. De uma passagem de ida.

— Eu quero ir ao Nepal.

— Tem certeza disso? Posso confiar em sua palavra?

— Sim, senhora.

— Sendo assim, meu neto Tensing o estará esperando no aeroporto de Lukla na quarta-feira pela manhã. Combinado?

— Tudo bem, Miss Sun.

— Não estou brincando, moço.

Adam percebeu que Miss Sun realmente estava falando sério.

— Desculpe, Miss Sun, não quis ser mal-educado.

— Você não foi mal-educado; só precisa ser mais convicto. Compre a passagem hoje mesmo e deixe tudo para trás. Não fale com ninguém durante esses dias. Apenas entre no avião e vá.

— E quanto ao meu trabalho, meu chefe e à promoção que ele me prometeu?

— Fale com ele e peça demissão do trabalho. Sugiro que faça isso. Veja bem, Adam, não estou mandando você fazer nada, estou apenas sugerindo. A escolha final é sua.

— Farei isso, Miss Sun. É o que minha consciência está pedindo. Não quero mais viver neste mundo doentio.

— Se é isso que deseja, então faça.

— Quando nos veremos novamente?

— Não sei. Talvez não nos encontremos mais nesta vida. Isso dependerá das ordens que virão lá de cima.

— De onde? Dos céus?

— Não, de Shamballa, o reino das hierarquias espirituais que regem este mundo.

— Nossa! Não sei nada sobre isso.

— Não sabe, mas saberá. Bem, agora preciso ir embora para casa, pois tenho muitas roupas para lavar me esperando no tanque. Desejo-lhe sorte e tenho certeza de que você vai gostar muito do meu filho Sher-rap.

— Por que a senhora está fazendo isso por mim?

— Meu objetivo é ajudar as pessoas a realizarem seus sonhos. Graças a Deus, venho fazendo isso desde que realizei meu grande sonho. Agora, não penso somente em mim, penso no todo.

— Qual era seu grande sonho, Miss Sun?

— Não faz muito tempo que eu o realizei. Se tiver oportunidade, um dia eu lhe contarei como tudo aconteceu.

— Deve ser uma história incrível!

— Com certeza é!

— Foi um prazer conhecê-la. Obrigado, Miss Sun.

— Eu que lhe agradeço, Adam. Até logo. Vou para casa agora, pois o trabalho ainda não acabou.

Cabisbaixo e pensativo, Adam atravessou a avenida na direção de Mr. Brown, ainda intrigado por querer saber qual teria sido o grande sonho da vida da senhora Miss Sun.

Adam não sabia, mas a resposta seria revelada em breve de uma maneira completamente inesperada.

Capítulo 15

O pianista

— Boa tarde, senhor!
— Boa tarde, garoto!
— Muito bonita a música que o senhor está tocando!
— Obrigado. Não quer se sentar?
— Me sentar?
— Se não estiver com pressa, é claro! Vamos conversar um pouco.

Adam olhou para o outro lado da rua e viu Miss Sun indo embora na direção oposta, empurrando seu carrinho de pipocas com dificuldade, mas com o semblante feliz. Ele, então, resolveu sentar-se ao lado daquele senhor negro simpático, que aparentemente não tinha onde morar.

Adam não tinha nada melhor para fazer naquela tarde, a não ser voltar para casa e pensar em sua vida medíocre, então, a ideia de conversar com alguém desconhecido parecia ser uma boa opção naquele momento. Ele sentou-se, ajeitando-se ao lado de alguns cobertores velhos que estavam amontoados pelo chão.

— E então? Qual é sua história, garoto? — o velho músico perguntou.
— Minha história?

— Sim, sua história. De onde você vem? Quem é você e para onde está indo?

Adam sorriu, pois nunca ninguém lhe perguntara algo daquele tipo.

— Bem, vim do Canadá, sou operador na bolsa de valores e dentro de três dias embarcarei rumo ao Nepal. Acho que essa é a resposta.

— Muito bom! Vai conhecer a família da minha querida amiga Miss Sun?

— Acho que sim. Vocês se conhecem há muito tempo?

— Sim, nós nos conhecemos desde 1973, quando ela chegou a Nova Iorque com Miss Moon, sua filha pequena. Quando elas chegaram aqui, não tinham nada, nem mesmo o que comer ou onde morar. Miss Moon era apenas um bebê com apenas alguns meses de vida, e as duas passaram por muitas dificuldades na rua. Sofreram com muita fome, frio e muito descaso, mas hoje, graças a Deus, elas estão bem. Miss Moon é enfermeira e ganha o suficiente para viverem bem. Gosto muito delas! São mulheres muito fortes e amorosas.

— Quem as ajudou? O senhor?

— Não! Como poderia ajudá-las, se não consigo nem mesmo me ajudar? Foi um amigo que temos em comum quem as ajudou.

Mr. Brown levantou o cobertor e mostrou suas pernas finas sem movimentos. Ele era paraplégico.

— Meu Deus! — Adam exclamou. — Há quanto tempo o senhor está assim?

— Quando tinha doze anos de idade, sofri um acidente em uma estrada secundária no interior do Mississippi e desde então nunca mais andei. Fugi de casa aos quinze anos com a ajuda de um primo e nunca mais voltei para casa.

— Por que o senhor fugiu de casa?

— Eu queria descobrir o mundo em vez de ficar enterrado numa cama pelo resto de minha vida. Fiz uma escolha!

Se tivesse desistido de minha vida, certamente já estaria morto há muito tempo.

Aquela resposta certamente fez Adam pensar.

— Essa é minha vida, garoto. Sou um músico de rua desde que era um negrinho adolescente, entende? Não sei ganhar a vida de outra maneira.

— Deve ter sido horrível para o senhor, não foi?

— Horrível? Não! Foi lindo, garoto! Vivi mil anos!

— Mas e a deficiência física? Isso não atrapalhou o senhor?

— Muito pelo contrário, me ajudou. As mulheres tinham pena de mim, e eu não precisava fazer muito esforço para conquistá-las — Mr. Brown soltou uma risada alta, ao lembrar-se das peripécias e conquistas do passado.

— E hoje? Como o senhor está?

— Passei por muitas dificuldades, mas já superei tudo. Não guardo rancor de nada do passado, só penso no meu presente infinito.

— Alguém o ajudou quando o senhor chegou a Nova Iorque?

— Sim, um amigo que eu e Miss Sun temos em comum. Ele era um rapaz muito rico de Manhattan. Eu o conheci na primavera de 1972.

— O que aconteceu na primavera de 1972?

— Ele me deu um órgão de madeira de presente. Era uma época bem diferente desta, em que ainda existiam almas boas andando pela cidade.

— O senhor também acredita que as pessoas não são mais como antigamente?

— Sim. Quer saber a verdade, garoto? Para mim, as pessoas estão enlouquecendo e se esquecendo da coisa mais importante da vida. Não vejo mais amor e romantismo pairando no ar, entende? Só existe dinheiro e interesse, mais nada. As pessoas só pensam em dinheiro e se esqueceram completamente da essência humana. Infelizmente, o mundo não é mais o mesmo.

— Isso entristece muito o senhor?

— Muito mesmo. E olha que é difícil alguma coisa me deixar triste!

— Penso exatamente como o senhor. Mesmo não tendo vivido na mesma época, parece que temos os mesmos pensamentos.

— Você deve ser um garoto muito legal. Posso lhe dizer uma coisa?

— Pode.

— Uma energia de tristeza ronda sua alma.

Adam ficou calado.

— Não é verdade? — Mr. Brown perguntou.

— Sim, o senhor tem toda razão, mas não quero falar sobre isso agora.

— Tudo bem, não precisa dizer nada. Vou continuar falando sobre o que aconteceu com o órgão de madeira que ganhei de presente em 1972.

— Por favor, continue, senhor.

— Bem, depois de alguns anos, meu órgão de madeira infelizmente foi roubado, e eu fiquei furioso.

— Você foi assaltado?

— Não. Na verdade, perdi o órgão durante um jogo de pôquer no Bronx. Foi uma perda irreparável. Fiquei sem tocar por mais de um ano.

— O que aconteceu depois?

— Meu amigo não suportava passar por aqui e me ver encostado na parede, cabisbaixo, sem um instrumento nas mãos para tocar. Ele sabia que eu morreria sem a música em minha vida.

— Como assim?

— Eu não vivo sem música. A música é tudo para mim, é minha vida.

— Então, foi ele que lhe deu esse teclado?

— Sim. Como pode ver, é um teclado digital dos anos 1970. Um dos primeiros teclados digitais que foi lançado. Quando meu amigo me deu este órgão de presente, ele era novinho em folha. Todos paravam na rua para me ouvir tocar. No entanto, mais de quarenta anos depois, ele já está ultrapassado e velho, e o som não é mais o mesmo. Por causa da umidade e do frio, muitas teclas não funcionam mais, contudo, eu gosto dele e ainda consigo ganhar a vida com seu som.

— E onde está seu amigo? Já morreu?

— Não, ele está vivinho da Silva e sempre passeando por aí com a filha. Anos atrás, ele parou para conversar um pouco comigo e disse que me daria um piano de verdade de presente, mas infelizmente nunca cumpriu com sua promessa.

— Isso faz muito tempo?

— Acho que uns dez anos.

— Meu Deus! Faz muito tempo!

— Tem razão. Acho que ele está velho demais e não deve se lembrar da promessa que me fez.

— O que ele faz? É algum tipo de empresário?

— Não sei o que ele faz, só sei que ficou muito rico na década de 1980 com alguns investimentos em Wall Street.

— Ele deveria lhe dar um teclado novo, não acha?

— Acho que ele tem coisas mais importantes para resolver do que pensar num negro velho e abandonado como eu. É o que acho.

— Por que não cobra o que ele prometeu?

— Não gosto de cobrar as pessoas. Além disso, Watson é uma pessoa muito ocupada. Quer saber? Não me importo. Ainda posso sobreviver com meu velho teclado dos anos 1970.

— Qual é seu grande sonho, Mr. Brown? Ter um teclado novo? — Adam perguntou.

— Não, não gosto de teclados. Só uso esse, porque é o que tenho para o momento. Poucas pessoas sabem qual é meu grande sonho.

— Pode me dizer qual é? Juro que não contarei a ninguém.

Mr. Brown sorriu.

— Claro que pode saber, garoto. Meu grande sonho é ter um piano de cauda vermelho igual do Mr. Johnson do Mississippi.

— Quem é Mr. Johnson do Mississippi?

— Mr. Johnson foi o cara que me ensinou a tocar piano, quando fugi de casa para viver nas ruas. Foi ele quem me acolheu em sua casa e me ensinou a ganhar a vida em bares e boates na periferia de Memphis.

— Ele ainda está vivo?

— Não, Mr. Johnson morreu há muito tempo. Ele tinha um piano vermelho que fazia inveja a qualquer músico. O som desse instrumento era perfeito. Suas teclas eram de marfim.

— Verdade? Meu avô também era pianista. Já temos alguma coisa em comum, Mr. Brown. Gosto bastante de música.

— Que bom! Seu avô devia ser uma pessoa muito interessante.

— Era sim. Sinto muitas saudades dele.

— Sabe, garoto, meu grande sonho sempre foi encontrar o piano vermelho de Mr. Johnson. Aquele cara era demais, foi como um pai para mim. Ensinou-me tudo que sei, desde conquistar as mulheres mais charmosas do sul dos Estados Unidos até ganhar dinheiro, me divertir e usar drogas.

— Drogas?

— Sim, não preciso mentir para você, garoto. Éramos viciados em heroína e bebíamos bastante, mas não era como hoje. Antigamente, nós usávamos drogas para cantar, tocar e namorar. Era maravilhoso e normal naquela época. Como lhe disse, era um mundo totalmente diferente de hoje.

Adam olhou com estranheza para Mr. Brown.

— Não me olhe assim, garoto. Minha vida foi maravilhosa. Não me arrependo de nada do que fiz.

— Desculpe, senhor, não tenho preconceito.

— Não se preocupe, pois hoje não faço mais essas coisas. Sou um homem limpo e não tenho mais saúde para as drogas e bebidas. Hoje, eu preencho meus vazios com a música. A música é minha droga.

Mr. Brown disse aquilo com o semblante sério, mas logo soltou uma gargalhada alta e gostosa para quebrar o clima.

Adam tentou captar mais alguma informação do músico:

— O senhor acredita que um dia conseguirá realizar seu grande sonho, Mr. Brown?

— Bem, eu não tenho dinheiro para comprar nem mesmo um mísero teclado de plástico chinês, desses que vendem por aí nas lojas. Além disso, não tenho como saber se o piano do Mr. Johnson ainda existe. Infelizmente, ele não se transformou num artista famoso como Ray Charles e tantos outros, então, é muito difícil encontrar uma coisa dessas por aí.

— Que pena! — Adam exclamou ajeitando-se entre os cobertores para proteger-se do frio.

— Está com frio, garoto? — Mr. Brown perguntou.

— Sim, um pouco. Venta muito por aqui, não é?

— Sim, venta muito. É difícil suportar o inverno nas ruas. Já vi muitos amigos morrendo de frio por aqui, quando a neve chegava e encobria tudo.

— Meu Deus! Não deve ser uma vida muito fácil! O senhor não tem casa?

— Não, sou um homem sem teto. Não tenho casa e vivo nas ruas.

— Já pensou em desistir de tudo?

— Já, quando era mais jovem. Agora não penso mais nisso. Depois de velho, perto da morte, não existe nada que me faça desistir. Aprendi uma coisa e depois disso nada mais pode me derrubar. Sabe o que aprendi?

— O quê?

— A ter fé, garoto.

— Fé?

— Sim, a fé está sempre rindo pra mim. Todos os dias, ela sorri para mim, e eu sorrio para ela.

— Sorri pra você? Como assim?

— Veja você mesmo.

Adam não sabia, mas, além de ser um homem talentoso e inteligente, Mr. Brown costumava ser muito brincalhão com as pessoas. Seu semblante sério e austero era somente uma máscara, um escudo que ele usava para se proteger dos males das ruas. Mr. Brown considerava-se um homem feliz e gostava de gargalhar e brincar com as dificuldades da vida.

Ele virou o corpo, pegou uma latinha de metal enferrujada e decorada com pinturas infantis, que guardava embaixo dos cobertores, e a entregou para Adam:

— Tome. Segure essa lata, garoto.

Adam fez o que Mr. Brown pedira e segurou a lata. Curioso, ele começou a girá-la admirando os desenhos ao seu redor. De repente, parou ao perceber que havia algo escrito em meio aos desenhos. Estava escrito *Faith*.

— Fé? Está escrito fé aqui, Mr. Brown.

— Exatamente. Você sabe o que é fé, garoto?

— Para falar a verdade, não.

— Então abra a lata e veja.

Adam tentou abrir a lata, mas a tampa parecia enferrujada.

— Gire com força, rapaz! Se você não tem força para abrir uma droga de lata, como terá força para ter fé?

Adam conseguiu abrir a lata e deu um pulo para trás assustado, enquanto Mr. Brown caía na maior gargalhada ao ver a bruxa com molas saltando para fora com uma risadinha sarcástica. Ela carregava uma pequena placa pendurada em seu pescoço que dizia: "A fé sempre ri do impossível".

— Droga, Brown! Você faz isso com todo mundo? Eu me assustei! — Adam reclamou.

— Não, eu só faço isso com as pessoas que não têm fé — Mr. Brown respondeu e continuou rindo.

— É dessa maneira que você vê a fé? — Adam perguntou.

— Sim, minha fé está sempre rindo do impossível, assim como essa bruxinha em suas mãos!

— Por quê? Não entendi, Mr. Brown.

— Desculpe a brincadeira, garoto, mas foi divertido ver sua cara! Sei que um dia conseguirei realizar meu grande sonho. Tenho certeza disso e não duvido de minha fé. Tenho certeza de que a vida um dia me trará o piano de Mr. Johnson. Pode acreditar, garoto! Um dia, isso vai acontecer.

— Gostaria de ter essa mesma convicção, senhor. É admirável.

Mr. Brown ficou calado e não respondeu. Ele retirou o cobertor que cobria seu teclado e o ligou, demonstrando que estava pronto para começar a tocar.

— O que está fazendo, Mr. Brown?

— Vou tocar uma canção para você. Apenas ouça, garoto.

— Tudo bem — Adam respondeu olhando para os lados e percebeu que estava em meio a dezenas de pessoas que iam e vinham pela avenida movimentada.

Sentado no chão, Adam sentia que a qualquer momento poderia ser pisoteado. A sensação de aglomeração das pessoas não lhe era muito boa. Mr. Brown, pelo contrário, não se incomodava com a multidão, pois já estava acostumado com seu *habitat*.

Mr. Brown começou a dedilhar algumas teclas, e Adam logo entendeu qual era o dom daquele homem: tocar a alma das pessoas por meio das notas musicais. A melodia era extremamente envolvente e muito parecida com a música que o pianista da Times Square tocara semanas antes. Era tão emocionante e comovente que Adam fechou os olhos, dobrou as pernas e relaxou completamente.

As pessoas começaram a aproximar-se, assim que ouviram Mr. Brown tocando. Adam, por sua vez, ficou imaginando como seria se o novo amigo estivesse sentado num piano de verdade em vez de tocando um teclado velho e quebrado como aquele.

Não demorou e logo os transeuntes começaram a jogar moedas dentro de um pequeno chapéu de palha do Mississippi, que Mr. Brown costumava deixar no chão do seu lado direito.

Foram quase cinco minutos de pura emoção para Adam.

Mr. Brown terminou sua modesta apresentação, agradeceu os aplausos às pessoas que estavam ao redor e em seguida olhou para Adam:

— E então, garoto? Gostou?

— Estou sem palavras, Mr. Brown. Que música linda! O senhor é um músico de verdade. Nunca vi ninguém tocar dessa maneira. Não era para estar nas ruas. O senhor deveria ser um artista famoso, uma celebridade, sabia?

— Eu sei disso, garoto, mas a vida não quis assim. Não tenho rancor. Estou em paz comigo.

— É uma pena. Estou com uma dúvida.

— Qual?

— Por acaso era o senhor quem estava tocando piano alguns dias atrás na Times Square?

— Sim, era eu mesmo, garoto! Você estava lá?

— Sim, eu estava sentado na escadaria e ouvi o senhor tocar uma linda melodia.

— Fui convidado para um evento. Às vezes, as pessoas me convidam. Não fui totalmente esquecido ainda — ele respondeu sorrindo. — E pare de me chamar de senhor, Adam!

— Desculpe, Mr. Brown. Você deveria ser um milionário em vez de estar vivendo pelas ruas sem uma casa para morar. Não consigo entender isso. Juro que não consigo. Fico indignado com essas coisas!

— Não se preocupe comigo. Eu estou em paz comigo mesmo. Amo minha vida do jeito que ela é.

— Tudo bem, mas que é uma pena, isso é.

— Em que você pensava, enquanto eu tocava a música, garoto?

— Em que eu pensava?

— Sim, em que você pensava? Vi que estava com os olhos fechados, enquanto eu tocava.

— Me lembrei do meu irmão Damien e da montanha que subíamos para brincar, quando éramos crianças. É sempre esse o pensamento que vem à minha mente. Não sei o que é isso.

— Só isso?

— Sim.

— Sabe o que é isso, garoto?

— Não, o que é?

— Isso se chama fé. É isso que faz as pessoas continuarem vivendo.

— Fé? Como assim?

— Não percebe que essa é sua fonte de fé? A vontade de estar ao lado do seu irmão? Não compreende isso?

Adam apenas acenou com a cabeça positivamente e encolheu os lábios emocionado:

— Você tem razão, Mr. Brown. É isso que me mantém vivo. Mas não é estranho? Não parece loucura alguém querer estar junto de uma pessoa que já morreu?

— O Nepal vai responder a essa questão, garoto. Foi por isso que você se encontrou com Miss Sun e ela lhe pediu para viajar até lá. Ela é uma profunda conhecedora dos segredos da vida e da morte. Confie em Miss Sun.

— Será que devo confiar nela e no filho dela, no tal de Sher-rap?

221

— Sim, vá em frente e não tema o desconhecido.

— Você também é uma pessoa completamente desconhecida para mim, Mr. Brown.

— Sente medo de mim?

— Não. Parece que nos conhecemos há muito tempo. Não sei explicar.

— A vida não é tão racional quanto parece. Quer uma sugestão?

— Sim.

— Sugiro que deixe o universo tomar conta de sua vida. Faça isso. Esqueça tudo e deixe o mundo para trás. Tudo! Está entendendo!

— Farei isso, Mr. Brown. Obrigado pela música. Você me fez esquecer um pouco os problemas que venho enfrentando ultimamente.

— Então, faça o seguinte: sorria um pouco mais, pois a vida é curta para que a desperdicemos com mau humor e sofrimento. Como sempre digo, a fé ri do impossível, mesmo que o impossível pareça impossível. Sorria, pois a vida é para ser vivida. Nunca se esqueça disso.

— O senhor é religioso, Mr. Brown?

— Não, eu não tenho religião. Minha religião é a música e é por meio dela que me conecto com Deus. Não tenho intermediários. Meu templo é a rua.

— Então, quer dizer que o senhor acredita em Deus?

— Não, é Ele quem acredita em mim.

Adam sorriu e levantou-se do chão gelado.

— Adorei conhecê-lo, Mr. Brown, mas preciso ir agora. Está esfriando demais, e não posso tomar esse vento gelado na garganta.

— Foi um prazer conhecê-lo, garoto.

Adam esticou o braço e apertou a mão de Mr. Brown:

— Espero encontrá-lo novamente por aí.

— Não se preocupe. O universo providenciará nosso próximo encontro. Pode acreditar nisso. Minha intuição diz que não vai demorar muito.

— Que Deus o ouça, Mr. Brown!

— Ele me ouve todos os dias! Deus adora minhas músicas e está sempre ao meu lado, me ajudando a compor lindas melodias!

— Até logo, Mr. Brown.

— Até logo, garoto. A propósito, qual é o seu nome mesmo?

— Meu nome é Adam Stone.

— Foi um prazer conhecê-lo, Adam. Até logo.

— Até logo.

Adam acenou para o primeiro táxi que passou na avenida e abriu a porta com pressa para fugir do vento frio que soprava do sul de Manhattan.

— Por favor, deixe-me na próxima estação do metrô.

— Sim, senhor.

Antes de o taxista acelerar o carro, Adam olhou pela janela e viu Mr. Brown balançando a mão, demonstrando que queria lhe dizer mais alguma coisa.

— Taxista, espere um pouco — Adam abriu a janela.

— O que foi, Mr. Brown?

— Hei, garoto! As coisas que mais esperamos que aconteçam em nossas vidas sempre acontecem quando menos esperamos! Sabia disso?

Adam sorriu:

— Você é um cara muito legal, Mr. Brown. Adorei conhecê-lo.

— Eu sei que sou um cara legal. Ah! Tem outra coisa...

Adam tentou fechar a janela do táxi, mas Mr. Brown continuou:

— Não feche a janela, garoto. Não se esqueça disso aqui também. Olhe só! — Mr. Brown levantou a latinha com a bruxinha de molas pendurada e caiu em uma gargalhada ao gritar a frase no meio da rua: — A fé sempre ri do

223

impossível. Nunca se esqueça disso! Nunca! Boa viagem. Vá com Deus, garoto!

Adam também caiu na gargalhada e fechou a janela do carro, dando sinal para o taxista seguir adiante.

Aquela tarde estranha e supostamente amaldiçoada para Adam terminara com gargalhadas e riso ao lado de uma pessoa que ele jamais imaginaria conhecer na vida.

Em frente à estação do metrô, Adam desceu do táxi convicto do que faria a partir daquele dia. Conforme a sugestão de Miss Sun e o apoio do pianista Mr. Brown, duas pessoas completamente desconhecidas, ele estava prestes a deixar o mundo para trás e seguir rumo ao Nepal, onde se encontraria com Sher-rap, um suposto curandeiro também completamente desconhecido.

Adam partiria no dia do seu aniversário, sem avisar a ninguém, nem mesmo a seu amigo Franco. A única pessoa que ele encontraria no sábado, antes de viajar, seria seu chefe, pois precisava pedir demissão e colocar seu futuro cargo de gerência à disposição.

Sem mais detalhes, foi exatamente isso que Adam fez. Mesmo duvidando de sua coragem, ele parecia pronto para seguir adiante com aquela ideia aparentemente maluca e irresponsável.

Capítulo 16

Aeroporto John F. Kennedy

Terça-feira, dia 24 de fevereiro. Adam estava no saguão do Aeroporto John F. Kennedy, exatamente no dia do seu aniversário de quarenta anos, sozinho e pronto para embarcar rumo ao Oriente.

Tudo aquilo parecia loucura, mas a vida certamente estava tirando-o do lugar comum para mostrar a Adam alguma coisa do outro lado do mundo. Mas o quê? Seria sua cura? Seria a busca de um milagre? Será que existiam curandeiros extraordinários escondidos entre as montanhas sagradas do Himalaia?

Era tudo um grande mistério para Adam. Na verdade, nada parecia ter uma lógica, pelo contrário. Em apenas duas semanas, a vida de Adam virara completamente do avesso, como se um tsunami tivesse avançado sem lhe dar qualquer alternativa. Ele estava no saguão do aeroporto principal de Nova Iorque, aguardando um voo somente de ida rumo a Katmandu, sem saber se voltaria para casa outra vez.

Embora Adam estivesse apavorado com sua decisão, a cura era sua meta. O desespero de morrer em dois meses levou-o a seguir os conselhos de uma pipoqueira e de um pianista paraplégico e morador de rua. Ele estava confiando sua vida a Sher-rap, filho de Miss Sun. Como seria possível uma pessoa culta e inteligente confiar em pessoas completamente desconhecidas?

Sim, eram pessoas completamente desconhecidas, mas que mudariam completamente sua vida a partir daquele dia.

A jornada rumo ao Nepal tinha como objetivo a cura, mas a viagem também poderia transformar-se numa jornada de reencontro e revelação. Era uma incógnita para Adam, contudo, o medo de morrer era maior que seus questionamentos. Mesmo não sabendo o que encontraria ao chegar a seu destino, ele seguiu em frente.

O saldo em seu cartão de crédito fora apenas suficiente para comprar uma passagem. Agora, ele estava apenas com uma mochila nas costas, algumas trocas de roupas e as últimas economias que conseguira guardar em casa, aproximadamente 4 mil dólares em dinheiro, a quantia suficiente para passar um mês fora de casa e quem sabe comprar uma passagem de volta para Nova Iorque.

Adam não estava preocupado com o que poderia encontrar pela frente. Sua maior preocupação era deixar sua vida inteira para trás, sem ao menos se despedir de Natalee e sem ter a certeza de que voltaria para casa outra vez. Ele não sabia o motivo pelo qual Miss Sun lhe pedira para partir sem avisar ninguém, mas certamente ela imaginava que ninguém em sã consciência aceitaria uma decisão maluca como aquela. E com toda razão, pois nenhuma pessoa na situação de Adam deixaria o mundo moderno, repleto de alternativas medicinais de ponta e o conforto dos hospitais, para arriscar a vida e morrer num lugar distante, inóspito e completamente precário. Era certo que ninguém aprovaria sua decisão, por isso Miss Sun sugerira que assim fosse feito.

Sem dúvida, era uma decisão ilógica, para não dizer irresponsável, mas no fundo Adam sentia em seu coração que era exatamente aquilo que deveria fazer naquele momento. Ele precisava deixar aquele mundo caótico para trás e abandonar tudo em busca de uma cura para sua doença ou de uma resposta para as mais de mil perguntas que pairavam em sua mente. Na realidade, era uma forma de abnegar a vida enlouquecedora de Nova Iorque, para encontrar algo que preenchesse o vazio de sua alma aflita.

O embarque acabou atrasando cerca de quarenta minutos e o avião decolando somente às 19h45 da noite. A chegada em Katmandu estava prevista para as dez da manhã de quarta-feira, pois haveria uma escala em Istambul para troca de aviões.

A pressa em chegar não era um problema, pois o encontro com Tensing no aeroporto de Lukla aconteceria na quinta-feira às oito horas da manhã. Assim que Adam chegasse a Katmandu, deveria seguir até o guichê da companhia aérea e comprar uma nova passagem que o levaria ao centro do Himalaia, o local onde os maiores alpinistas e escaladores do mundo se encontravam. O aeroporto de Lukla era o ponto de partida para todos que desejavam chegar até o ponto mais alto do mundo: o Monte Everest.

Adam não sabia praticamente nada sobre alpinismo, Tibete, Nepal, montanhas gigantes e as cordilheiras geladas do Himalaia. Toda a sua vida ele passara na América do Norte e nunca saíra do continente americano. A viagem mais longa que Adam fizera foi para o México quando se casou com Natalee, e o casal fora passar a lua de mel em Cancun. Ou seja, ele não sabia para onde estava indo, mas seu espírito de alguma maneira pedia aquilo. Mesmo muito triste e sendo corroído pela solidão, Adam sentia que estava fazendo a coisa certa.

Dentro do avião, sentado na poltrona de número 15, na janela do lado esquerdo, ele sentiu um arrepio na barriga ao decolar. Em seguida, olhou para baixo e emocionou-se ao ver a cidade de Nova Iorque por cima com a linda vista de Manhattan e da Estátua da Liberdade ao longe. Depois, viu o Central Park e a Times Square e avistou com certa dificuldade a rua do seu apartamento no bairro Soho, no sul de Manhattan.

Tudo isso aconteceu em apenas alguns instantes após a decolagem, mas para Adam pareceu uma eternidade, pois todas as lembranças de sua vida passaram em sua mente naquele momento. Ele sentia no fundo do seu coração que algo muito forte estava transformando-se dentro de si ao olhar a gigantesca cidade de Nova Iorque ficando para trás. Era como se sua vida inteira estivesse desaparecendo. Uma tristeza incontrolável tomou conta de Adam, que preferiu não olhar mais pela janela, porquanto algo lhe dizia que nunca mais veria aquela cena outra vez. Como uma despedida, ele fechou os olhos, pediu a Deus que o protegesse e em seguida fechou a janela do avião.

Na poltrona ao lado não havia ninguém. Isso era um bom sinal, pois a viagem seria longa, e Adam poderia deitar-se tranquilamente durante a madrugada. Antes de esticar as pernas e se acomodar para a longa viagem, ele procurou algo para ler e se distrair.

A comissária de bordo aproximou-se e perguntou com sotaque turco se ele desejava fones de ouvido. Adam respondeu que sim e recebeu um *kit* com escova de dente, máscara para dormir, cobertor, fones de ouvido e travesseiro. Era tudo o que ele precisava naquele momento: um pouco de paz e tranquilidade.

O avião não estava muito cheio e certamente o voo seria muito tranquilo até Istambul.

***

Como Adam previra, o voo de Istambul a Katmandu fora muito tranquilo. Ele conseguiu dormir a viagem inteira e só acordou quando uma das comissárias educadamente o chamou, pois seria servido o café da manhã.

As boas notícias pareciam estar chegando. Enquanto se deliciava com o desjejum olhando para o rio Bósforo pela janela, Adam percebeu que o avião estava prestes a pousar no Aeroporto de Istambul Atatürk. De repente, o comandante da aeronave apresentou-se e informou que fariam somente uma parada para abastecimento e que em seguida voariam direto para Katmandu.

Após o abastecimento e a verificação de passageiros, a aeronave novamente decolou. Como Adam literalmente apagara durante o percurso anterior, ele agora estava ansioso para chegar logo à sua próxima parada, já que de lá ele iniciaria sua grande jornada. O que o afligia, no entanto, era a possiblidade de aquela ser uma viagem apenas de ida.

Adam decidiu, então, tentar distrair-se de todas as formas para apagar os pensamentos negativos que rondavam sua mente, embora os ponteiros do relógio parecessem brincar com seus nervos. Só depois de muitas tentativas e de algumas doses de uísque, ele, por fim, adormeceu.

O avião pousou tranquilamente no Aeroporto Internacional Tribhuvan, o aeroporto de Katmandu. Visivelmente exausto, Adam desembarcou ainda sentindo os efeitos da longa viagem e da bebedeira. Se o doutor Moore o visse naquele momento, certamente lhe daria um belo sermão. Adam, no entanto, não tinha ninguém para lhe puxar as orelhas ou criticá-lo.

Ele ajeitou-se em um canto e recostou-se na mochila para tirar um cochilo, pois o horário do voo para Lukla estava marcado para o dia seguinte, às seis horas da manhã. Adam teria mais de quinze horas pela frente e particularmente não estava sentindo-se bem, por isso resolveu ficar ali mesmo até melhorar.

Dessa vez, a sensação em relação ao tempo foi inversa. Adam acordou assustado com dezenas de pessoas indo e vindo num frenesi só. Demorou alguns instantes para ele situar-se, já que praticamente dormira a viagem toda. Adam, então, acomodou-se no chão, olhou para o relógio e ficou espantado ao ver que já estava quase na hora do próximo voo. Sem perder mais nenhum segundo, pegou sua mochila e seguiu até o guichê de embarque para fazer o *check-in*.

Capítulo 17

Aeroporto de Lukla

Já eram quase seis horas da manhã de quinta-feira, e o voo até Lukla duraria apenas quarenta minutos.

Adam não imaginava que o avião que o levaria ao seu destino era um bimotor pequeno com capacidade para apenas oito passageiros. Enquanto aguardava na fila para comprar a passagem e fazer o *check-in*, ele notou que havia poucas pessoas ali — somente quatro alpinistas alemães e um casal que provavelmente era da região —, mas nem desconfiava da aventura que o aguardava logo mais.

Acostumado com o ritmo acelerado e a pontualidade de Nova Iorque, Adam estranhou a calma dos atendentes no guichê, pois já estavam próximos do horário do voo. Ele, contudo, preferiu ficar quieto e aguardar sua vez, porque era óbvio que ninguém naquela fila estava indo para o Himalaia com o mesmo objetivo de Adam. Era como se ele estivesse indo rumo ao nada, em direção ao fim do mundo, uma região isolada, inóspita e totalmente desconhecida para ele.

Adam aproximou-se de um dos alpinistas e perguntou:

— Com licença, por acaso você fala inglês?

— Sim, eu falo inglês — o mais velho dos quatro alpinistas respondeu.

— Saberia me dizer se esse voo é seguro?

O alpinista olhou para os companheiros e começou a rir:

— Tem certeza de que você sabe para onde está indo, amigo americano?

— Não muito, mas há uma pessoa me esperando em Lukla.

— Sinto lhe dizer, mas esse voo é um dos mais perigosos do mundo. É adrenalina pura, cara — o alemão respondeu sorrindo.

— Por quê?

— Nunca ouviu falar do Aeroporto Tenzing-Hillary, que tem a pista mais perigosa do mundo?

Adam começou a ficar preocupado.

— Não, nunca tinha ouvido falar. Por acaso está brincando comigo?

— Não estou brincando. É a pura verdade. Veja você mesmo o cartaz atrás do guichê. Está vendo?

— Sim, aquilo é a pista de pouso de Lukla? No topo de uma montanha?

— Exatamente. O piloto precisa ser muito corajoso e experiente para pousar nessa pista.

— Parece impossível alguém pousar um avião num lugar desses!

— Não se preocupe! Os pilotos dessa companhia aérea são muito bons. Conheço todos eles.

— Assim espero!

— Está perdido ou o quê?

Adam não respondeu, demonstrando apenas preocupação e medo.

O alemão percebeu a apreensão de Adam:

— Você não é alpinista, não é?

— Não, sou corretor de valores. Ou melhor, eu era.

— Deu para notar que não é um alpinista. Com essas roupas de *yuppie* de Nova Iorque, não poderia ser mesmo.

Adam olhou para suas roupas e depois olhou para as roupas de *nylon* dos alemães e suas jaquetas reforçadas contra o frio intenso das montanhas geladas.

— Quem está esperando você em Lukla? Algum sherpa[7]? Precisa ter algum morador local esperando-o por lá, senão estará encrencado, amigo. Você está indo para um dos lugares mais hostis e distantes do planeta. Além disso, para chegar até o vilarejo mais próximo, será preciso andar pelo menos dois dias a pé.

— O quê? Está falando sério? Não tem táxi lá?

O alemão soltou uma gargalhada:

— Está pensando que está indo para Paris, amigo? Aqui não é a Europa, é o Nepal, a terra sagrada do Himalaia.

— Oh, meu Deus! Estou enrascado! — Adam sussurrou.

— E então? Quem está esperando-o no aeroporto de Lukla?

— Não me lembro. Como você disse que se chama o aeroporto de Lukla?

— O aeroporto leva o nome dos primeiros conquistadores do Monte Everest: o neozelandês Edmund Hillary e o sherpa local Tensing Norkay. Por isso o nome oficial do aeroporto ficou registrado como Tensing-Hillary. Por quê?

— Porque estou me lembrando do nome da pessoa que está me esperando no aeroporto. O nome dele é igual a esse que você disse.

— Hillary?

— Não, o outro.

— Tensing?

---

[7] Os sherpas são uma etnia da região mais montanhosa do Nepal, no alto do Himalaia. Na China, eles são conhecidos como Xiaerba, apesar do governo chinês classificá-los como membros do povo tibetano. Na língua xerpa, "shyar" significa leste; "pa" é um sufixo que significa povo, daí a palavra shyarpa ou xerpa. Povo do Leste. Nos anos recentes, muitos xerpas migraram para a Índia.

— Isso! É um rapaz chamado Tensing que está me esperando lá.

— Entendi. Bom, então lhe desejo boa sorte, amigo.

Adam tentou continuar a conversa:

— Vocês vão sempre para o Himalaia?

— Sim, sou instrutor e levo grupos para escalar o cume do Everest. Já fui para lá mais de vinte vezes.

— Que interessante! Deve ser um cara muito corajoso.

— É verdade, mas nem sempre foi assim. Muito prazer, meu nome é Patrick Lerner. Sou de Frankfurt.

— Muito prazer, Patrick. Meu nome é Adam Stone.

— Desculpe não poder ajudá-lo, Adam, mas não conheço ninguém chamado Tensing em Lukla. Conheço muita gente nos vilarejos. Na verdade, existem muitos homens chamados Tensing na região, pois Tensing Norkay se tornou um ídolo para os sherpas desde a década de 1950.

— Entendo, Patrick. De qualquer forma, agradeço sua atenção. Na verdade, Tensing é a pessoa que vai me recepcionar no aeroporto. Quem eu realmente preciso encontrar é um homem chamado Sher-rap.

De repente, Patrick calou-se ao ouvir o nome Sher-rap. Sem hesitar, ele colocou as mochilas no chão, olhou para Adam e perguntou:

— O que você disse? Sher-rap?

— Sim, Sher-rap é o nome da pessoa que preciso encontrar em Namche Bazaar.

De repente, Patrick Lerner abraçou Adam com força:

— Seja bem-vindo, amigo. Se tivesse dito o nome de Sher-rap antes, tudo seria diferente. Não se preocupe. Você estará em boas mãos ao lado do meu querido amigo Sher-rap.

— Conhece Sher-rap?

— Sim, conheço-o há mais de vinte anos. Ele foi meu professor de montanhismo, meu guia, meu mestre e meu melhor amigo na década de 1980. Devo minha vida a ele.

— Espere aí! Ele é um alpinista? Pensei que fosse um curandeiro — Adam perguntou intrigado.

— Não sabe quem é ele?

— Não. Só sei que ele é filho de uma pipoqueira que vive no Queens, lá em Nova Iorque. Só isso.

Patrick sorriu.

— Então, vou deixar que você descubra sozinho, amigo. Sher-rap é um homem cujo coração é do tamanho das montanhas do Himalaia. Ele tem cinquenta anos de idade, mas é mais forte que nós quatro juntos — Patrick apontou para os outros alemães que mediam mais de 1,90 metro de altura cada um.

— Sério? Ele é mais alto que vocês?

— Não, os sherpas são baixos. Sher-rap mede apenas 1,65 metro de altura, mas posso lhe garantir que é mais forte que todos nós juntos. Todos os sherpas são muito fortes. Se não fossem eles, os alpinistas nunca chegariam ao topo do Everest. Eles têm uma força descomunal e estão perfeitamente adaptados à altitude e ao frio das montanhas. Conseguem carregar mais de cem quilos de equipamentos nas costas. Se nós, ocidentais, fizéssemos o que eles fazem, nossas colunas quebrariam. É muito peso para uma pessoa carregar sozinha.

— Incrível! — Adam exclamou.

Patrick olhou para o letreiro da companhia aérea e percebeu que estavam atrasados para o embarque rumo a Lukla.

— Hei, americano, é hora de ir! O avião vai sair dentro de vinte minutos. Vamos sobrevoar as montanhas do Himalaia e pousaremos no topo de uma delas, e é por isso que Lukla é conhecido como o aeroporto mais perigoso do mundo. A pista tem pouco mais de 500 metros de extensão e uma inclinação de 12 graus. Quando o avião se aproxima para pouso, o piloto não pode arremeter devido às montanhas que existem à frente. Ou seja, o piloto só tem uma chance. Se o vento estiver forte ou lateral, a coisa pode complicar bastante. Hoje, especialmente, o dia não está dos melhores, mas vamos torcer para que tudo dê certo.

— Não é muito animador saber disso — Adam respondeu.

Patrick sorriu:

— Bem-vindo ao mundo real, amigo. No conforto de Nova Iorque não existe esse tipo de aventura, não é?

— Não mesmo.

— Aqui a fé e a confiança precisam estar sempre ao seu lado, amigo. A partir desse ponto, quem manda é a natureza. Você precisa se alinhar a ela e confiar, pois no meio das montanhas só os deuses poderão ouvi-lo, mais ninguém. Compreende?

Adam não respondeu. Após finalizado o *check-in*, todos seguiram para a pista de decolagem para entrar no bimotor que já estava pronto para alçar voo.

Quando viu o pequeno avião, Adam apavorou-se, olhou para o piloto e para o copiloto e sussurrou para si mesmo:

— Agora entendi por que tinham poucas pessoas no guichê! É nesse aviãozinho que vamos para Lukla? Esses caras devem ser malucos! Pousar um avião em cima de uma montanha é uma loucura! Que Deus nos proteja!

Enquanto Adam tentava digerir a situação ajeitando-se em sua poltrona, o grupo de Patrick colocava as dezenas de mochilas e os equipamentos de alpinismo na parte de trás do avião. Depois que a porta foi fechada, todos prenderam seus cintos de segurança. O frio era intenso, e o vento soprava forte.

— Podemos seguir em frente! — Patrick gritou do fundo do avião, demonstrando familiaridade com o piloto da aeronave.

Adam preferiu sentar-se na primeira poltrona atrás do copiloto, pois estava nitidamente nervoso e apreensivo.

O piloto começou a taxiar para iniciar o temido voo até Lukla. Sentado duas poltronas atrás de Adam, Patrick de repente soltou o cinto de segurança rapidamente, levantou-se da poltrona e foi até Adam:

— Hei, amigo americano! Você está nervoso, não?

— Acho que sim, Patrick.

— Eu sei o que está acontecendo com você. Vou proferir uma frase que um dia Sher-rap me disse.

— Qual?

— "O homem só cresce, quando a vida tira tudo o que ele tem".

Adam olhou-o assustado:

— Por que está me dizendo isso, Patrick?

— Você sabe o porquê, não preciso lhe explicar. Ninguém vem ao Nepal sozinho como você para passear. Sher-rap me disse isso um dia, e só depois de muitos anos compreendi o significado dessa frase. Todos os anos, eu costumo trazer as pessoas mais ricas da Europa para cá. Geralmente, são empresários famosos que possuem fortunas acima de 10 bilhões de dólares. Muitas dessas pessoas são vazias e vêm aqui à procura de emoção, pois, mesmo tendo todo o dinheiro do mundo disponível em suas contas bancárias, suas vidas são frias e sem sentido. Eles querem gastar o dinheiro que possuem, contudo, não conseguem. Você acredita nisso? Muitos vêm para cá achando que vão se deparar com uma espécie de Disneylândia natural, porém, quando chegam às montanhas, mostram seu verdadeiro poder. É incrível! Todos retornam diferentes para casa. Eu sempre digo a eles que não são as vitórias financeiras que transformam a alma de um homem, mas as derrotas. Pode parecer um paradoxo, porém, é assim que funciona.

— Acho que estou em transformação, Patrick.

— Eu sei que está — Patrick colocou a mao sobre o ombro de Adam.

— Obrigado pelas palavras. Não vou esquecê-las, Patrick.

— É isso aí! Nunca desista de você, amigo! Nunca! Por mais difícil que a situação possa parecer, nunca desista. Está entendendo?

O piloto olhou para trás e viu Patrick fora de sua poltrona.

— Por favor, sentem-se e apertem seus cintos. Vamos decolar agora mesmo.

Patrick bateu nos ombros de Adam demonstrando apoio e voltou para sua poltrona respeitando as ordens do comandante.

Patrick Lerner era um homem de cinquenta e quatro anos de idade, forte, alto e calvo. Além de escalar montanhas, ele, pela maneira de falar e por suas atitudes, certamente trabalhava com treinamentos e capacitação de pessoas, ou era algum tipo de *coaching* empresarial na Alemanha, pois sua determinação e motivação eram visíveis.

***

O voo foi tranquilo, e a paisagem era apaixonante. Adam nunca imaginara estar em um lugar como aquele em sua vida. A mais de 14 mil pés de altitude, era possível ver a cordilheira do Himalaia inteira, uma visão privilegiada e abençoada. O céu estava azul, e a visibilidade era perfeita, no entanto, o pouso na pista não fora dos melhores. Todos os passageiros, até mesmo o experiente Patrick, ficaram com medo no momento da aproximação para o pouso.

Ao sobrevoar a pista duas vezes por cima da montanha para analisar a condição do vento, o piloto Mir decidiu pousar mesmo com o vento soprando forte e lateral. A única opção que ele tinha era a de pousar o avião glissando, ou seja, posicionando a ponta do nariz do avião contra o vento e pousando com as asas quase perpendiculares à pista, para evitar que a aeronave fosse lançada à direita e batesse no telhado das casas ao lado da pista de pouso. E foi isso que ele fez.

Voltar para Katmandu não era uma opção para o piloto, até porque não teriam combustível suficiente para isso. Mir era um piloto experiente, que já havia passado por situações similares, então, decidiu arriscar e conseguiu fazer um pouso perfeito, mesmo sabendo que o risco era alto.

Assim que as rodas do avião tocaram a pista, todos sentiram um grande alívio ao perceberem que estavam sãos e salvos. Mir conduziu a aeronave até o fim da pista e a virou para a direita, onde outros aviões do mesmo porte estavam estacionados, enquanto outros se preparavam para decolar de volta a Katmandu levando turistas e alpinistas.

Mir avisou a torre pelo rádio e em seguida deu as boas-vindas aos passageiros:

— Queridos passageiros, nosso pouso foi um pouco difícil, mas espero que todos estejam bem e aproveitem a estada nas montanhas sagradas do Nepal. Muito obrigado por voarem conosco. Tenham uma ótima estada.

Todos aplaudiram o piloto e desceram rapidamente para retirar suas mochilas e seus equipamentos.

Adam não precisava preocupar-se muito com bagagem, já que tinha somente uma mochila para retirar. Ele aproximou-se da traseira do avião e, vendo que os alemães iam demorar na retirada de todos os equipamentos, pediu licença a um deles e pegou sua única bagagem.

Adam tentava encontrar Patrick, até que o avistou em frente a uma pequena casa de madeira. Patrick cumprimentava com respeito alguns moradores e logo entrou na casa para fazer o *check-in* do seu grupo de viagem e resolver os trâmites burocráticos.

Curioso, Adam perguntou para um dos alemães:

— Você sabe o que é aquilo? — referindo-se aos jovens vestidos com trajes locais bem coloridos.

— Eles vão entoar uma canção de boas-vindas para nós. Os sherpas fazem isso para todos os que chegam às terras sagradas do Himalaia.

— Eles usam roupas coloridas e chapéus com pele de animal!

— É a vestimenta local. Os sherpas são muito hospitaleiros e prestativos, mas tem algo que eles não gostam, que na verdade abominam.

— O quê? — Adam ficou curioso.

— Eles não aceitam mentiras, portanto, nunca minta para um sherpa. Se fizer isso, é certo que ganhará inimizades por aqui.

— Não sabia disso. É a primeira vez que você vem aqui? — Adam perguntou.

— Sim.

— Então, como sabe disso?

— Patrick Lerner nos ensinou. Ele tem muitos amigos aqui. Na verdade, Patrick já viveu entre eles no passado e conhece muito bem o povo sherpa. Uma das coisas mais importantes que aprendemos antes de vir para cá é que, acima de tudo, devemos respeitá-los. Eles são um povo guerreiro, que merece nosso respeito.

— Obrigado por me dizer.

— Foi um prazer conhecê-lo, amigo. Agora preciso ir.

— Tudo bem, até logo.

Adam percebeu que em poucos minutos ficaria sozinho, pois o grupo de Patrick estava com pressa e pronto para cumprir sua aventura programada.

O casal de sherpas que viajara no avião também se distanciou rapidamente, e Adam logo se viu sozinho perante os jovens que cantavam e dançavam alegremente ao seu redor, dando-lhe boas-vindas.

Adam ficou estático apenas assistindo à apresentação, afinal, não sabia nem para onde deveria ir a partir dali.

Não demorou muito, e a apresentação logo cessou. Adam abaixou a cabeça em sinal de agradecimento pela apresentação, e um dos jovens do grupo aproximou-se falando um inglês de difícil compreensão:

— Seja bem-vindo! O senhor deve ser o homem de Nova Iorque, não é?

— Sim, sou eu mesmo. Meu nome é Adam Stone, muito prazer.

— Muito prazer! Eu me chamo Tensing Solu.

Adam respirou aliviado ao perceber que não ficaria perdido naquele lugar.

— Tensing, você é o neto de Miss Sun?

— Sim, ela ligou sábado para a recepção do aeroporto dizendo que o senhor chegaria hoje pela manhã. Eu o estava esperando.

— Que bom! Se Miss Sun é sua avó, quer dizer que você é filho de Sher-rap?

— Não, Sher-rap é meu tio. Minha avó teve nove filhos, e minha mãe é a mais velha dos nove irmãos.

— Onde sua mãe mora?

— No vilarejo de Monjo, aonde vamos hoje.

— Mas nosso destino final é Namche Bazaar.

— Sim, senhor.

— Onde fica Namche Bazaar?

— Depois de Monjo. Namche Bazaar é a capital sherpa e o centro administrativo da região do vale do Khumbu. Toda a nossa família nasceu lá.

— É para lá que vamos?

— Sim, mas antes vamos passar por Monjo, pois preciso deixar umas coisinhas que minha mãe pediu. Eu trabalho aqui no aeroporto como telefonista e recepcionista e também sou guia de turismo. Durante as temporadas, costumo levar escaladores até a base do Everest e outras montanhas da região. A vida aqui é muito calma e tranquila, bem diferente de onde o senhor vem.

— Já estou percebendo.

De repente, Tensing aproximou-se e abraçou Adam com sinceridade:

241

— Seja bem-vindo, senhor Adam.

— Obrigado, Tensing — Adam respondeu meio sem graça.

— Me diga uma coisa, Tensing... Onde está Sher-rap?

— Nos encontraremos no vilarejo de Monjo. Ele vai nos esperar na casa de minha mãe.

— Ele mora em Monjo também?

— Não, ele mora em Namche Bazaar, mas nos encontraremos em Monjo.

— E como chegaremos até lá?

— Caminhando, é claro! Não existe outra maneira de chegar aos vilarejos aqui no Nepal.

— Caminhando?

— Sim, senhor.

— É muito longe? Quantos quilômetros daqui?

— Aqui, nós não medimos as distâncias em quilômetros, mas sim em horas. Até o vilarejo de Monjo são cinco horas de caminhada por trilhas estreitas às margens do rio Dudh Kosi, mais conhecido como rio do Leite. Ele tem esse nome devido à cor das águas que descem das montanhas geladas.

— Cinco horas? Está falando sério?

— Sim. Pode parecer muito, mas com o tempo o senhor vai se acostumar com as distâncias.

— Oh, meu Deus! Quantos anos você tem, Tensing?

— Dezenove.

— Deve ser fácil para você caminhar tudo isso, mas para mim, que já tenho quarenta anos de idade, não.

— Não se preocupe com isso. Tenho certeza de que o senhor vai suportar. Meu tio tem cinquenta anos de idade e anda por todo o vale de Khumbu.

— E quantas horas são do vilarejo de Monjo até Namche Bazaar?

— Mais seis horas de caminhada.

— O quê?

— Não se preocupe! O senhor vai dormir na casa de minha mãe e no dia seguinte seguirá viagem com Sher-rap até Namche Bazaar. Já está tudo combinado. O senhor vai adorar a vista panorâmica da trilha. Depois da grande ponte de cordas que atravessa o rio do Leite, começará uma subida íngreme e longa até Namche. Durante esse trecho, terá o privilégio de ver pela primeira vez Sagarmatha.

— Sagarmatha? O que é isso?

— A montanha mais alta do mundo: o Everest. Nós a chamamos de Sagarmatha.

— O que significa?

— Significa "o rosto do céu".

Nesse momento, alguém se aproximou por trás e colocou a mão sobre o ombro de Adam. Era Patrick querendo despedir-se:

— Desculpe deixá-lo sozinho, amigo, mas precisava resolver alguns trâmites burocráticos na recepção.

— Tudo bem, Patrick. Não se preocupe.

— Você deve ser Tensing. Estou certo? — Patrick perguntou ao rapaz.

— Sim, senhor. Sou Tensing Solu.

— Você é muito parecido com Sher-rap. Por acaso, são parentes?

— Sim, senhor. Sher-rap é meu tio.

— Eu sabia! Vocês tem o mesmo semblante calmo e sereno de Sher-rap.

— Obrigado, senhor.

— Bem, eu preciso ir. Mande lembranças ao seu tio Sher-rap e lhe diga que se encontrou com Zopa.

— Sim, senhor, direi a ele. Não esquecerei.

— Até logo, Tensing. Cuide bem do nosso amigo da América. Se tiver uma jaqueta de nylon bem grossa com capuz, empreste, por favor, a ele, pois o vento gelado das montanhas pode lhe ser prejudicial.

243

— Sim, senhor, farei isso. Temos algumas jaquetas na recepção.

Tensing correu para pegar uma jaqueta para Adam, pois precisavam começar logo a caminhada até o vilarejo de Monjo.

— Obrigado por pedir a jaqueta a ele, Patrick. Não tinha pensado nisso. Aqui deve ser muito frio, não?

— Sim, aqui o frio congela até os ossos, meu amigo. Você não pode vacilar com o clima. Não tente enfrentar a natureza, pois aqui quem manda é ela, não os homens. Entendeu?

— Sim.

Patrick parecia estar com pressa:

— Bem, preciso ir agora, pois meu grupo está me esperando. Vamos dormir por aqui e seguiremos viagem amanhã pela manhã. Até logo e dê saudações a Sher-rap.

Curioso, Adam decidiu fazer uma última pergunta antes de Patrick partir:

— O que significa o nome Zopa? Pode me dizer, Patrick?

— Zopa foi o nome que Sher-rap me deu quando éramos jovens.

— O que significa?

— Zopa significa "paciente".

— Por quê?

— Paciente é aquele que tem paciência e espera, mas também é aquele que sofre de alguma doença e precisa ser curado. Não é assim que chamam os doentes nos hospitais? De pacientes?

— Sim, tem razão.

— São pacientes porque esperam pacientemente por uma cura, não?

— Tem razão, Patrick. Você veio buscar alguma cura aqui?

Patrick ficou calado e olhou para trás, tentando disfarçar a emoção.

— Se não quiser responder, não precisa, Patrick — Adam percebeu que a pergunta fizera Patrick lembrar-se de algo muito forte ocorrido no passado.

— Sabe, Adam, eu vim buscar uma cura.

— Por acaso teve câncer?

— Não, meu problema era outro.

— E a encontrou?

— Sim, consegui me curar, mas não foi fácil passar pelo que passei.

O semblante de Patrick fechou-se repentinamente, e Adam ficou preocupado.

— O que aconteceu, Patrick? Pode me dizer?

— Amigo, muitos, como eu e você, vêm até aqui, mas a verdade é que poucos retornam. Sei o que o trouxe até aqui, e não precisamos de segredos entre nós. Você precisa saber de algo.

— Do quê?

— Muitos não voltam para casa.

Adam olhou para baixo desamparado.

— Infelizmente, é assim, Adam. Desculpe-me dizer a verdade, mas nem todos encontram a cura que procuram. Esse lugar é lindo, porém, é o fim do mundo. Estamos longe de tudo aqui. Quem vem para cá é porque já foi desenganado por todos. Estou mentindo?

— Tem razão, eu fui desenganado pela medicina.

— Talvez, esse tenha sido o propósito deste nosso encontro hoje. Como Sher-rap costuma dizer: "Nada acontece por acaso. Nem mesmo o acaso acontece por acaso". É tudo obra de uma grande força invisível. Uma força que nós ocidentais não conseguimos compreender ainda, mas compreenderemos um dia.

— Você me deixou ainda mais preocupado, Patrick. Afinal, o que Sher-rap faz? Que tipo de medicamento ele utiliza? Ervas? Chás? O que ele faz, afinal?

245

Patrick sorriu:

— Sher-rap gosta muito de chás e ervas, mas utiliza outras coisas também.

— O quê? Diga-me, Patrick.

Um dos alemães gritou ao longe:

— Hei, Patrick! Precisamos ir! Estamos atrasados.

— Como pode ver, preciso partir, Adam. Eles ainda não estão adaptados ao ritmo lento do Himalaia, desculpe.

Patrick levantou sua mochila pesada do chão, fixou os olhos de Adam e perguntou:

— Quer saber a verdade, Adam?

— Sim, por favor.

— Sher-rap é um mago, cara.

— O quê?

— Esse é o significado do nome dele. Sher-rap é um mago.

— Mago? Como assim? Que tipo de mago ele é?

— Com toda certeza, ele é um mago diferente de todos que você viu nos cinemas. Isso eu posso lhe garantir.

Adam arregalou os olhos.

— Desculpe, mas agora preciso ir, Adam.

— Espere, Patrick. Conte-me mais sobre ele.

— Não posso, estou atrasado. Que os deuses o protejam, amigo.

— Tudo bem, Patrick. Então, até logo!

Patrick virou-se de costas e correu em direção ao seu grupo.

Aquela breve conversa com Patrick deixou Adam muito intrigado. Na verdade, ele estava morrendo de medo de seguir adiante e encontrar Sher-rap. Por alguns segundos, passou por sua cabeça uma vontade imensa de comprar uma passagem de volta para Katmandu, porém, seus pensamentos foram interrompidos ao ouvir o barulho da porta da recepção rangendo por causa da ferrugem. Era Tensing vindo em sua direção com uma jaqueta de nylon vermelha bem reforçada para o frio.

— Aqui está, senhor Adam. Vista a jaqueta, e vamos seguir ao nosso destino, o vilarejo de Monjo. Não temos tempo a perder.

— Obrigado, Tensing.

A poucos metros, Adam olhou para o piloto do avião que se preparava para ligar os motores, e a dúvida veio novamente à sua mente. Ele refletia sobre voltar ou não para Katmandu, mas algo mais forte o fez não desistir. Adam, então, vestiu a jaqueta vermelha, colocou a mochila nas costas e respondeu para Tensing:

— Vamos em frente, garoto. Não tem mais volta, não é?

— É assim que se fala, senhor! Se sentir cansaço ou mal-estar durante a caminhada, não hesite em me dizer. Podemos parar para descansar. Tudo bem?

— Tudo bem.

— A caminhada costuma durar aproximadamente cinco horas, mas, se durar seis ou sete horas, não tem problema. Aqui o tempo é nosso aliado, ao contrário de Nova Iorque. Não é, senhor?

Adam sorriu:

— Tem toda razão, Tensing. Em Nova Iorque, todos correm contra o tempo. Vamos em frente.

Capítulo 18

Sher-rap

— Está pronto, senhor Adam? Podemos seguir? — Tensing perguntou.

— Sim, Tensing, podemos ir.

— Só preciso parar na casa de um amigo para pegar umas coisinhas que minha mãe me pediu para levar. Depois, seguimos adiante, tudo bem?

— Tudo bem. É muita coisa que você precisa levar?

— Não, senhor, apenas algumas coisinhas.

Tensing e Adam andaram cerca de duzentos metros pelo vilarejo de Lukla. De repente, Tensing parou em frente a uma pequena casa de pedra, uma espécie de depósito de madeiras.

— Espere aqui, senhor Adam. Volto em um minuto.

— Tudo bem.

Adam começou a sentir um bem-estar repentino, enquanto esperava Tensing. A paisagem da região era realmente incrível. Mesmo estando doente, algo começava a vibrar dentro dele. Seria uma reconexão? Uma espécie de reencontro com aquele lugar lindo e mágico?

Não demorou muito, e Tensing retornou. Adam assustou-se com o que viu:

— O que é isso, garoto?! Deixe-me ajudá-lo! Você vai quebrar as costas carregando tudo isso! Está maluco?

Tensing sorriu.

— Não se preocupe, senhor Adam. Estou acostumado a carregar bastante peso nas costas. Não precisa me ajudar.

Tensing estava carregando uma porta maciça e mais de vinte caibros de madeira de cinco polegadas cada um, amarrados em um fardo.

— Deve estar ficando maluco, Tensing! Você está carregando quantos quilos nas costas?

— Acho que 100 quilos.

— Não faça isso, garoto!

— Não se preocupe, senhor Adam. Faço isso desde criança. Todos aqui fazem isso. Não é um problema para os sherpas.

— Vai levar isso até o vilarejo de Monjo?

— Sim, senhor.

— Essas são as "coisinhas" que sua mãe lhe pediu para levar?

Tensing sorriu novamente.

— Sim, senhor Adam. Estou ajudando minha mãe a construir um pequeno restaurante para os alpinistas nos fundos de nossa casa. Essas madeiras são para cobrir o telhado.

Adam ficou intrigado:

— Quer dizer que tudo o que vocês precisam é levado dessa maneira? Nas costas? Não tem caminhão nem vans?

— Não, senhor, nós não temos veículos aqui. Nós, sherpas, levamos tudo nas costas, pois somos fortes como pedra. Por isso, os alpinistas estrangeiros contratam carregadores sherpas quando escalam o Monte Everest. Eles não têm força para carregar o que nós carregamos.

— Nunca imaginei que uma pessoa pudesse carregar tanto peso nas costas!

— É só uma questão de treino, senhor. Veja você mesmo!

Tensing fez um movimento rápido e colocou a porta com o fardo de madeiras no chão.

— Está vendo, senhor? É simples. Agora é só encaixar as costas embaixo da porta e levantar. Quer tentar?

Adam olhou aquilo e desejou matar sua curiosidade.

— Bem, se é só questão de jeito, vamos tentar.

Ele colocou a mochila no chão e, com a ajuda de Tensing, encaixou as costas sob a porta e o fardo de madeira. Foi somente uma tentativa e, logicamente, frustrada. Adam não conseguiu nem ao menos mexer o fardo:

— Não dá, Tensing! Eu desisto. Isso é muito pesado. Extremamente pesado. Não consigo acreditar que você tenha toda essa força!

— O senhor não viu nada! Se acha que sou forte, vai se assustar quando conhecer meu tio Sher-rap.

Adam arregalou os olhos surpreso, e Tensing colocou tudo sobre as costas outra vez com facilidade.

— Vamos, senhor Adam! Agora temos de seguir a trilha. Siga meu ritmo, por favor. Quando chegarmos às margens do rio, preste atenção em meus passos e fique sempre atrás de mim. Cuidado para não escorregar nos abismos e nas pontes, pois elas balançam bastante.

— Pontes? Que pontes?

— Existem várias pontes de madeira pelo caminho, que servem para nos ajudar a atravessar os abismos e rios. São bem altas e balançam bastante. O equilíbrio é essencial.

— Oh, meu Deus!

— Não tenha medo, nada de mal lhe acontecerá. Mas é bom o senhor ir treinando, pois assim vai aprendendo a se equilibrar.

Tensing começou a caminhar e descer a trilha que os levaria até as margens do rio.

— Por que tenho de aprender a me equilibrar? Não quero trabalhar em um circo — Adam disse com ironia, enquanto caminhava atrás de Tensing.

— É para aprender a equilibrar a mente, não o corpo.
— Besteira, não preciso disso.
Tensing sorriu outra vez.
— Todos dizem isso quando chegam aqui.
— O que disse, Tensing? — Adam perguntou, já sentindo o cansaço nos primeiros duzentos metros de caminhada.
— Não é nada, senhor Adam. Meu tio vai lhe explicar melhor essas coisas, não se preocupe. Agora vamos parar de falar, pois precisamos economizar fôlego. Nossa próxima parada será dentro de uma hora, tudo bem?
— Tudo bem, vamos em frente, Tensing.

***

Apesar da dificuldade e do cansaço extremo logo na primeira hora de caminhada, Adam sentia-se feliz por estar ali, pois as dores no pescoço e a tosse haviam cessado completamente. Talvez fosse o ar puro das montanhas, talvez fosse seu corpo adaptando-se e equilibrando-se com a natureza. Adam não sabia o que estava proporcionando-lhe aquele bem-estar, mas não queria pensar em sua doença naquele momento. O importante é que se sentia bem.

A paisagem era exuberante, e as montanhas eram tão gigantes que pareciam tocar o céu. O rio de águas azuis banhava o vale e a vegetação nativa, e o gelo das montanhas brilhava com os raios do sol, que começavam a esquentar os cumes montanhosos. Era magnífico, um verdadeiro paraíso na Terra, algo que Adam jamais imaginara ver com os próprios olhos. Graças à pipoqueira, Miss Sun, sua vida tomara um novo rumo e uma nova perspectiva. Em apenas uma hora nas terras sagradas do Nepal, Adam sentia no fundo do seu coração que aquele fosse o lugar onde viveria para sempre.

O arrependimento, o medo e a descrença que antes pairavam em sua mente tinham desaparecido completamente.

A certeza começava a tomar conta de seus pensamentos, e seu corpo agradecia-lhe, trazendo-lhe força e motivação.

— Quer parar um pouco para descansar, senhor Adam? — Tensing gritou a menos de dez metros de distância à sua frente.

— Não, Tensing, estou me sentindo muito bem. Vamos em frente.

— Tudo bem. Então, nossa próxima parada será na ponte.

— A quantos quilômetros daqui? Ou melhor, a quanto tempo daqui?

— Mais uma hora e meia de caminhada, senhor Adam.

— Meu Deus! Tudo bem, vamos.

Adam resistiu fortemente até chegarem à ponte fabricada com madeiras e cordas. Tensing demonstrou com detalhes como Adam deveria atravessá-la, e tudo correu tranquilamente. Pararam mais três vezes durante o trajeto para comer algumas frutas e pães, beber água e descansar um pouco. Depois, seguiram adiante até chegarem perto à entrada do vilarejo de Monjo, onde Adam pediu para Tensing parar, pois sentia fortes câimbras nas panturrilhas. Tinham sido mais de seis horas de caminhada, algo totalmente incomum para uma pessoa sedentária, que trabalhava o dia todo sentado em frente a um computador.

Depois de descansarem um pouco, Tensing levou Adam até a entrada do vilarejo de Monjo, onde se sentou sobre uma mureta de pedra para beberem um pouco de água.

A única via de tráfego do vilarejo era a continuação da própria trilha que vinha de Lukla. Dentro do pequeno vilarejo, a trilha era rodeada de casas feitas de pedra, exatamente as mesmas pedras que cobriam o chão.

Sentado sobre a mureta em frente a uma casa, Adam perguntou:

— Nenhum tipo de veículo chega até aqui, Tensing?

— Não, senhor! Aqui não existem carros. Tudo é feito em função das pessoas.
— Interessante!
— O senhor gosta do silêncio? — Tensing perguntou.
— Sim.
— Como pode ver, não há buzinas nem poluição por aqui.
— Tem razão, Tensing. Já esteve nos Estados Unidos alguma vez?
— Não, senhor! Nunca saí do Nepal.
— Sério? Mas tem vontade de conhecer?
— Não, senhor! Só tenho vontade de ir aos Estados Unidos para conhecer minha avó, pois nunca a vi pessoalmente. Desde que nasci, só vi fotos dela. Minha mãe conta muitas coisas sobre ela, mas não a conheço ainda.

Adam percebeu que Tensing se emocionara ao falar da avó.
— Qual é seu maior sonho, Tensing?
— Meu sonho?
— Sim, seu grande desejo na vida?

Tensing olhou para as montanhas e em seguida respondeu:
— Meu maior sonho é conhecer minha avó — Tensing enxugou os olhos com os punhos.

Nesse momento, uma mulher abriu a porta de uma das pequenas casas, interrompendo a conversa e abraçando Tensing com amor.

Falando o idioma local, eles se cumprimentaram, e em seguida Tensing apresentou:
— Essa é minha mãe, senhor Adam.

Adam levantou-se assustado e, meio sem graça, cumprimentou a mãe de Tensing, pois não sabia como cumprimentar uma mulher sherpa.

A mãe de Tensing começou a rir envergonhada. Era uma mulher simples, mas emanava felicidade no olhar.
— Muito prazer, senhora — Adam esticou a mão para cumprimentá-la.

Ela continuou sorrindo, mas esticou a mão cumprimentando-o.

— Minha mãe não fala inglês, senhor Adam.

— Ah, sim! Desculpe, Tensing.

— Está tudo bem. Ela disse para entrarmos, pois preparou pães. O chá está quente e nos espera.

Ela continuou sorrindo discretamente. Adam ficou sem jeito, mas perguntou:

— Por que sua mãe está sorrindo, Tensing?

— Não se preocupe. Minha mãe é uma pessoa muito sorridente, principalmente quando ela gosta da pessoa que está entrando em sua casa. Seja bem-vindo à nossa humilde casa, senhor Adam. Vamos comer e depois descansar um pouco.

— Que ótimo! Estou morrendo de fome. Com licença.

A mãe de Tensing juntou as mãos e fez um sinal de agradecimento. Adam retribuiu e entrou naquela pequena casa, que parecia estar em construção, enquanto Tensing deixava as madeiras do lado de fora.

— Vai deixar as coisas aí fora, Tensing? — Adam perguntou.

— Sim. Por que pergunta, senhor?

— Não tem medo de que alguém roube suas madeiras?

Tensing não entendeu o questionamento.

— Os sherpas não fazem isso, senhor Adam.

— E os estrangeiros? Não se preocupa com eles?

— Por que um estrangeiro roubaria um monte de madeiras, senhor?

Adam ficou sem jeito, pois ainda trazia resquícios da vida urbana ainda presentes em sua mente. Ele sorriu e respondeu:

— Tem razão, garoto. Além dos estrangeiros não terem motivo para roubar as madeiras, eles nunca teriam força para levantar esse peso todo, não é?

Tensing sorriu, e a mãe do rapaz, mesmo sem entender o que estava sendo dito, sorriu também. De repente, todos

255

dentro daquela casa pareciam estar rindo à toa. Era uma felicidade contagiante.

Eles sentaram-se a uma pequena mesa, e Adam comeu como há muito tempo não fazia. Menos de dez minutos depois, ele encostou-se em algumas almofadas que estavam dispostas no chão da casa e caiu em um sono profundo. Era o cansaço da caminhada somado ao cansaço da viagem e da diferença de fuso horário entre os Estados Unidos e a Ásia.

Tensing deixou Adam dormindo profundamente, enquanto sua mãe fazia os afazeres da casa.

***

Às oito horas da noite, Adam acordou assustado com o barulho das marteladas no fundo da residência e levantou-se do chão com o corpo dolorido.

Ele foi até o lado de fora da casa, tentando encontrar um banheiro para lavar o rosto e viu o causador de tanto barulho. Tensing estava pregando as madeiras com vontade e determinação, preparando o telhado do futuro refeitório para os alpinistas estrangeiros.

— Tensing, onde posso lavar o rosto? — Adam perguntou.

— Aí mesmo nessa porta. Desculpe acordá-lo, mas precisava adiantar o trabalho para minha mãe.

Adam abriu a porta e encontrou uma pequena pia com uma mangueira de borracha por onde saía uma água cristalina e gelada, que vinha direto das montanhas. Enquanto lavava o rosto, Adam perguntou:

— Seu pai não pode fazer isso por você, Tensing?

Um silêncio se fez presente, e Adam continuou lavando o rosto. De repente, uma voz diferente respondeu à pergunta:

— O pai de Tensing morreu, quando ele era bebê.

Adam assustou-se e virou o rosto rapidamente para ver quem era.

— Seja bem-vindo, Adam. Sou Sher-rap.

Adam assustou-se, pois esperava encontrar um homem forte e musculoso, mas não era bem isso o que via. Sher-rap era um homem baixo, de rosto bem enrugado devido ao forte sol das montanhas e pele escurecida, algo comum entre os sherpas. Vestia uma jaqueta amarela de nylon própria para alpinismo, calça de nylon preta, uma toca de lã marrom e chinelos de couro nos pés.

Sher-rap aproximou-se e deu um abraço verdadeiro de boas-vindas em Adam, que imediatamente sentiu uma energia de paz envolvendo-o.

— Então, você é Sher-rap? — Adam perguntou.

— Decepcionado? Não era bem o que pensava encontrar, não é mesmo?

— Acho que não — Adam sorriu sem graça.

— Não se preocupe. Também achei que você seria mais bonito. Estamos quites, amigo.

Sher-rap sorriu, e Tensing aproximou-se para cumprimentar o tio que acabara de chegar de Namche Bazaar, pois queria entregar-lhe uma carta.

— Sher-rap, meu tio, vovó Sun pediu para eu escrever isso num papel e entregar ao senhor.

— Deixe-me ver, Tensing.

Era um envelope vermelho-sangue. Sher-rap abriu-o, leu o que estava escrito e respondeu para Tensing em nepalês.

Curioso, Adam decidiu perguntar:

— O que está escrito no papel, Sher-rap? Desculpe-me perguntar, mas senti que é algo relacionado a mim.

Sher-rap dobrou o papel e colocou-o dentro do envelope outra vez, guardando-o em seguida no bolso interno de sua jaqueta.

— Tem razão. O que minha mãe escreveu é sobre você, mas não precisa saber nada agora.

— Por quê?

— No momento certo, você saberá. Não tenha pressa, não é nada de mais. Vocês, ocidentais, têm pressa para tudo. Precisam ter mais paciência e esperar o tempo certo. O tempo do universo não é igual ao tempo dos homens. É preciso respeitar a lei do tempo universal, entende?

Sher-rap parecia zangado, mas era somente seu jeito sério de lidar com as coisas. Ele era um homem muito disciplinado e gostava quando as outras pessoas eram também. Ele era uma pessoa muito calma, serena e nunca desrespeitava ninguém.

Percebendo o semblante cansado e desamparado de Adam, Sher-rap aproximou-se e disse:

— A partir de hoje, você será meu irmão, amigo Adam. Não sei quanto tempo ficará entre nós, mas, enquanto estiver conosco, fará parte de minha família e nada de mal lhe acontecerá. Estarei sempre ao seu lado.

— Muito obrigado, Sher-rap.

Adam emocionou-se com as palavras verdadeiras de Sher-rap e abraçou-o como se fosse um verdadeiro irmão. Ele disse:

— Espero que você consiga curar minha doença. Isso é o que mais desejo na vida.

— Eu não curo ninguém, irmão Adam. E esse não é seu maior desejo, posso lhe garantir.

— Está dizendo que não pode me curar?

— Eu não curo ninguém. Quem cura é a natureza e a própria pessoa.

— Mas você não é um curandeiro?

— O homem não tem o poder de curar. Sou apenas um monge budista e um velho instrutor de montanhismo, só isso.

Adam ficou nitidamente frustrado. Ele sentou-se num pequeno banco de madeira que havia por ali.

— Está preocupado, Adam? — Sher-rap perguntou.

— Sim, pensei que chegaria aqui e encontraria alguém que pudesse me ajudar. Deixei o mundo inteiro para trás, e agora você me diz que não pode me curar. Isso é muito frustrante. Eu não vim ao Nepal para escalar montanhas e muito menos para rezar, Sher-rap.

Sher-rap sorriu.

— Todos dizem a mesma coisa quando chegam aqui. Eu sugiro a você que, em vez de perder tempo e energia com preocupações, comece a ocupar mais sua mente com coisas boas. Não se preocupe tanto, pois o tempo é só um portal. O que for para ser já é. Tudo acontece no tempo certo e da forma adequada. O universo é sábio.

— Será?

— Acredite em mim, Adam.

— Posso mesmo acreditar em você?

— Sim! O problema é que as pessoas estão desalinhadas com seus sonhos, mas, quando elas se alinham, as peças se encaixam perfeitamente, e o universo começa a agir a favor das pessoas.

— Entendo.

— Veja você, por exemplo! Seu foco no momento é a doença, já meu foco no momento é a sua saúde. Seu foco é evitar a morte, já meu foco é a vida. Você está totalmente perdido, e eu quero que se encontre. Está entendendo como nossos objetivos são distintos? O problema são as intenções das pessoas. Elas precisam estar alinhadas e lúcidas.

— Estou entendendo, Sher-rap, mas o que devo fazer agora?

— Demora um tempo para as coisas se harmonizarem. Então, a regra agora é parar de se preocupar e confiar em mim. Fará isso?

— Sim, Sher-rap.

— Isso é muito importante, pois, se não acreditar em mim, é melhor voltar para Lukla e pegar o primeiro avião de volta para Katmandu. Sem confiança, não chegaremos a lugar algum.

Adam ficou surpreso com as palavras de Sher-rap. Afinal, aquele homem aparentemente pouco inteligente mostrara-lhe em poucos minutos que não era ignorante e displicente. Adam compreendeu que Sher-rap possuía muito conhecimento, principalmente sobre as questões humanas.

Ele ficou calado, enquanto Sher-rap pegava um dos martelos para ajudar Tensing a pregar as madeiras e dizia:

— Adam, vá até a cozinha para comer alguma coisa e depois vá para o quarto dormir. Minha irmã preparou um jantar delicioso e é bom descansar, pois amanhã partiremos bem cedo rumo a Namche Bazaar. Depois que nos distanciarmos do vilarejo de Monjo, a subida é íngreme, e você precisa estar bem fisicamente.

— Tudo bem, Sher-rap, farei isso! Obrigado pela acolhida e por tudo que sua família está fazendo por mim.

— Eu que agradeço sua chegada, Adam. Você pensa que nós o estamos ajudando, mas um dia saberá que é exatamente o contrário.

— Como assim? — Adam indagou.

— Calma! Um dia você saberá.

— Tem alguma coisa a ver com o que está escrito na carta?

Sher-rap olhou para Tensing, e os dois sorriram.

— Não, não tem nada a ver com a carta. Não se preocupe mais com isso. Vá comer e depois descanse.

— Vocês, sherpas, são cheios de segredos. Todos são assim tão misteriosos?

Sher-rap sorriu discretamente, bateu com força em um enorme prego e respondeu ironicamente:

— Engraçado! Nós pensamos a mesma coisa em relação a vocês, ocidentais! Vocês são muito misteriosos!

Adam soltou uma gargalhada e foi até a cozinha para comer. Sher-rap, então, olhou para Tensing e disse em nepalês:

— Tensing, vá até o rio e traga o que vovó escreveu na carta. Siga sua intuição e escolha as pedras que quiser. Vou guardá-las comigo e no momento certo as entregarei para ele.

— O senhor quer que eu faça isso agora?

— Sim, antes que escureça, pois amanhã partiremos bem cedo para Namche Bazaar.

— Sim, senhor. Quer que eu vá com vocês até Namche Bazaar?

— Não, fique aqui e ajude sua mãe.

— Mas tem muita coisa para o senhor carregar.

— Não tem problema, eu aguento. Agora, vá até o rio e faça o que eu lhe pedi.

— Sim, senhor.

Na carta de Miss Sun estava escrita somente uma frase em idioma nepalês:

उपयुक्त हाललाई यसको लागि तीन पत्थर सफेद जोगाउने ।[8]

---

[8] Tradução: "No momento adequado, entregue três pedras brancas do rio para ele."

Capítulo 19
Dia seguinte

O sol brilhava entre as montanhas logo nas primeiras horas da manhã. Adam assustou-se ao acordar com a mesma cantoria que ouvia da janela de seu apartamento em Nova Iorque e por alguns segundos ficou inerte entre o sonho e a realidade. Seria tudo aquilo um sonho ou ele realmente estava no Nepal em busca de sua tão desejada cura?

Aos poucos, fazendo um reconhecimento de onde estava, Adam foi voltando a si e se deu conta de que tudo era real. Ele sentou-se na cama, calçou os chinelos e foi até a varanda, que tinha uma vista estonteante do rio. Parecia uma espécie de festa, em que muitas mulheres cantavam e batiam palma alegremente, enquanto Tensing tocava um tambor. Elas cantarolavam o mesmo mantra *Om Gam Ganapataye Namaha*, como ele ultimamente ouvia de sua janela em Nova Iorque, todas as sextas-feiras.

Adam sentou-se num banquinho de madeira ao lado de Sher-rap, que também assistia à apresentação em silêncio, e perguntou:

— O que significa essa música, Sher-rap? Pode me dizer?

Sher-rap respondeu sussurrando:

— Depois que terminarem a canção, eu lhe digo. Vamos fazer silêncio agora, por favor.

— Tudo bem.

A apresentação durou mais dez minutos. Logo que terminou, todos se abraçaram em agradecimento e foram se despedindo. A mãe de Tensing aproximou-se com seu simpático sorriso estampado no rosto e abraçou Sher-rap, dizendo-lhe algumas palavras em nepalês e depois retornou a seus afazeres na cozinha.

— O que ela disse, Sher-rap?

— Ela disse que a partir de hoje os obstáculos espirituais começarão a ser removidos de sua vida, mas será preciso muita força e determinação de sua parte. Os deuses das montanhas estão olhando por você e desejam muito sua cura, contudo, tudo dependerá de sua força de vontade para continuar vivo.

— Ela tem algum dom também?

— Sim, todos de nossa família possuem dons. Vocês, ocidentais, também têm. A diferença é que não se lembram mais como usá-los. Vocês se esqueceram da força espiritual que possuem, esse é o grande problema.

— Quem fez isso conosco?

— Vocês mesmos fizeram. Não podem colocar a culpa em ninguém. Suas crenças, seus dogmas, suas doutrinas fecharam suas consciências, e vocês se permitiram por medo. Mas não quero falar sobre isso agora, pois está na hora de partirmos. Já deixei tudo arrumado lá fora na trilha e estava apenas o esperando acordar. Vá tomar um banho rápido, pois já são oito horas da manhã.

— Tudo bem. Mas antes me diga o que significa a música que essas mulheres cantaram.

— Por que quer tanto saber?

— Porque nas últimas sextas-feiras, em Nova Iorque, ouvi esse mesmo mantra vindo do edifício vizinho ao meu. Aquela cantoria me deixava maluco.

— Não gostou da apresentação que as mulheres fizeram? Essa apresentação foi feita especialmente para você, sabia? É uma espécie de ritual de limpeza.

— Verdade, Sher-rap?

— Sim, a mãe de Tensing chamou as vizinhas para cantarem o mantra e lhe desejarem boa sorte. *Om Gam Ganapataye Namaha* é uma música típica no Nepal, na Índia e no Tibete. É um mantra de cura e elevação, que serve para trazer prosperidade e remover os obstáculos materiais e espirituais que atrapalham nossas vidas.

— Então, esse é o significado?

— Sim, o mantra harmoniza a mente, o corpo e o espírito.

— Estranho! Quando ouvia essa música nos Estados Unidos, eu a odiava, mas agora estou começando a gostar.

— Isso é muito bom. Significa que você está começando a se harmonizar.

— Acha que já estou sendo curado, Sher-rap?

— Muita pressa, Adam. Você está com muita pressa. Precisa aprender a ter mais paciência.

— Paciência! Agora que falou sobre isso, lembrei-me de alguém que disse conhecê-lo. Conheci essa pessoa no voo vindo para Lukla.

— Quem é? — Sher-rap perguntou curioso.

— O nome dele é Patrick Lerner, um instrutor de escalada. Ele disse que o conheceu na década de 1980 e viveu alguns anos aqui no Nepal.

— Você conheceu Patrick Lerner?

— Sim.

— Nossa! Faz muitos anos que não o vejo. Ele é uma pessoa muito boa e viveu em minha casa durante dois anos. O processo de Patrick foi muito pesado e difícil, mas ele não é instrutor de escalada. Na verdade, ele trabalha como *coach* em Frankfurt; é um treinador de talentos. Grandes empresas o contratam para transformar seus executivos em pessoas extraordinárias, como se fossem super-humanos. Entende? Esse é o trabalho atual de Patrick. Ele ganha muito dinheiro com isso hoje. Ouvi dizer que se tornou um homem muito rico.

— Eu sabia que Patrick era um *coach*! — Adam exclamou.
— Você gostou dele?
— Sim, ele é muito simpático e atencioso. Mas como ele veio parar aqui nos anos 1980?
— Patrick foi viciado em heroína, era alcoólatra e também suicida.
— Suicida? Tem certeza de que estamos falando da mesma pessoa, Sher-rap?
— Sim. Não dá para acreditar, não é?
— Não mesmo.
— Acredite! Ele tentou o suicídio três vezes e foi internado num hospital psiquiátrico na Alemanha. Após sair do hospital, Patrick decidiu vender tudo o que tinha e veio para o Nepal procurar sua cura. Quando chegou aqui, ele era um homem fracassado, apodrecido por dentro e incapaz de superar seus próprios problemas. Dois anos depois, quando retornou para a Alemanha, ele se recuperou plenamente e hoje é o *coach* mais bem pago da Europa. Todos querem Patrick Lerner como seu treinador.
— Eu nunca imaginaria isso! Nunca mesmo!
— Mas é verdade! Patrick foi curado e totalmente desintoxicado. Ele é uma das poucas pessoas que vi voltar curado para casa.

Adam colocou a mochila nas costas:
— Quer dizer que algumas pessoas não se curam? É isso que está querendo me dizer, Sher-rap?
— Não exatamente, Adam.
— Explique melhor, Sher-rap, por favor.
Sher-rap fixou os olhos de Adam e disse:
— Estou dizendo que nem todos voltam para casa. É isso que estou querendo lhe dizer.

Adam ficou calado olhando para Sher-rap.

— Não vai dizer nada? — Sher-rap perguntou.

— Patrick Lerner disse a mesma coisa, quando pousamos no aeroporto de Lukla.

— Então, ele lhe disse a verdade, pois Patrick sabe que não pode mentir. Ele aprendeu que só a verdade cura o homem. Foi isso que ele aprendeu aqui, e é exatamente isso que ele vende. Hoje, Patrick está seguindo sua lenda pessoal e está perfeitamente sincronizado com seu propósito de vida. Ele sempre será um vencedor, pois venceu a coisa mais difícil do mundo.

— O quê?

— Calma, Adam, dê tempo ao tempo. Na hora certa, você saberá.

— Droga! Você é cheio de mistérios, Sher-rap!

— Estamos conversando muito, e é hora de começarmos a caminhada até Namche Bazaar. Não temos tempo a perder, e você nem arrumou suas coisas! Vamos!

Adam estava tão entretido com a conversa que se esquecera do tempo. Foi até o quarto pegar a mochila e trocou de roupa, pois não havia tempo para banho. Desceu rapidamente até o banheirinho externo da casa, lavou o rosto, escovou os dentes e foi ao encontro de Sher-rap, que já o aguardava na cozinha. Ambos pegaram algumas frutas, já que não teriam tempo para tomar o café da manhã, e se despediram de Tensing e de sua sorridente mãe.

Na trilha, do lado de fora da casa, Adam assustou-se ao ver o que Sher-rap carregaria nas costas até Namche Bazaar. Era um amarrado de sisal com quatro botijões de gás cheios e vinte caibros grossos extremamente pesados.

— Quantos quilos há aí, Sher-rap? — Adam indagou.

— Cerca de 130 quilos.

— Oh, meu Deus! Tem certeza de que consegue carregar tudo isso nas costas durante cinco horas?

— Claro que sim. Faço isso quase todos os dias.
— O que vai fazer com essas madeiras e esses botijões?
— Estamos construindo uma pequena pousada em Namche Bazaar, e, sempre que venho ao vilarejo de Monjo, levo alguma coisa. Não posso perder a viagem.
— Vocês, sherpas, são uns malucos!
Sher-rap não retrucou.
— Vamos seguir em frente, pois o caminho será longo. Até logo, Tensing.
— Até logo, meu tio. Fique na luz das montanhas.
— Você também, Tensing. Cuide de sua mãe e venha nos visitar em Namche Bazaar.
— Sim, senhor. Assim que meu passaporte chegar pelos correios, levarei para o senhor ver.
— É assim que se fala, garoto! Até logo.
A caminhada até Namche Bazaar seria longa. Estava claro para Adam que aquele ponto marcaria o início de uma grande jornada, pois, além de estar se aprofundando cada vez mais nas cordilheiras geladas do Himalaia, ele agora contava com a presença de Sher-rap, o homem que estava fadado a trazer a cura que ele tanto desejava.

***

Nos primeiros trinta minutos de caminhada, um estranho silêncio fez-se presente. Para Adam, acompanhar Sher-rap certamente não era tão fácil quanto acompanhar o jovem Tensing. O ritmo de Sher-rap era mais intenso, e ele não parecia gostar muito de jogar conversa fora.

De repente, o silêncio foi quebrado quando Sher-rap parou à beirada de um penhasco com mais de sessenta metros de altura e olhou para trás esperando Adam aproximar-se. Assim que ele chegou, Sher-rap perguntou:

— Está tudo bem, Adam? Está cansado? Consegue continuar?

— Estou um pouco cansado e com dores nas pernas, mas acho que aguento.

— Dentro de alguns minutos, vamos atravessar a maior ponte da região. Ela está lá na frente. Consegue ver?

Adam olhou para frente e assustou-se com a altura da ponte. Eram pelo menos sessenta metros de altura sobre o rio. A ponte estava repleta de bandeirolas coloridas penduradas, que balançavam ao vento.

— É muito alta! Tem algum perigo, Sher-rap?

— Claro que tem perigo. Temos de atravessar com calma. Só isso.

— O que são essas bandeirolas coloridas penduradas? Em todas as pontes há bandeiras como essas. O que é, afinal?

— Nós acreditamos que, em contato com o vento, os símbolos sagrados estampados nas bandeirolas espalham o bem e a felicidade para todos os seres, criando, assim, um vasto campo positivo.

— Percebi que vocês são muito devotos e felizes. A cultura sherpa é muito interessante!

— Tem razão. Somos muito felizes e queremos espalhar essa felicidade para o resto do mundo, que está precisando muito de alegria e compaixão.

— Concordo plenamente com você, Sher-rap.

— Vamos em frente. Quando chegarmos à ponte, paramos outra vez, tudo bem?

— Tudo bem.

Sher-rap caminhava pela trilha com cuidado, orientando Adam para que ele não escorregasse nas pedras soltas e caísse no abismo. Ao aproximar-se da ponte, Sher-rap retirou os botijões das costas para descansar um pouco e, nesse momento, começou a portar-se de uma forma diferente e um tanto estranha. Ele olhava fixamente para o rio, que passava com ferocidade lá embaixo. De repente, seu semblante fechou-se como se ele estivesse entrando em estado de concentração.

Cansado, Adam aproximou-se de Sher-rap, retirou a mochila das costas e colocou-a no chão. Preocupado com o amigo, ele perguntou:

— Está se sentindo bem, Sher-rap?

Ele não respondeu e continuou olhando fixamente para baixo, na direção da forte correnteza do rio.

Adam também começou a sentir-se um pouco estranho. Um calor repentino subiu por sua coluna, esquentando sua nuca, e ele sentiu uma vertigem. Sem entender o que estava acontecendo, ele abaixou-se e apoiou-se no chão. Sher-rap olhou para Adam sem espanto algum, pois sabia exatamente o que estava prestes a acontecer.

Sher-rap colocou-se ao lado de Adam, que entrava numa espécie de transe, e disse:

— Irmão Adam, estou ao seu lado. Não se preocupe.

— O que está acontecendo comigo, Sher-rap?

— Tenha calma. Dentro de instantes, você terá uma visão. Não se assuste.

— Não consigo abrir os olhos, Sher-rap!

— Não abra os olhos agora. Mantenha-os fechados.

Sher-rap postou-se atrás de Adam e colocou as mãos próximas à cabeça dele, mas sem encostar, como se quisesse energizá-lo por meio da palma de suas mãos grossas e calejadas. Sher-rap tentava acalmá-lo dizendo:

— Uma visão surgirá em sua mente, como se fosse um filme. No momento em que eu segurar sua mão com força, tudo virá à tona. Quando a visão surgir em sua mente, quero que me detalhe tudo o que estiver se passando, tudo bem?

— Tudo bem, Sher-rap.

— A partir desse ponto, muitas revelações lhe serão apresentadas. São esclarecimentos que o ajudarão a compreender muitas coisas.

— Estou sentindo um calor muito forte atrás de minha nuca, Sher-rap!

Sher-rap afastou as mãos da cabeça de Adam e posicionou-a à sua frente. Ele olhou para o abismo outra vez e sentiu um forte arrepio:

— Adam, abra os olhos rapidamente e olhe para o abismo. Depois, feche-os outra vez.

Adam fez o que Sher-rap pediu. Olhou para o abismo e para a correnteza do rio e em seguida olhou para o novo amigo, que estava com os olhos marejados. Adam assustou-se ao ver Sher-rap com o semblante triste:

— O que está acontecendo, Sher-rap?

— Não olhe para mim, Adam. Feche os olhos agora.

Adam obedeceu-o assustado:

— Diga-me o que está acontecendo, Sher-rap.

Sher-rap não respondeu e ajoelha-se na frente de Adam, passando a mão sobre seus olhos, como se quisesse adormecê-lo. Em seguida, assoprou a palma das suas mãos duas vezes:

— Agora, abra a palma da sua mão direita, Adam.

Ele abriu a mão, e Sher-rap segurou-a com força, como se estivesse fazendo uma espécie de conexão, de acoplamento energético. De repente, algumas lágrimas começaram a escorrer pelos olhos de Adam, enquanto Sher-rap aguardava serenamente.

Sem soltar as mãos de Adam, Sher-rap perguntou:

— O que está vendo agora, Adam? Descreva-me, por favor.

— É muito triste o que estou vendo.

— Diga o que está vendo e não tenha medo. Não resista, pois nada de mal lhe acontecerá.

— Estou vendo você bem ali na beira da ponte, Sher-rap. É você mesmo? Como isso é possível?

— Sim, sou eu mesmo. Continue descrevendo a cena.

— É você, eu sei que é! Mas... é uma criança! Você tem cerca de oito anos de idade e está gritando desesperadamente para alguém que está caído lá embaixo no rio! Há uma mulher vestida com uma saia vermelha e blusa colorida bem ao seu lado. Ela também está gritando e chorando desesperada. Chove forte, e o rio está cheio e barrento. Tem muita água descendo pelas montanhas. Parece um dilúvio. É muito perigoso.

Sher-rap pediu a Adam que continuasse:

— Parece que há alguém lá embaixo, na correnteza do rio, pedindo socorro. É a voz de uma menina. Vocês estão gritando para ela escalar o abismo, mas a menina não consegue subir pela encosta enlameada. É uma menina de uns dez anos de idade.

— Caminhe até a beira do abismo e veja quem é.

— Estou com medo, Sher-rap!

— Não tenha medo. Vá e olhe.

— Tudo bem. Estou chegando perto e já posso ver quem é.

— Diga-me quem é.

— É sua irmã mais velha!

— Continue.

— A ponte caiu sobre sua irmã, e as duas pernas dela estão quebradas. Ela está gritando por ajuda e luta para não ser levada pela correnteza. Você está tentando descer a encosta para ajudá-la, mas acabou de escorregar e também caiu. Você conseguiu se agarrar a duas pedras grandes, e sua mãe está gritando com medo de perder os dois filhos numa fatalidade. Ela está sozinha agora e não tem ninguém a quem possa pedir ajuda. Ela olhou para o lado e me viu. Agora sua mãe está gritando e falando em nepalês. Ela parece pedir minha ajuda, contudo, não entendo o que ela diz. Eu não a compreendo. Oh, meu Deus! O que tenho a ver com tudo isso, Sher-rap? Socorro! Socorro!

— Calma! — outra vez, Sher-rap energizou a cabeça de Adam com as mãos. — Não se preocupe. O que está visualizando é apenas uma sincronicidade de tempo e espaço. Você não estava presente quando essa cena aconteceu.

— Que cena é essa?

— Não abra os olhos. Continue, pois já está terminando. Concentre-se e me diga o que está vendo agora.

— Você não conseguiu salvar sua irmã, Sher-rap. Ela caiu na correnteza e está sendo levada pelo rio. Sua irmã desapareceu no fluxo das águas, e sua mãe ajoelhou-se no chão, pedindo clemência e chorando em desespero. Usando toda a sua força, você conseguiu escalar a encosta barrenta e, quando chegou ao topo do abismo, abraçou sua mãe tentando ampará-la da irreparável perda.

Adam emocionou-se ao presenciar a cena entre mãe e filho. De repente, seus olhos encheram-se de lágrimas.

— Tenha calma, Adam! — Sher-rap passou levemente a mão sobre os olhos do amigo e disse:

— Acabou, Adam. Abra os olhos e respire fundo.

Adam abriu os olhos, olhou para o abismo e disse:

— Oh, meu Deus! O que foi isso, Sher-rap? O lugar é exatamente este, mas o que vi aconteceu no passado. O que foi isso?

— Transferi minhas lembranças para sua mente, como se conectasse um fio nós.

— Por que fez isso comigo? Como isso é possível?

— Fiz isso para você compreender o que aconteceu com minha irmã mais velha. Ela se chamava Tshe-rap e era a filha mais querida de minha mãe. Foi o dia mais triste de nossas vidas. Depois que minha irmã morreu, minha mãe jurou que faria qualquer coisa para reencontrá-la, nem que para isso precisasse morrer também.

— Como assim morrer?

— Ela chegou a pensar em morrer para reencontrar Tshe-rap no mundo pós-morte, no mundo invisível de

Shamballa. Nós, nepaleses, acreditamos em vida após a morte, mas também acreditamos em vida antes do nascimento. Na verdade, acreditamos que exista vida o tempo todo.

— E o que sua mãe fez? O que vocês fizeram depois da morte de sua irmã?

— Minha mãe entrou em depressão profunda e viveu trancada no quarto durante cinco anos até que um dia sonhou com Tshe-rap e decidiu partir para os Estados Unidos.

— Estados Unidos? Por quê?

— Ela disse que reencontraria minha irmã nos Estados Unidos. Isso foi no final da década de 1970.

— Mas como? O que está me dizendo é a mais completa loucura, Sher-rap!

— Todo mundo achou que minha mãe estava ficando louca, mas ela fez o que tinha de ser feito. Pegou minha irmã mais nova e seguiu para os Estados Unidos.

— E ela encontrou Tshe-rap?

— Passaram-se mais de quarenta anos da morte de minha irmã, e ela não encontrou ninguém. Miss Sun, no entanto, nunca desistiu. O universo ouviu suas preces, e ela acabou encontrando Tshe-rap dois anos atrás. Ficamos sabendo disso por intermédio de uma carta, em que toda a história foi relatada. Foi realmente emocionante. Agora, minha mãe é a mulher mais feliz na face da Terra.

— Encontrou quem? Como assim? Não estou entendendo.

— Preste atenção, Adam. Pense no que vou lhe dizer. Não tente compreender a questão racionalmente; apenas ouça e tire suas próprias conclusões.

— Ok. Pode falar, Sher-rap. Não duvido de mais nada.

— Minha irmã era uma menina especial e tinha dons magníficos. Ela podia ver o passado e o futuro das pessoas, apenas olhando no fundo dos olhos delas.

Adam ficou intrigado e começou a lembrar-se da menina Annie, que usava muletas na Times Square. Numa fração de segundos, ele começou a juntar as peças do quebra-cabeça:

— Espere aí! Está me dizendo que sua irmã, a garota que vi caindo no abismo e morrer afogada com as pernas quebradas, é a menina Annie? Uma loirinha de cabelos longos cacheados, que vive em Nova Iorque?

— Exatamente, esse é o nome dela. Minha mãe disse que Annie é a reencarnação de Tshe-rap. Elas se encontraram há dois anos e se tornaram muito próximas. Todos os fins de semana, Annie pede para seu pai levá-la até o Queens para comer as deliciosas pipocas caramelizadas de Miss Sun.

— Espere! Espere! Isso não pode ser real. Vocês estão brincando comigo, não é? Como uma coisa dessas pode ser possível?

— Não é brincadeira, Adam. Minha mãe passou a vida inteira à procura de Tshe-rap, e, agora que a encontrou, nada mais importa. Somente o amor puro que as uniu novamente importa.

Adam parecia não acreditar no que estava ouvindo.

— Espere aí, Sher-rap. Isso não está certo. Se essa história for realmente verdade, sua mãe não pode fazer isso com a menina e a família dela. Eles sabem disso? Annie sabe disso?

— Claro que sabe, pois foi a própria Annie quem contou à minha mãe quem ela era. Tudo aconteceu em 2012, numa tarde de sábado... Minha mãe estava vendendo pipocas na rua, e o pai da menina se aproximou dizendo que a filha queria contar algumas coisas a ela. Annie fixou os olhos de minha mãe, que começou a chorar descontroladamente. Minha mãe a segurou no colo, e Annie lhe disse olhando no fundo de seus olhos: "Mamãe, eu sou Tshe-rap, sua filha. Estava morrendo de saudades da senhora. Eu tenho outra família agora, mas vim até aqui para lhe dar um abraço. Nunca mais vamos nos separar outra vez, e a senhora não precisa mais se preocupar comigo. Eu não senti dor alguma, quando fui levada pela correnteza do rio".

Sher-rap fez uma breve pausa e continuou:

— A partir desse dia, elas passaram a se encontrar todas as semanas, por isso minha mãe nunca voltou ao Nepal. Ela jurou que encontraria Tshe-rap e ficaria ao seu lado para sempre. Miss Sun está cumprindo seu juramento.

Adam não sabia o que dizer. Era uma mistura de dúvida, medo e desconfiança. Sher-rap colocou os botijões nas costas outra vez e disse:

— Sei que é difícil para você acreditar nisso.

— É difícil mesmo, mas eu senti! Eu vi a cena, e era real!

— Não quero que acredite em nada, Adam. O que fiz não foi magia, muito menos hipnose. O que você viu é simplesmente a realidade. Eu o coloquei em uma dimensão atemporal, e você acessou uma memória real. Crer ou não crer é apenas uma opção. Você não precisa acreditar.

— Oh, meu Deus!

— Precisamos seguir adiante, pois temos um longo caminho pela frente — Sher-rap disse seguindo pela ponte.

Adam fez a travessia com muito medo. Além de a ponte ser muito alta, ele tinha acabado de sentir na pele o que era cair daquela altura sobre as pedras e ser engolido pela correnteza do rio.

Após superado o medo e cumprido o desafio, Adam seguiu a trilha calado e pensativo, tentando compreender o que havia acontecido. Ao mesmo tempo, tentava conectar todas as coincidências ocorridas em Nova Iorque e os motivos que o fizeram ir até aquele lugar inóspito.

Às duas horas da tarde, os dois homens chegaram a Namche Bazaar. Adam estava faminto e sentia muitas dores nas costas, no entanto, ao passar pelo portal de entrada de Namche Bazaar e avistar as centenas de casas com telhados azuis, construídas nas encostas das montanhas, um alívio indescritível envolveu seu corpo. Afinal, chegara a hora de descansar, comer e começar a adaptar-se ao dia a dia do povo sherpa.

Adam não sabia como as coisas seriam a partir daquele ponto e não tinha a mínima ideia de quanto tempo ficaria na casa de Sher-rap, muito menos o que ele preparara para curar sua doença. Até aquele momento, Sher-rap não demonstrara qualquer movimento nesse sentido nem pronunciara qualquer palavra sobre tratamentos alternativos, curas, terapias ou procedimentos espirituais.

Os dois homens caminharam pelas ruas estreitas até chegarem próximos de uma humilde casa, uma das casas mais altas do vilarejo.

Capítulo 20

Namche Bazaar

O amor é como uma criança.
Ele deseja tudo o que está por perto.
(William Shakespeare)

Adam surpreendera-se com a movimentação frenética dos moradores do vilarejo de Namche Bazaar. Não existiam carros, somente pessoas indo e vindo pelas ruas estreitas do local, carregando as cargas mais estranhas sobre as costas.

Havia, sem dúvida, uma economia acontecendo naquele local, principalmente voltada ao turismo. Era comum ver turistas de vários países andando à procura de mantimentos e equipamentos para suas aventuras, principalmente as que os levavam até o Monte Everest, a mais conhecida e requisitada montanha do Nepal.

Além dos carregadores, havia também muitos potrinhos cavalgando livremente pelas ruas e alguns iaques[9].

Na parte mais alta das colinas e ao redor do vilarejo, Adam podia ver escrituras em idioma nepalês pintadas nas rochas. Certamente, era algum tipo de oração que os sherpas costumavam registrar nas pedras. Ele estava começando a compreender os costumes daquele povo e estava achando o

---

[9] Iaque é uma espécie de búfalo do Nepal. São animais enormes que chegam a medir dois metros de comprimento e pesar mais de uma tonelada. Seus pelos são grossos e grudentos para suportar as baixas temperaturas durante os invernos rigorosos do Himalaia.

ambiente de Namche Bazaar muito aconchegante e hospitaleiro. Os moradores eram agradáveis e de certa forma familiares para ele. Ele sentia que encontrara o lugar ideal para viver.

Depois de caminhar durante dois dias e se maravilhar com as paisagens exuberantes da cordilheira do Himalaia, a ideia de voltar para os Estados Unidos parecia começar a apagar-se pouco a pouco de sua mente.

O objetivo de Adam era mudar de vida e curar sua doença, portanto Namche Bazaar parecia ser o lugar ideal para passar o resto de seus dias. Ele não encontrava mais motivos para voltar aos Estados Unidos. Não tinha mais esposa, desistira de sua família no Canadá, não tinha mais seu promissor emprego na Bolsa de Valores da NASDAQ e os poucos amigos que tinha certamente se esqueceriam dele em pouco tempo. Ou seja, Adam sentia que não havia mais nada o conectando com a América.

Antes de passar pelo portal de entrada da enigmática Namche Bazaar, Adam pediu para Sher-rap parar.

— Sher-rap, desde que tive aquela visão na ponte, tenho pensado muito e preciso lhe perguntar algo!

Depois de muitas horas em silêncio, Sher-rap parou e colocou todo o peso que carregava no chão:

— O que você quer saber, Adam?

— A ideia de que eu teria de vir ao Nepal me encontrar com você foi da menina Annie, não foi? Da garotinha que disse ser a reencarnação de sua irmã?

Sher-rap sorriu com discrição.

— Por que você está rindo, Sher-rap?

— Porque o silêncio das montanhas está começando a fazer bem a você. O silêncio costuma fazer isso.

— O quê?

— O silêncio tem o poder de trazer todas as respostas de que precisamos.

— E então? Foi Annie quem sugeriu que eu viesse ao Nepal? Não foi sua mãe, não é?

— Exatamente, Adam. Você está certo. Annie disse para minha mãe que um homem doente a procuraria e que, quando isso ocorresse, ela deveria dizer a ele para ir até o Nepal me encontrar.

— Eu sabia! — Adam exclamou.

— Foi por isso que eu quis lhe revelar aquela cena na ponte. Exatamente como minha irmã, Annie tem o poder de ver o futuro.

— Annie me disse isso quando nos encontramos em Nova Iorque.

— Ela, no entanto, não lhe disse que tem o poder de ver o passado também, disse?

— Não, isso ela não disse.

— Pois é, mas ela tem o poder de acessar o passado e o futuro.

Adam sentiu-se enganado:

— Mas por quê? Por que tantos segredos? Por que não me diz logo a verdade, Sher-rap? Se existe realmente uma cura para minha doença. Diga logo! Chega de segredos, chega de revelações espirituais. Eu quero me curar, só isso!

Sher-rap sorriu novamente, mas desta vez com estranheza.

— Adam, você deu um passo para frente e agora está dando dois passos para trás. Desse jeito, não vai chegar a lugar algum. Você precisa ter paciência e caminhar adiante. As respostas estão chegando. Tenha calma.

— Por que ter calma?

— Porque está novamente com pressa. Sua maior prova aqui no Nepal será a paciência. Você é muito parecido com Patrick Lerner. Não tem paciência de esperar o tempo do universo, e esse é um grande problema dos ocidentais. Adam, aprenda de uma vez por todas que o tempo do universo não é igual ao tempo dos homens.

Adam ficou irritado e reclamou:

— Paciência! Paciência! Não sei por que preciso ter tanta paciência!

— Porque a paciência significa "paz e consciência". Quando o indivíduo atinge o estado de paz com consciência, a iluminação se faz presente, o medo vai embora e a certeza passa a fazer parte de sua vida.

— Você usa muitas metáforas, Sher-rap. Que droga! Mas tudo bem... Eu entendi sua mensagem.

— Eu sou assim, Adam. Se não gosta de mim, vá embora agora mesmo. Ainda pode escolher seu destino, afinal, ninguém o obrigou a vir até aqui. Você veio por livre e espontânea vontade, não foi?

— Sim, desculpe, Sher-rap. Acho que estou cansado.

— Não precisa se desculpar. Só quero que aprenda a ter mais paciência.

— Tudo bem, vou me esforçar.

— Vamos em frente, pois deve estar com muita fome.

— Estou morrendo de fome e com duas bolhas gigantes nos pés. Preciso tirar essa bota pesada o mais rápido possível. Sua casa fica perto daqui?

— Sim, minha casa é aquela ali no alto da colina, com telhado azul semiacabado e dois andares. Vamos, minha esposa está nos esperando.

Os dois homens caminharam cerca de quatrocentos metros e chegaram a uma estreita rua que os levaria até a residência de Sher-rap. Adam, no entanto, não estava aguentando as dores nos pés e pediu para pararem a menos de cem metros.

— Não estou aguentando, Sher-rap. Preciso parar um pouco.

— Fique aí, Adam. Vou até minha casa, pois preciso descarregar os botijões de gás. Agora faltam somente poucos metros.

— Vou esperar aqui, Sher-rap. Já sei qual é sua casa. Não se preocupe.

Adam sentou-se numa pedra e respirou com dificuldade. Estava visivelmente exausto e precisava descansar o corpo, mas também tinha de se alimentar e beber bastante água, pois a viagem fora cansativa.

O breve momento de descanso logo foi interrompido com a chegada de um menino de cinco anos de idade, com bochechas coradas e de rosto típico do povo sherpa. Ele aproximou-se de Adam e agarrou suas pernas com um enorme sorriso no rosto.

Adam não entendia o que estava acontecendo e não sabia o que fazer. O menino disse algumas palavras em nepalês, mas Adam não compreendeu nada. Ele olhou para os lados, não viu ninguém e perguntou em inglês:

— Onde está sua mãe, garoto? Solte minhas pernas, por favor. Solte!

O menino não soltou e continuou rindo e olhando fixamente para Adam. Certamente, o garotinho não entendia inglês.

De repente, uma mulher de aproximadamente quarenta anos de idade surgiu atrás de uma casa carregando um pacote de suprimentos nas costas. Em inglês, ela disse:

— Olá, sou Tshe Wang, e esse que está segurando suas pernas é meu filho Lhaksa. Ele o está incomodando?

— Muito prazer, meu nome é Adam. Sou de Nova Iorque.

— Eu sei quem você é.

— Você é a esposa de Sher-rap?

— Sim.

O menino continuou agarrado às pernas de Adam, proferindo palavras em nepalês.

— O que ele está dizendo?

— Que o amor age como se fosse uma criança. O amor é algo tão poderoso que deseja tudo o que está por perto. Quando o amor encontra um ser que sofre, alguém como você, ele logo o agarra e não solta mais. É isso que Lhaksa está querendo lhe dizer. Que o amor tem o poder de curar o desamor.

O menino sorriu e soltou a perna de Adam.

— Ele é filho de Sher-rap, é isso?

— Sim, Lhaksa é nosso filho e ele é puro amor. Desde que nasceu, sabíamos que ele traria a energia do amor em sua alma. A partir de hoje, nosso filho estará sempre ao seu lado, enquanto você estiver conosco em nossa casa. Lhaksa é um menino muito quieto e não gosta de conversar, mas é uma criança feliz. Vocês se darão muito bem. Tenho certeza disso.

— Que bom! — Adam parecia não se importar muito com o menino.

— Deve estar com fome e sede, não é? — Tshe Wang perguntou.

— Sim, estou com muita fome, mas não estou conseguindo andar por causa das enormes bolhas que se formaram em meus pés.

— Tire as botas. Deixe-me ver seus pés.

Adam tirou as botas e assustou-se ao ver o tamanho das bolhas em seu calcanhar direito.

— Estão grandes mesmo! — Tshe Wang exclamou.

— Vou estourar essas bolhas — Adam disse.

— Não faça isso. Precisa de cuidados. Vamos até a minha casa. Eu tenho agulha e linha lá. Não pode estourar as bolhas, pois se fizer isso seu pé ficará em carne viva. Precisa passar uma agulha com linha e depois amarrar com um nó, assim a pele não grudará na ferida. Não se preocupe, amanhã já estará bem melhor.

— Obrigado, Tshe Wang.

Adam levantou-se e foi mancando com dificuldade até a casa. Lhaksa segurou sua mão com a intenção de ajudá-lo, e Adam olhou para o menino com indiferença.

— Eu não disse que vocês se dariam bem? — Tshe Wang disse.

— Tem razão — Adam respondeu, disfarçando sua indiferença.

Tshe Wang parecia ser uma mulher muito forte e destemida. Usava um lenço azul na cabeça, brincos em formato de argolas grandes e douradas, *piercing* no nariz, uma blusa estampada e saia vermelha típica da região. O nome Tshe Wang significava "o poder da vida".

Ao entrar na casa, Adam sentiu um forte aroma de incenso e uma energia de indescritível harmonia no ar. Do lado de fora, a casa parecia pequena, mas por dentro era grande e espaçosa. Tinha dois andares e ficava encravada na montanha, o que dava mais profundidade e amplitude aos cômodos.

Sher-rap estava na cozinha arrumando os botijões que carregara. Na sala de entrada, Adam deparou-se com mais algumas pessoas que supostamente viviam ali. Uma senhora de aproximadamente setenta anos, uma adolescente e uma menina de três anos, todas elas estavam costurando bandeirolas coloridas. Estava claro que, além de Sher-rap, Tshe Wang e Lhaksa, havia mais três pessoas vivendo na residência.

Tshe Wang fez as apresentações:

— Essa é minha mãe, e essas duas meninas são minhas sobrinhas. Confeccionamos bandeirolas nepalesas para vender na feira de rua que acontece todos os sábados de manhã. É o maior mercado público do Nepal. A cidade se chama Namche Bazaar devido ao tradicional bazar público que acontece aos sábados.

— Interessante! Não sabia disso.

— Minha irmã está cursando a graduação em uma universidade em Pequim, e nós estamos cuidando de suas filhas enquanto ela termina o curso. Só faltam dois anos para se formar em engenharia eletrônica. Ela vem para cá visitar as filhas a cada três meses.

Adam juntou as mãos em sinal de cumprimento, e todos fizeram o mesmo movimento em retribuição.

Tshe Wang disse:

— Somente eu e Sher-rap falamos inglês aqui em casa, mas com o tempo vocês se entenderão. Não se preocupe.

— Como você aprendeu a falar inglês, Tshe Wang?

— No campo-base dos alpinistas, com Sher-rap. Fizemos muitas expedições juntos e levamos centenas de pessoas ao cume do Monte Everest. Eu sempre fico no campo-base, responsável pela alimentação das equipes internacionais.

Sher-rap surgiu na sala após descarregar e ajeitar os botijões de gás na cozinha.

— E então, como está se sentindo, Adam?

— Ele precisa de cuidados, pois seus pés estão com bolhas enormes — Tshe Wang respondeu.

— Bem, querida, você sabe o que fazer, não?

— Sei sim.

— Vou até o quarto de Adam para organizar tudo. Quando você terminar o curativo, traga-o para ele ver onde ficará hospedado. Em seguida, vamos tomar uma sopa quente e comer um delicioso macarrão para repor as energias.

— Tudo bem, querido — Tshe Wang respondeu em nepalês. — Venha, Adam, sente-se aqui. Vou cuidar de seus pés.

— Muito obrigado, Tshe Wang.

Adam não sabia, mas aquela seria sua família a partir daquele dia.

Lhaksa sentou-se ao lado de Adam e ficou observando tudo o que Tshe Wang fazia, sempre com um sorriso sincero estampado em seu rosto rosado.

Tshe Wang não parava de falar, enquanto limpava os pés de Adam. Ela parecia gostar bastante de conversar, e Adam estava surpreso com a desenvoltura do inglês da esposa de Sher-rap. Em poucos minutos, ele notou que Tshe Wang era uma mulher muito inteligente e comunicativa.

Ela falava sobre seu povo:

— Adam, embora muitos nepaleses sejam hindus, os sherpas praticam uma forma de budismo tibetano. Compreender nossos costumes budistas vai ajudá-lo a entender nosso modo de vida e por que estamos intimamente ligados às montanhas. Para nós, as montanhas carregam um significado muito importante e são o lugar ideal para as pessoas se aproximarem da iluminação. Nós enfatizamos a compaixão e o altruísmo para alcançar essa luz. O budismo é uma religião pacifista focada no respeito aos seres vivos. Embora estejamos isolados aqui em Namche Bazaar, nossos costumes continuam se fortalecendo à medida que vamos nos unindo. Os sacerdotes locais, chamados também de lamas, e os líderes dos sacerdotes, conhecidos também como rinpoches, servem de guias espirituais para os sacerdotes sherpas como Sher-rap.

Tshe Wang fez uma breve pausa e depois continuou:

— Em 1916, o primeiro mosteiro celibatário foi criado pelo Lama Gulu em Tengboche. O mosteiro de Tengboche está a uma altura de 3.870 metros e é um lugar espiritual para os sherpas. Lá, há uma escola e um convento. Mais de 30 mil turistas visitam o mosteiro de Tengboche todo ano devido à vista impressionante e às festividades religiosas que lá acontecem. A festa popular de Mani Rindu culmina em uma cerimônia de dança com máscaras, exibindo os aspectos coloridos da cultura religiosa dos sherpas e celebrando dez dias de oração ao Buda da Compaixão. Na verdade, compaixão é a parte mais essencial para o povo sherpa.

— O que é isso pendurado na parede, Tshe Wang? — Adam perguntou.

— Muitas casas sherpas possuem relicários religiosos, para os quais oramos e fazemos oferendas diárias. Do lado de fora, símbolos do budismo marcam as trilhas e as paisagens. As paredes Mani, pedras onde são gravados os mantras de transcendência, não nos deixam esquecer de nossa jornada rumo ao nirvana. Os chodens são relicários e pontos comuns ao longo das trilhas. Geralmente, eles ficam presos às bandeiras de oração tibetanas.

— Eu vi muito disso no caminho para Namche Bazaar.

— Para nós, alcançar a iluminação não é igual para os ocidentais. Enquanto os ocidentais buscam a vitória individual e trabalham focados nos benefícios próprios, nós vivemos para compartilhar a vida com os outros. Esse altruísmo se traduz na profissão que os sherpas escolheram, que é a de guiar os alpinistas pelas perigosas montanhas e às vezes sacrificar a própria segurança pelos outros. Os sherpas não têm o objetivo de chegar ao topo do Monte Everest por glória pessoal como fazem os ocidentais, porque isso vai contra a natureza dos sherpas. Para nós, "vencer na vida" significa vencer nossos próprios medos.

— Interessante! — Adam sentiu a picada da agulha em seu calcanhar.

— Consegue enxergar a diferença entre os sherpas e os ocidentais? Não estou dizendo que vocês estão errados e que nós estamos certos. Estou lhe dizendo que existem diferenças e que podemos compartilhar nossos conhecimentos. Podemos aprender muito com vocês, mas também podemos lhes ensinar muitas coisas.

— Eu entendo, Tshe Wang. Que bom saber disso! Agora, consigo compreender um pouco mais Sher-rap e sua família.

— Sher-rap é meio fechado e de pouca conversa, mas ele quer seu bem. Pode acreditar nisso. Um dia, você vai entender muitas coisas.

Depois de fazer os curativos em Adam, Tshe Wang mostrou-lhe os cômodos da casa e o quarto onde ele dormiria a partir daquele dia. Sher-rap, então, levou-o ao segundo andar e com muito orgulho mostrou-lhe os quartos de hóspedes que estava construindo para abrigar alpinistas e viajantes.

Eram aproximadamente seis quartos, todos com banheiro e uma pequena cozinha.

Após mostrar tudo a Adam, Sher-rap apontou a linda vista da varanda de sua casa, uma montanha imensa e gelada. Era a visão mais incrível do mundo. Parecia uma pintura.

— Que montanha é essa, Sher-rap?

— Essa é a montanha de Kongde Ri. Um dia, eu o levarei lá em cima.

— Quem? Eu?

— Sim. Não gostaria de ir até lá?

— Não sei. Tem algo nessa montanha que me dá medo. Não sei dizer o que é.

— Por isso mesmo, você precisa subir até lá para vencer esse medo.

— Será, Sher-rap?

— Sabe o que, durante uma coletiva de imprensa, um repórter inglês perguntou ao primeiro homem que escalou o Monte Everest em 1953?

— Não. O que ele perguntou?

— Ele perguntou por que aquele homem havia decidido subir a montanha mais alta do mundo e arriscar sua vida fazendo isso.

— E o que ele respondeu?

— Ele disse: "Porque ela estava lá, e eu sentia medo dela".

— Uau! Que cara corajoso!

— Muito corajoso. Ele quase morreu ao subir a montanha sem oxigênio. Eu não era nascido ainda.

— Não sei se consigo fazer isso, Sher-rap.

— Não se preocupe. Não vamos escalar o Everest.

— Interessante! Quando eu era pequeno, pensava que as pessoas subiam ao topo do Everest para se encontrar com Deus.

— Não, Adam! Deus não está lá em cima. Quem quiser realmente encontrá-Lo de verdade, deve buscá-lo dentro de si mesmo, pois do lado de fora jamais o encontrará.

Sher-rap desceu as escadas e disse para Adam ir até o quarto tomar um banho antes do jantar e depois descansar, pois no dia seguinte gostaria de dizer-lhe algumas coisas importantes pela manhã.

Adam estava muito cansado, mas sentia-se abrigado e protegido pela família de Sher-rap. Depois de um banho demorado e merecido, ele desceu para saborear uma gostosa comida típica nepalesa ao lado daquela família acolhedora. Fome saciada, ele agradeceu Tshe Wang pelos curativos e pelo jantar e educadamente pediu licença para recolher-se, pois estava muito esgotado.

Capítulo 21

Tengboche

Dia seguinte.

— Bom dia, Sher-rap.

— Bom dia, irmão Adam. Sente-se ao meu lado, pois quero lhe dizer algumas coisas.

Sher-rap estava sentando numa pedra em frente à sua casa, olhando para a linda paisagem montanhosa. A manhã estava fria e havia muita neblina. Adam sentou-se ao lado do amigo:

— O que deseja falar de tão importante, Sher-rap? É algo sobre minha doença? Vai me explicar algo sobre o tratamento?

— Não, sobre o tratamento falaremos mais adiante. Isso não é o mais importante agora.

De repente, Lhaksa apareceu e sentou-se ao lado de Adam, que se incomodou com a presença do menino. Sher-rap perguntou:

— Por acaso, quer que meu filho Lhaksa o deixe em paz?

Adam ficou sem graça e não respondeu com medo de ser mal-educado.

— Não tenha medo de dizer a verdade, Adam. A partir de hoje, você terá de aprender a ser verdadeiro.

Adam olhou para Lhaksa e respondeu:

— Tudo bem, Sher-rap. Lhaksa pode ficar. Não tem problema.

— Muito bem. Espero que esteja falando a verdade.

— Estou dizendo a verdade. Lhaksa pode ficar — Adam disse, colocando a mão direita em seu ombro.

— Ele gosta muito de você, sabia?

— Eu já percebi isso.

— Então, aceite seu amor, pois ele é apenas um menino muito solitário. Lhaksa não conversa com muitas pessoas, pois é muito fechado.

Lhaksa aproximou-se ainda mais de Adam.

— O que você quer me dizer, Sher-rap?

— Quero dizer que esta tarde não estarei mais aqui. Vou fazer minha jornada anual até o mosteiro de Tengboche, e você ficará aqui em Namche Bazaar com Tshe Wang e Lhaksa. Eles cuidarão de você, e você cuidará deles.

— Como assim? Vai embora? E eu?

— Já disse, Tshe Wang vai cuidar de você. Eu sou um monge budista e tenho meus compromissos em Tengboche.

— Quantos dias você ficará fora?

— Três meses.

— O quê?! Isso é muito tempo!

— Para os homens é muito tempo, para os deuses é apenas um segundo.

— Que droga! O que vai fazer lá?

— Meditar.

— Meditar? Não acredito que você vai me deixar aqui sozinho para meditar nas montanhas!

— São apenas três meses.

— Três meses? Três meses é o suficiente para eu...

Adam não conseguiu completar a frase e começou a gaguejar.

— Complete a frase, Adam. Não esconda nada de si mesmo — Sher-rap disse.

Adam ficou nitidamente incomodado:

— Droga! Ia dizer que três meses é tempo suficiente para eu morrer aqui nesta droga de vilarejo! Se você não me ajudar, minha doença vai me matar. Quando retornar do mosteiro, talvez eu não esteja mais vivo.

— Quem lhe disse isso?

— Meu médico de Nova Iorque, o doutor Moore. Ele disse que eu tenho somente dois meses de vida.

— Seu médico?

— Sim, meu médico.

— E você acreditou nas coisas que ele disse? Parece que sim. Pior do que isso, parece que você já se apropriou da doença, pois, quando diz "minha doença", está afirmando para à sua mente que ela faz parte do seu corpo. É como dissesse "meu braço" ou "meus olhos". Essa, sim, é a verdadeira doença: a crença.

Adam não retrucou, e Sher-rap continuou:

— Aprenda uma coisa, Adam. Quando você acredita piamente em algo, esse algo acontece, porque a mente humana tem um poder inimaginável. Você não pode acreditar que irá morrer, pois, se acreditar de verdade nisso, morrerá. Portanto, é chegado o momento de transmutar tudo isso e esquecer essa doença de uma vez por todas.

— Por quê?

— Porque ela não existe de verdade; é apenas uma ilusão.

Adam ficou nervoso:

— Claro que ela existe. Os exames médicos não mentem!

— Os exames médicos não mentem, mas sua mente mente. A mente humana é terrível; ela é capaz de nos enganar o tempo todo. As doenças psicossomáticas são criações mentais. Quem está alimentando a doença é sua mente, mas existe alguém que o conhece mais do que você possa imaginar.

— Quem?

293

— Seu espírito superior. Ele está acima de tudo, é puro e nunca adoece.

— Para mim, isso está parecendo religião — Adam respondeu com ironia.

— Pense como quiser, Adam, porém você precisa se encontrar com seu espírito, pois somente ele poderá lhe dizer a verdade. É por isso que nós, monges budistas, meditamos nas montanhas, para entrarmos em contato com nossos espíritos superiores. Poucos sabem, mas meditar significa "me-dizer". Quando meditamos, entramos em contato com nosso eu superior, e ele nos diz o que precisa ser feito.

— Por que está me dizendo essas coisas, Sher-rap?

— Para que entenda por que estou indo para o mosteiro de Tengboche.

— Está dizendo que os monges ficam meditando para encontrar respostas espirituais? É isso?

— Sim, isso também, contudo, temos outros objetivos a cumprir. Todos os seres humanos são seres espirituais. Estamos apenas passando por uma experiência no mundo físico. No fundo, todos nós somos espíritos em essência.

— Isso tudo é muito complicado para mim, Sher-rap. Nunca conseguiria ficar sozinho meditando durante três meses em cima de uma montanha.

Sher-rap sorriu:

— Certamente não, pois somente os monges são capazes de suportar tanto tempo em estado meditativo. Alguns monges chegam a meditar durante três anos seguidos.

— O quê?! — Adam arregalou os olhos, impressionado.

— Acredite se quiser!

— O que mais vocês fazem no mosteiro?

— Praticamos a compaixão.

— Como assim?

— Não posso lhe contar mais detalhes, você não compreenderia.

Lhaksa levantou-se para afastar alguns iaques que se aproximavam da casa de Sher-rap.

Adam não conseguia compreender por que Sher-rap estava partindo, quando ele mais precisava de sua presença. Ele perguntou:

— Você vai partir para o mosteiro, mas há um problema, Sher-rap.

— Qual é o problema?

— Eu não tenho dinheiro suficiente para ficar todo esse tempo aqui no Nepal. Tenho pouco mais de 3 mil dólares em dinheiro.

— Não se preocupe com isso, pois aqui você não gastará nada.

— E o aluguel do quarto? Como pagarei? As pousadas aqui cobram cerca de 50 dólares por dia. Além disso, tenho que pagar pela alimentação.

— Como lhe disse, você não gastará nada aqui. A estadia é de graça, a comida e a bebida também.

— E os tratamentos?

— Não vai pagar nada para mim.

— Nada?

— Nada, mas terá de trabalhar e ajudar Tshe Wang e Lhaksa enquanto eu estiver em Tengboche.

— O que eu tenho que fazer?

— Está vendo aquele vale lá embaixo e uma grande plantação?

— Sim.

— É nossa plantação de batatas. Você ajudará Tshe Wang a colher as batatas e depois as venderá no bazar aos sábados. Além disso, ajudará na confecção das bandeiras, costurando e cortando os tecidos. Tudo bem?

— Tudo bem. O que mais terei de fazer?

— Está vendo cerca de trinta iaques pastando ao lado da plantação?

— Sim, estou vendo.

— Quem cuida deles é meu filho Lhaksa. Você vai ajudá-lo a retirar o leite e a produzir o queijo para vender no mercado também. O queijo de iaque nós chamamos de *chhurpi*. A manteiga feita do leite é um ingrediente do chá de manteiga que o sherpas consomem em grandes quantidades. Esse é o chá que irá tomar todos os dias. A gordura que sobra é usada para alimentar as lamparinas noturnas.

— Que interessante! — Adam exclamou.

— Tudo bem para você ajudar Tshe Wang e Lhaksa?

— Sim, mas nunca fiz isso antes!

— Tudo tem a primeira vez, não se preocupe. Lhaksa vai lhe ensinar tudo sobre os iaques. São animais muito resistentes, capazes de carregar grande quantidade de peso até o campo-base do Everest. Quando recebemos grupos grandes, como equipes de televisão, levamos os iaques para ajudar com os equipamentos.

— Está falando sério? Se eu trabalhar, não precisarei pagar nada a você?

— Nada, simplesmente nada. Mas não estou lhe pedindo para trabalhar para compensar seus gastos. Só estou fazendo isso para que preencha seu tempo livre e se sinta útil.

— E os tratamentos de cura?

— Sentir-se útil já faz parte do tratamento. Terminaremos o restante, quando eu retornar do mosteiro.

— Que restante?

— Faremos sua libertação do mundo das aparências, que nós chamamos de *Maya*. Será um longo caminho de oito etapas!

— Que etapas?

— As etapas são: a perfeita ocupação; a perfeita intenção; a perfeita conduta; a perfeita concentração; a perfeita contemplação; o perfeito esforço; o perfeito entendimento e a perfeita fala.

— O que isso significa, Sher-rap?

— São oito presentes que você receberá para cumprir seu processo de redenção.

— Redenção?

— Sim, você terá de se render e deixar o universo cuidar de sua vida. Enquanto continuar lutando para ter o controle de tudo, continuará sofrendo. O sofrimento cessa, quando o processo de redenção se completa e a compaixão se manifesta, contudo, são poucos os que conseguem isso, muito poucos.

— Patrick Lerner foi um deles?

— Sim, Patrick se rendeu.

— Isso é muito bom, mas parece difícil.

— Difícil é levar uma vida sem saber quem realmente você é.

— O que eu tenho de fazer agora, Sher-rap?

— Nada, o processo de redenção já começou para você. A partir de hoje, apenas trabalhe, pois a primeira etapa é a "perfeita ocupação".

— Você é um homem muito misterioso, Sher-rap!

— Não sou misterioso, você sim é misterioso. Não tenho segredos para com minha família; compartilho tudo com minha esposa e meus familiares. Tudo o que você quiser saber sobre mim, eles poderão lhe dizer. E você? Alguém sabe de seus segredos?

Adam ficou sem graça, pois ninguém sabia de seus segredos, somente seu amigo Franco Legrand.

— Posso lhe fazer uma pergunta, Sher-rap?

— Sim.

— Por que está fazendo isso tudo por mim?

Sher-rap gritou com Lhaksa em nepalês, pedindo que ele levasse um iaque fujão de volta ao rebanho. Em seguida, respondeu:

— Adam, você é uma bênção para nós. Sua presença aqui é luz.

— Quem? Eu?

— Não consegue enxergar isso, não é?

Adam não entendeu o que Sher-rap estava querendo lhe dizer.

— O problema é que você ainda está cego, Adam.

— Cego? Claro que não! Eu enxergo tudo perfeitamente.

— Não estou falando sobre esse tipo de visão. Um dia, a luz da verdade iluminará sua mente, e você passará a ver tudo com clareza.

— Como assim? Quando isso vai acontecer? Quando eu me curar?

— Não, quando se encontrar com seu espírito. Quando chegar esse momento, você se conectará a ele outra vez. Isso se chama religação. As verdadeiras religiões foram criadas para religar os homens aos seus espíritos, mas infelizmente poucas fazem isso.

— Nesse ponto concordo com você, Sher-rap.

Sher-rap olhou para o sol e levantou-se com pressa.

— Bom, agora que já conversamos, preciso arrumar minhas coisas e seguir até Tengboche, numa longa caminhada de dezesseis horas.

— Vai sozinho até lá?

— Sim, mas me encontrarei com oitenta monges no mosteiro. Cada um vem de um vilarejo distante, e todos se encontram no mesmo dia e no mesmo horário no topo da montanha.

— Vocês se falam por celular? Como sabem o dia e o horário certo da chegada?

Sher-rap deu uma gargalhada:

— Não precisamos disso, Adam. Temos celulares mais potentes que os seus. Nós, monges, utilizamos a telepatia para nos comunicar; não precisamos da tecnologia moderna.

Adam também começou a rir com a rápida e intrigante resposta de Sher-rap.

— Depois sou eu o homem misterioso!

Sher-rap riu, e Adam finalizou a conversa:

— Você precisa ir, não é, Sher-rap?

— Sim, tenho de chegar a Tengboche amanhã cedo.

— Então, lhe desejo uma boa viagem. Tome cuidado quando atravessar as pontes. A neblina está muito fechada hoje, e certamente não conseguirá enxergar o outro lado.

— Não tem problema. Mesmo não conseguindo enxergar a ponte sobre o abismo, a cada passo que dou os degraus vão surgindo à minha frente. A fé me carrega. Tenho outros olhos além dos que estão em minha face.

— Você é maluco, Sher-rap!

Ele levantou-se e caminhou calmamente até sua casa para terminar de arrumar sua mochila, onde colocaria algumas roupas e suprimentos. Adam olhou para o vale e viu Lhaksa com uma varinha na mão, tentando agrupar o rebanho de iaques.

Adam refletia sobre tudo o que Sher-rap lhe dissera e começou a pensar em como tudo aquilo poderia estar acontecendo, pois, naquele exato momento, ele deveria estar em Nova Iorque assumindo um cargo de gerente na Ashburn Investments e estar pronto para receber milhares de dólares entre salário e comissões. Sua realidade, no entanto, agora estava no Nepal, e Adam tinha de aceitar sua situação. Em vez de controlar as ações mundiais em seu computador, agora ele deveria descer a ladeira e ajudar Lhaksa a controlar o rebanho de iaques. Um enorme paradoxo, contudo era a mais pura realidade.

Quando Sher-rap partiu rumo a Tengboche, Adam já colhia batatas ao lado de Tshe Wang. Apesar de estar todo sujo com o barro gelado do vale de Khumbu, ele se sentia útil e feliz.

Capítulo 22

O sincero desejo

Foram os três meses mais intensos e gratificantes que Adam vivera. Havia muito tempo que ele não sentia orgulho de si mesmo e vontade de continuar vivendo. Conforme Sher-rap lhe dissera antes de partir para Tengboche, o trabalho realmente fazia parte do seu processo de cura, pois durante as primeiras semanas Adam não sentira mal-estar algum, dores na garganta, não tossira nenhuma vez e não se importara em trabalhar na lavoura de batatas sob o frio intenso da manhã ao lado de Tshe Wang.

Mais do que trabalhar como agricultor, passados dois meses após a partida de Sher-rap, Adam começou a analisar os afazeres da família e sentiu-se no direito de ajudar em alguns pontos que precisavam ser melhorados, principalmente na produção das batatas e na venda dos produtos no mercado municipal aos sábados. Da mesma maneira, decidiu ajudar Lhaksa a melhorar sua comunicação, colocando-o para trabalhar como vendedor no mercado municipal, o que fez o menino tornar-se uma criança menos tímida.

Tshe Wang passou a admirar muito Adam por isso. Era como se ele estivesse substituindo seu marido Sher-rap durante sua ausência. Adam estava cuidando com perfeição dos negócios e trabalhava com honestidade no mercado, o que acabou aumentando consideravelmente os lucros da família. Tshe Wang dizia-lhe que ele merecia uma porcentagem das vendas do mercado e do projeto de aluguel dos iaques. Projeto que Adam desenvolvera com os turistas, realizando pequenas aventuras de curta duração nas montanhas próximas a Namche Bazaar.

O que Adam estava fazendo era exatamente o que Tshe Wang sempre desejara: melhorar a produtividade nos negócios e assim ajudar a comunidade sherpa, pois os lucros obtidos eram partilhados com outras famílias, já que todos em Namche Bazaar eram de alguma forma parentes entre si. Isso impressionara muito Adam, pois para os sherpas o mais importante era o ganho de todos, não o enriquecimento de apenas uma pessoa, algo impossível no mundo capitalista e competitivo de Nova Iorque.

Sem interesse algum, Adam estava cooperando ativamente para a comunidade sherpa, ajudando-os a prosperar, melhorando suas relações comerciais, minimizando prejuízos na produção e alavancando as vendas no mercado municipal com estratégias simples de marketing e descontos crescentes. Além disso, decidiu ensinar inglês a Lhaksa, ajudando-o a comunicar-se com os turistas.

Tudo aquilo acabou transformando Adam em uma pessoa melhor, em um homem mais prestativo, calmo e sereno. Durante os três meses em que Sher-rap estivera ausente, Adam nem sequer pensara em sua doença. O trabalho braçal e os afazeres diários eram tão intensos e pesados que sua mente não encontrava tempo para pensar nos problemas do passado, somente nas soluções.

Toda a sua energia estava voltada para a cooperação. O foco saiu de si mesmo e foi direcionado aos outros. Era o início de um processo, de um entendimento. Ali, em meio às montanhas do Nepal, Adam estava descobrindo que nada na vida se conquistava sozinho e que a vitória de uma pessoa estava sempre ligada à vitória das outras.

Como Tshe Wang lhe explicara numa noite, enquanto se aqueciam na lareira após um árduo dia de trabalho, "não existe plenitude na vida, enquanto houver pessoas infelizes ao seu lado".

Tshe Wang e Adam acabaram tornando-se muito amigos durante a ausência de Sher-rap, mas tudo aquilo parecia ter sido premeditado, pois era exatamente o que Adam precisava naquele momento: ter uma pessoa ao seu lado que lhe mostrasse os reais valores da vida, da família, do casamento e a importância de ter um filho para criar.

Ela gostava muito de conversar e não economizava palavras para explanar sua cultura, seus conhecimentos, suas lembranças de infância e a importância da boa conduta do homem perante o mundo.

A admiração de Tshe Wang por Adam era tão grande que ela passara a elogiá-lo constantemente para os parentes próximos e amigos. Em pouco tempo, Adam tornara-se reconhecido em Namche Bazaar como um homem bom e prestativo. Era tratado com respeito e estava sempre rodeado de pessoas que desejavam aprender alguma coisa.

O menino Lhaksa, por sua vez, tornara-se um companheiro constante de Adam e estava sempre ao seu lado, curioso para aprender sobre o mundo ocidental e as crianças de seu país. Nos primeiros dias, Adam ficara incomodado com a presença do garotinho, mas, com o passar do tempo, os dois foram se dando bem e se tornaram grandes amigos. Lhaksa era como um filho para Adam, um filho que ele nunca tivera e que certamente nunca teria na vida, pois, como Natalee revelara em Nova Iorque, ele não poderia ter filhos, já que era estéril.

Após quase três meses de muito trabalho, Adam estava se sentindo muito bem fisicamente e mentalmente. Aquele período certamente serviu para trazer-lhe um alento, um alívio para a alma.

Tshe Wang, por sua vez, queria saber mais sobre Adam. A conduta dele como homem melhorara bastante, mas seus segredos ainda estavam trancafiados dentro de sua mente.

Em uma tarde de domingo, enquanto limpavam os grandes cilindros giratórios próximos à casa de Sher-rap, conhecidos também como *manis*, típicos da região do Nepal, Tshe Wang explicou seu significado:

— Sabe o que são aqueles cilindros, Adam?

— Não. O que são aquelas escrituras douradas?

— São orações e mantras. Enquanto as pessoas giram repetidas vezes os manis com as mãos, elas se concentram e repetem os mantras que neles estão escritos. Elas solicitam ao universo seus sinceros desejos, pedindo que eles sejam atendidos da melhor maneira possível.

Adam não parecia mais o mesmo homem de antes. Estava bem mais magro, seu rosto estava fino, sua barba comprida e usava algumas roupas de Sher-rap por serem mais quentes e confortáveis. As roupas com as quais Adam chegara ao Nepal ficaram guardadas em seu quarto.

Interessado nas Rodas Mani, ele perguntou:

— Então é por esse motivo que muitos turistas vêm até aqui rodar os cilindros?

— Sim. Eles fazem isso, porque querem realizar seus pedidos, mas infelizmente não conhecem o poder das rodas. Não é a roda que realiza os desejos, mas a intenção depositada nela que realiza, enquanto a pessoa está girando o mani e orando. É algo muito simples, contudo, as pessoas não conseguem compreender a simplicidade do universo.

Adam e Tshe Wang pararam de esfregar os cilindros com os panos umedecidos por alguns instantes, e ela disse:

— Vou lhe ensinar a fazer os pedidos corretamente, Adam. Você quer?

— Sim! Como é?

— É simples! Enquanto gira a Roda Mani, concentre-se no que realmente deseja para sua vida. Depois, intua e se conecte com a Mente Universal, daí traga a informação do mundo espiritual para manifestá-la no mundo material. Em seguida, intensifique o desejo, potencializando-o com suas verdadeiras intenções.

— E depois? — Adam parecia interessado.

— Depois escreva o desejo, crie-o na matéria e verbalize. Profira-o em voz alta para que ele se manifeste no mundo real. Entre uma inspiração e uma expiração, diga em voz alta aquilo que escreveu e pronto.

— Só isso? E depois? Não preciso fazer mais nada?

— Não, apenas deixe o universo fazer o resto. Se acreditar no universo, ele também acreditará em você. É uma troca, entende? Se duvidar do universo, ele também duvidará de você.

— Posso pedir qualquer coisa?

— Este é o grande erro que as pessoas costumam cometer.

— Por quê?

— Porque pedem aquilo que não lhes corresponde. Geralmente, pedem muito dinheiro, muita saúde e felicidade, mas não são específicas em seus pedidos. Às vezes, as pessoas desejam demais; às vezes, desejam de menos. Entende?

— Como assim? Existe uma regra no universo?

— Não existe uma regra. O que acontece é que as pessoas complicam demais as coisas. O segredo é pedir ao universo nem mais nem menos. O segredo é pedir o justo, aquilo que é ideal para você. Aquilo que é seu por direito, que o universo lhe reservou e está predestinado a ser seu nesta vida. Não importa se é muito ou pouco. Se for para ser seu, será.

— Mas o que é justo? Aquilo que eu mereço?

— Não, o justo é aquilo que se ajusta perfeitamente a você, como se fosse um terno perfeito e bem-alinhado. Justo é aquilo que está predestinado a ser seu. Não é largo nem apertado, não é caro nem barato; é simplesmente ideal para você. Quando solicita o ideal, a perfeição do universo se manifesta.

— Nunca pensei dessa forma, Tshe Wang!

— Que bom! Agora aprendeu mais uma coisa.

— Tem razão. Estou aprendendo muitas coisas com vocês! Só tenho a lhes agradecer, pois estou me sentindo muito bem aqui.

— Agora que aprendeu como o universo é justo, diga-me qual é seu grande sonho. Aquele que se ajusta perfeitamente a você. Seu sincero desejo. Consegue me dizer, Adam?

Ele ficou pensativo, olhou para as montanhas e não respondeu.

— Deve existir alguma coisa que deseja muito e que se alinha perfeitamente à sua vida. Sei que tem algo passando em sua mente neste momento, mas sei também que está confuso. Tente resumir esse sonho em uma única coisa, em um único desejo.

Adam olhou para as montanhas, como se estivesse pedindo um conselho, e segundos depois respondeu:

— Tshe, se fosse para resumir num só pedido, eu diria...

Tshe Wang tinha certeza de que ele diria "me curar e voltar para os Estados Unidos", mas não foi isso que Adam respondeu. Ele completou dizendo:

— O que mais quero na vida é ter um filho.

Tshe Wang surpreende-se com a resposta:

— Que incrível! Nunca imaginei que diria isso.

— Nem eu. Mas buscando lá no fundo do meu coração, sei que esse é meu desejo. No entanto, nunca poderei realizar esse sonho, pois sou um homem estéril. Não posso ter filhos.

— Tem certeza disso?

— Sim, fiz exames em Nova Iorque que comprovaram isso. Minha ex-esposa me mostrou.

— Não pode ter ocorrido algum erro nos exames?

— Não, isso não é possível. Os exames não falham.

— Que pena! Mas nada é impossível para o universo, Adam. Se você pedir com intenção verdadeira, o universo realizará seu sonho um dia. Ele sempre realiza. A natureza faz milagres, meu amigo. Os deuses sabem de nossas necessidades e fazem o impossível para nos ajudar. O problema é que eles precisam entender o que nós queremos.

— Como eu faço isso?

Tshe Wang levantou-se.

— Fique aqui, Adam, eu já volto — Tshe Wang correu até sua casa e voltou minutos depois, segurando várias bandeirolas coloridas que ela mesma costurara.

— O que é isso, Tshe?

— Pegue, gire a Roda Mani durante vinte minutos e depois escreva seu desejo nessas bandeirolas coloridas. Em seguida, vá até o topo daquela colina, onde há um mastro com várias bandeirolas penduradas, e coloque as suas lá também. Enquanto estiver caminhando, repita o mantra *Om Mani Padme Hum*[10] e depois amarre as bandeirolas no mas-

---

10 *Om Mani Padme Hum* significa: "Da lama nasce a flor de lótus".
Om: representa a presença de todos os Budas, o começo de todos os mantras, a própria consciência ou a luz. Quando entoamos o Om, tudo o que precisa ser libertado dentro de nós é libertado, afastando o ego, o orgulho e o apego. Esse mantra também protege e cria vibrações benéficas e salutares, ensina a meditar no ritmo tranquilo e entrar em contato com a devoção.
Mani: significa a joia da compaixão, capaz de realizar todos os desejos. É o som da transformação. A joia da mente que nos coloca em contato com a eternidade. Ela também ajuda a fechar a porta de entrada de energias densas, especialmente a inveja. Também pode ser considerado como a mente sutil, refinada e conectada com a compaixão por todos os seres. Desta forma, ela cria um padrão de pensamento positivo, fazendo uma higiene mental e trazendo sensação de felicidade. E, num estágio mais avançado, o desprendimento do sofrimento.
Padme: significa a flor de lótus, aquela que nasce do lodo e floresce. Ou seja, ela nasce da escuridão, onde há sujeira e dificuldade, e abre suas flores somente após ter subido além da superfície do lodo. Cria emoções positivas e é muito forte para quem tem dificuldade de lidar com as próprias emoções.

tro, agradeça e peça aos deuses do Himalaia que o melhor se manifeste em sua vida.

— Só isso? Posso pedir minha cura também?

— Sim, mas não peça para ser curado da doença. Peça que a saúde se manifeste em seu corpo. Existe uma grande diferença entre as duas coisas.

— Tudo bem. Tenho de amarrar as bandeirolas e deixá-las lá? É isso?

— Sim, dessa maneira o vento levará seus desejos até o ouvido dos deuses. Faça isso e certamente terá uma grande surpresa um dia.

— Surpresa, como assim?

— Os deuses gostam de surpreender aqueles que solicitam suas bênçãos. Sabe, Adam, as coisas que mais esperamos que se realizem acontecem sempre quando menos esperamos. Os deuses nos surpreendem realizando nossos desejos quando menos esperamos. Geralmente, isso acontece quando estamos prestes a desistir de tudo.

— Tem razão. Acho que alguém me disse isso um dia. Ah, sim! Foi Mr. Brown, o pianista de rua.

— Ele disse a verdade.

— Por que quando queremos muito alguma coisa, ela não se realiza? Por que isso acontece, Tshe Wang?

— Porque a mente humana é poderosa, e as pessoas não conhecem esse poder. Quando queremos muito alguma

---

Hum: essa sílaba representa a mente iluminada e funciona com um som de limpeza, dissipando as sombras. É a libertação de tudo que não faz parte ou não é positivo para nossa alma. É também o infinito, a Mãe Terra e a eternidade.

A união entre o homem e o universo: existem também outros benefícios que resultam da repetição desse mantra, incluindo a produção do mérito e a destruição do carma negativo. O poder do mantra está em apaziguar os pensamentos e elevar a consciência às vibrações energéticas mais sutis, trazendo-nos relaxamento e serenidade. Entoá-lo é sempre um caminho que conduz à paz.

coisa, criamos conflitos dentro da mente, e isso atrapalha a realização dos desejos. Criamos diversas interferências, que acabam bloqueando tudo.

— Que interferências?

— Os medos. Os medos são as interferências. Eles têm o poder de bloquear todas as realizações, funcionando como um escudo, mas, quando nos rendemos e deixamos o universo agir por nós, tudo começa a acontecer naturalmente em nossas vidas. Já parou para pensar nisso?

— Não, mas agora vou começar a prestar mais atenção nisso.

— O homem precisa ser mais natural, pois, assim como todos os seres vivos, fazemos parte da natureza. Veja aquela árvore. Ela não está lutando para desenvolver seus frutos e flores. A natureza se encarrega de fazer isso por ela por meio das leis naturais. Veja os animais. Eles não ficam pensando em como sobreviverão e como conseguirão a próxima caça. A natureza faz isso por eles por meio da abundância do reino animal, compreende? Isso significa que as pessoas precisam buscar sua essência novamente e seguir as leis da natureza, pois ela sabe exatamente o que cada um de nós necessita. Porém, as pessoas, infelizmente, continuam tentando controlar tudo e todos.

— Estou entendendo o que está dizendo, Tshe Wang. Farei o que me disse. Subirei até o alto daquela colina, farei meus pedidos e pregarei as bandeirolas no mastro.

— Levante-se e faça o que precisa ser feito, Adam. Já faz três meses que você está aqui e precisa abrir seu coração.

— Sim, Tshe Wang. Obrigado por conversar comigo e por me ajudar. Aliás, gostaria de saber quando Sher-rap retornará de Tengboche.

— Dentro de três dias.

— Gostaria muito de saber o que os monges fazem lá no templo.

— Quer saber mesmo?

— Sim.

— Não sei se devo lhe dizer!

— Por quê?

— Porque você não acreditaria em mim se eu lhe dissesse.

— Pode dizer, Tshe Wang. Não vou zombar de você.

Ela ficou em silêncio por alguns instantes, mas decidiu contar:

— Adam, os monges mantêm o coração de Gaia funcionando.

— O que é Gaia?

— A Terra. A cordilheira do Himalaia é o coração do planeta. O mundo precisa de amor e compaixão para continuar existindo e mantendo os seres vivos. Enquanto muitos destroem o planeta por meio da poluição, da violência, das guerras, da corrupção, das drogas e de muitas outras coisas, os monges, em harmonia com o plano espiritual, mantêm a energia do planeta em alta vibração de amor enquanto meditam. Essa é uma das funções que eles exercem no topo das montanhas sagradas. Eles não ficam meditando à toa. Existe um propósito nisso, entende? Ninguém está a esmo neste mundo, Adam. Cada pessoa tem uma missão a cumprir nesta vida, e Sher-rap sabe qual é a missão dele.

Tshe Wang achou que Adam começaria a rir, mas não foi o que aconteceu. O semblante do amigo ficou sério e sem hesitar ele respondeu:

— Eu acredito em você, Tshe Wang. De verdade. Agora, eu admiro mais ainda Sher-rap e sua família. Faz muito sentido o que você me disse.

— Sei que é difícil acreditar, mas o trabalho dos monges é digno e essencial para o planeta.

— Tem razão. Deve ser um trabalho digno e difícil. Sher-rap deve retornar esgotado de Tengboche, não?

— Muito pelo contrário. Ele volta ainda mais forte, pois a energia que ele doa ao planeta volta para ele multiplicada. Você verá com seus próprios olhos, quando Sher-rap chegar.

— Muito interessante! Estou com saudades dele. Obrigado por compartilhar esse conhecimento comigo, Tshe Wang.

— Agora vá e suba a colina para amarrar suas bandeirolas.

— Farei isso agora mesmo.

— Mas lembre-se de que precisa colocar uma intenção verdadeira ao fazer os pedidos. Se desejar de verdade, as coisas acontecerão. No entanto, o tempo do universo é diferente do tempo dos homens. Ele nos presenteia quando estamos preparados e não quando queremos. O universo sabe o momento certo de manifestar os milagres sobre a Terra.

— Acho que entendi.

— Sei que você entendeu. Até logo, Adam. Nos vemos no jantar.

— Até logo, Tshe Wang.

Ao ver que Adam estava se preparando para subir a colina, Lhaksa aproximou-se e perguntou em inglês:

— Onde você está indo, Adam?

— Até o alto daquela colina para amarrar essas bandeirolas.

— Posso ir com você?

Adam olhou para Tshe Wang como se quisesse pedir sua permissão, e ela acenou positivamente.

— Sim, Lhaksa, pode vir comigo — Adam diz.

Oba! Oba! — estar ao lado de Adam era tudo o que Lhaksa mais queria.

311

Capítulo 23
O retorno de Sher-rap

Adam fez exatamente o que Tshe Wang sugerira. Girou a Roda Mani por vinte minutos fazendo suas orações, subiu a colina e com a ponta de um graveto queimado escreveu seus pedidos nas bandeirolas coloridas. Enquanto ele estava lá em cima, algo muito intrigante aconteceu.

Involuntariamente, Adam sentou-se no chão, cruzou as pernas, fechou os olhos e começou a cantar o mantra *Om Mani Padme Hum* como se fosse um monge budista. Lhaksa assustou-se ao ver uma luz branca brilhando atrás de Adam e não quis interromper, por isso retornou para casa correndo para contar o que acontecera para sua mãe. Tshe Wang ouviu o filho e não se preocupou, pois sabia que o amigo estava entrando em sintonia com as forças do universo.

Adam acabou entrando em profundo estado de concentração naquela tarde e só retornou para casa quando o sol já desaparecia entre as montanhas, dando lugar a uma linda noite de lua cheia. Ele retornou aliviado e feliz, pois tinha plena convicção de que seus pedidos chegariam aos ouvidos do universo.

***

Sexta-feira. Quatro dias depois.

Era noite, e as estrelas no céu brilhavam como nunca. Lhaksa gritou da rua para sua mãe anunciando uma boa notícia:

— Mamãe! Mamãe! Olhe lá embaixo no vale! É o papai retornando de Tengboche.

Tshe Wang olhou para o vale e abraçou seu filho com alegria. Adam aproximou-se para ver o que estava acontecendo e surpreendeu-se com a cena bucólica que viu. Parecia a cena de um filme épico dos tempos de Genghis Khan de tão comovente e enigmática que era a visão de Sher-rap voltando para casa, depois de passar três meses nas montanhas nevadas do Nepal.

— Lhaksa, papai está voltando! — Tshe Wang exclamou.

Naquele momento, Adam compreendeu a importância de ter um lar e uma família esperando-o em casa. Ao ver Tshe Wang e Lhaksa abraçados e felizes com o retorno de Sher-rap, ele se emociona.

— Posso ir até lá encontrar o papai? — Lhaksa pergunta para sua mãe.

— Sim, meu filho. Vá até lá dar as boas vindas ao seu pai!

Lhaksa desce correndo as estreitas ruas de Namche Bazaar e Adam e Tshe Wang ficam olhando tudo à distância.

Ele corre para os braços do pai e pula em seu colo com extrema felicidade.

Tshe Wang olha com sinceridade para Adam:

— Obrigado, Adam! Você transformou Lhaksa numa pessoa muito melhor nesses três meses em que Sher-rap ficou fora de casa.

Adam olhou para o vale e viu Sher-rap sorrindo e abraçando o filho. Enquanto segurava o filho no colo e carregava uma enorme mochila nas costas, Sher-rap olhou para cima e acenou com a mão direita.

Tshe Wang disse:

— Nunca vi Sher-rap tão feliz na vida, Adam. Você não imagina o bem que está proporcionando à nossa família!

Sher-rap e Lhaksa subiram as ruas estreitas e chegaram até a casa. Mesmo após caminhar por mais de dezesseis horas seguidas, ele não parecia cansado. Sher-rap cumprimentou Adam, deu um beijo carinhoso em sua esposa e disse:

— Adam, obrigado por cuidar de minha família. Talvez você não saiba, mas sei tudo o que aconteceu aqui nesses últimos meses. Eu estive de corpo ausente, mas com o espírito presente. Você está de parabéns. Já venceu quatro dos oito passos da perfeição.

Adam ficou intrigado:

— Como sabe o que aconteceu aqui?

— Tenho outros olhos além desses que você vê em minha face. Nós, monges, temos o olho da consciência aberto e ativado. Quando meditamos, conseguimos acessar dimensões invisíveis e adentrar no espaço-tempo, no passado e no futuro.

Adam arregalou os olhos surpreso. Naquele momento, ele lembrou que Patrick Lerner dissera que Sher-rap era uma espécie de mago.

— Vamos sentar ali naquelas pedras Adam, quero lhe dizer algumas coisas.

Sher-rap retirou a mochila pesada das costas, pediu para Lhaksa e Tshe Wang entrarem e sentou-se nas pedras em frente à sua casa, somente com a luz do firmamento celeste iluminando a linda noite estrelada.

Sher-rap estava com o semblante diferente. Ele parecia energizado e com uma estranha luz branca ao seu redor.

Ele disse:

— Eu sei que você trabalhou incansavelmente para ajudar Tshe Wang na lavoura de batatas e também ajudou Lhaksa com os iaques. Sei que ajudou nas vendas no mercado e fez minha família mais feliz. Você trabalhou bastante e se dedicou com sua alma. Isso é fonte de gratidão para mim, irmão Adam.

— Não fui obrigado a fazer nada, Sher-rap. Fiz tudo de coração.

— Eu sei. Isso se chama de "perfeita ocupação". É o trabalho perfeito e amoroso. Sei também que ensinou Lhaksa a ser uma pessoa mais expansiva e que está lhe ensinando inglês. Sei também que respeitou minha esposa. Isso se chama "perfeita conduta".

Adam ouviu e sentiu uma forte energia de gratidão sendo emanada por Sher-rap. Uma energia tão forte que era possível sentir seu corpo vibrando como se fosse uma espécie de bateria elétrica. Sher-rap tocou a mão de Adam, que sentiu os pelos de seu braço arrepiarem.

Como um verdadeiro monge, Sher-rap continuou falando de forma serena e calma:

— Sei que você orou com persistência no alto daquela colina e enviou seus sinceros pedidos para o universo.

— Como sabe disso?

— Eu estava atrás de você enquanto meditava.

— Como assim?

— Você estava muito concentrado, e seus pedidos poderão se realizar. A partir de agora, dependerá de você. Parabéns, você alcançou a "perfeita concentração" e a "perfeita intenção".

— Quer dizer que estou no caminho certo? Estou sendo curado?

— Sim, está no caminho certo, Adam. Enquanto você meditava na colina, senti que pensava muito em sua esposa. Deve estar com muitas saudades dela, não é?

Adam olhou para o céu:

— Sim, sinto muitas saudades dela, mas acho que nunca mais nos veremos.

— Aprenda uma coisa, Adam... Saudade não é sentimento negativo como as pessoas pensam. Saudade é seu espírito lhe dizendo que um dia encontrará novamente as pessoas que ama. Saudade é um sentimento de certeza, não de perda como as pessoas estão acostumadas a considerar.

— Mas sinto que Natalee está muito distante.

— E sua família? Por que não me conta sobre sua família? Onde estão seus pais? Por que não fala deles?

Sher-rap fez a pergunta a Adam, parecendo saber o impacto que aquilo causaria no amigo. Era uma espécie de provocação.

Adam irritou-se:

— Que droga! Eu estava falando sobre minha esposa, e você quer saber de meus pais? Desculpe, mas não quero falar sobre eles, Sher-rap.

— Precisa colocar para fora essa raiva, amigo.

— Droga! Por que insiste nisso? Não quero falar disso.

Sher-rap insistiu:

— Como é seu pai? Ele está vivo? Como ele se chama?

Uma energia de raiva começou a tomar conta de Adam. Ele levantou-se, deu alguns passos para frente, olhou para as montanhas e soltou um grito muito alto de raiva e rancor. Tão alto que chamou a atenção de toda a vizinhança. Sher-rap ficou parado sem fazer nada, apenas observando a estranha reação do seu amigo.

Adam gritou, chorou e ajoelhou-se no chão, demonstrando desespero. Querendo confortá-lo, Sher-rap aproximou-se e colocou a mão nas costas do amigo, porém, Adam começou a sentir muitas dores no pescoço. Talvez os gritos tivessem machucado sua garganta.

— O que foi, Adam?

— Não foi nada, Sher-rap.

— É melhor dizer, pois não pode continuar sofrendo dessa maneira. Você precisa se libertar desse sofrimento. A felicidade e o amor estão desejando-o, mas você não está deixando que se aproximem. Não tenha medo de falar. Você tem um amigo ao seu lado.

Adam fixou os olhos de Sher-rap e disse:

— Eu odeio meu pai, Sher-rap. Sempre desejei que ele morresse. Droga! Por que ele não morre de uma vez por todas? Meu pai está com mal de Alzheimer há mais de oito anos e não morre. Ele fez muito mal ao meu irmão, e eu o odeio por isso! Quero que meu pai morra o mais rápido possível e desapareça da face da Terra! Aquele velho desgraçado!

Adam começou a tossir e sentir fortes dores no pescoço. Sher-rap percebeu que aquele era o ponto crítico: o pai.

— Conte-me mais, Adam.

— Não quero mais falar sobre isso, Sher-rap. Estou cansado e sentindo fortes dores na garganta.

— Tudo bem, então se acalme. Vamos nos sentar novamente.

Assustados com os gritos de raiva que Adam dera, Tshe Wang e Lhaksa ficaram parados à porta da casa.

Sher-rap sentou-se na pedra, em que grupos de turistas escaladores costumavam fazer fogueiras durante as temporadas de verão, e perguntou:

— Está mais calmo?

— Sim, um pouco. Desculpe-me pelos gritos, Sher-rap. Foi mais forte que eu.

— Tudo o que você disse sobre seu pai é verdade?

— Infelizmente, sim. Sempre quis que ele morresse. Sei que é difícil alguém ouvir isso, mas, como você mesmo disse, não posso mais mentir, não é?

— Tem razão. A verdade é sempre o melhor caminho.

— E agora? O que devo fazer, Sher-rap? Estou sentindo uma culpa enorme por ter dito o que disse.

— Não faça nada, Adam, apenas libere. O universo já ouviu suas súplicas e está começando a agir, no entanto, você não consegue ver o que está acontecendo.

— Você consegue, Sher-rap?

— Sim, consigo, contudo, você não compreenderia se eu lhe dissesse o que estou vendo neste momento.

— Tudo bem, não vou lhe perguntar. O que devo fazer agora, Sher-rap?

— Nada, apenas se renda e se acalme. Olhe para as estrelas e veja como elas continuam brilhando apesar de tudo.

Adam olhou para o céu estrelado.

— Consegue sentir a energia do universo?

— Não, não consigo, Sher-rap.

— Então, precisa olhar um pouco mais para o firmamento celeste, pois, olhando para as estrelas, começará a compreender um pouco mais sobre si mesmo.

— Por quê?

— Porque o que está lá cima é igual ao que está aqui embaixo. Tudo está conectado, simplesmente tudo. Você não é um ser isolado que mora em Nova Iorque e está passando uma simples temporada no Nepal. Você faz parte do todo como todas as pessoas. As pessoas pensam que estão separadas da natureza, mas se enganam pensando assim, pois todos estão conectados com ela.

— Interessante!

— Tudo está sincronizado, compreende? Os planetas, as estrelas, a lua, a galáxia, nada está vagando ao acaso. Existe uma ordem universal, um sincronismo perfeito que rege a vida. Se esses astros gigantescos lá em cima estão perfeitamente sincronizados, por que nós, seres humanos aqui embaixo, estaríamos vagando a esmo? Entende o que estou querendo lhe dizer, Adam? Existe uma sincronicidade regendo o reino dos céus e também o reino dos homens, dos animais e dos vegetais. As pessoas, no entanto, não param para pensar sobre isso. Está entendendo?

— Mais ou menos.

— Sei que é difícil entender, mas logo compreenderá. Sugiro que fique aqui e contemple as estrelas, os rios, as montanhas e as coisas que o cercam, pois assim compreenderá mais sua própria vida. Admire o que está lá em cima e em pouco tempo começará a amar a natureza. Quando isso acontecer, começará a se amar como ser humano.

— Por que isso, Sher-rap?

— Para conhecer o princípio da "perfeita contemplação", que o ensinará a amar a natureza. Depois, você começará a amar os animais e em seguida amará o próximo. Esse é o propósito da perfeita contemplação.

Adam ficou irritado:

— Que droga, Sher-rap! Por que você tem de falar sempre desse jeito comigo?

— Como?

— Assim, dessa maneira estranha, sempre com duplo sentido, como se quisesse me forçar a pensar. Não sou um monge budista, muito menos um filósofo. Desculpe, mas vim ao Nepal para encontrar uma cura, não para estudar budismo ou compreender os ensinamentos de seus ancestrais.

— Você já está em processo de cura, Adam. Há quanto tempo está morando em minha casa?

— Há três meses e alguns dias.

— Se estivesse em Nova Iorque, certamente já estaria morto, não?

Adam calou-se por alguns instantes, mas respondeu:

— Sim, segundo o doutor Moore, eu já estaria morto.

— Então, agradeça por estar vivo, pois desde que chegou aqui está em processo de cura.

— Desculpe, Sher-rap. Realmente, não posso reclamar de nada — Adam disse envergonhado.

— É assim que se fala, Adam. A gratidão é essencial nesse processo — Sher-rap levantou-se. — Desculpe, irmão, mas estou sentindo muito sono. Caminhei bastante hoje e preciso dormir um pouco.

— Tudo bem, Sher-rap. Tenha uma boa noite e descanse.

— Obrigado. Desculpe a forma de me expressar, mas foi assim que meu avô me ensinou os segredos da natureza e é dessa forma que enxergo a vida. Para mim, só existe uma fonte universal que tudo mantém, e essa fonte eu costumo chamar de natureza. Às vezes, chamo de universo, às vezes chamo de Deus, contudo, não importam os nomes. Para mim, tudo é gerado por uma única força invisível e mágica.

— Compreendo, Sher-rap, não se preocupe com isso. Vou me esforçar para compreender melhor seus ricos ensinamentos, pois estão sendo de grande valia para mim.

— Ótimo, então vou entrar e dormir. Com licença.

— Boa noite, Sher-rap.

— Boa noite. E não se esqueça de que lá em cima existem muitas perguntas, mas as respostas estão todas aí dentro de você. É assim que funciona a natureza. Ela é a grande professora.

— Ah, meu Deus! Você está fazendo de novo, Sher-rap — Adam sorriu, e Sher-rap ficou sem graça.

— Desculpe, amigo, é assim que me expresso. Não consigo ser diferente.

Sher-rap entrou em casa, fechou a porta, e Adam esticou um pano no chão para deitar-se e admirar o movimento das estrelas no céu.

Após uma hora deitado no mesmo lugar, quase entrando em estado meditativo, ele ficou completamente maravilhado com o movimento da Via Láctea bem ali na sua frente, algo que seria impossível de enxergar em uma metrópole repleta de edifícios e luzes artificiais como Nova Iorque. Mas ali, no meio da cordilheira do Himalaia, sem luz elétrica e apenas com algumas tochas acesas, o firmamento começava a mostrar-se como realmente era: um organismo vivo que se movimenta com perfeição.

Ao ver aquilo, Adam emocionou-se e começou a compreender o que Sher-rap dissera: "Tudo está vivo. Nada está parado no universo. As estrelas, os planetas, o Sol, a Lua, tudo está em movimento constante e sincronizado".

Naquele breve instante de contemplação, Adam compreendeu que não existia fim nem começo, apenas o movimento eterno do presente. De repente, uma energia indescritível invadiu seu corpo como se o universo inteiro estivesse entrando por suas entranhas, fazendo-o começar a rir sem controle. Era um riso suave e discreto, como se algo quisesse fazê-lo sentir a plena felicidade do momento presente. Era uma espécie de conexão, uma frequência que ressoava perfeitamente entre ele e o cosmo. A energia era tão intensa que Adam não conseguia sair dali, o que o fez passar a noite inteira contemplando o cosmo.

A energia de plenitude manteve-se durante a madrugada inteira, cessando somente quando o galo de Tshe Wang começou a cantar ao ver os primeiros raios de sol brilhando no topo das montanhas. Nesse momento, o sono chegou arrebatador, e Adam sentiu a exaustão. Ele, então, levantou-se, seguiu até seu quarto sem fazer barulho para não acordar ninguém e desabou na cama como uma pedra, adormecendo profundamente.

Sem dúvida, essa experiência de contemplação trouxera-lhe muitos questionamentos, mas também trouxera-lhe respostas. Uma delas o deixara intrigado naquela noite: "Adam, você não pode desistir. Existe algo maior esperando-o em algum lugar".

Aquela informação ficou em sua mente. Mas o que o esperava em algum lugar, afinal?

Refletindo sobre aquelas palavras, Adam adormeceu. Para espanto e preocupação de todos, ele dormiu por mais de vinte e quatro horas seguidas trancafiado em seu quarto. Tshe Wang ficou preocupada e passou o dia todo batendo na porta de Adam, pedindo-lhe que abrisse, mas nada aconteceu. Nenhum barulho, nenhuma palavra.

Sher-rap, por sua vez, não parecia preocupado com a situação, pois sabia exatamente o que estava acontecendo com Adam.

Preocupada e nervosa, Tshe Wang perguntou:

— Sher-rap, o que está acontecendo com ele, afinal? Estou muito preocupada. Arrombe a porta, pois algo ruim deve ter acontecido com Adam.

— Não precisamos fazer nada, querida. Deixe-o dormir o necessário.

— Você parece tão indiferente, Sher-rap! Por quê?

— Calma, querida. Amanhã cedo, ele abrirá a porta.

— Será que ele está bem?

— Adam não está muito bem. Algo ruim vai acontecer com ele a partir de amanhã. Então, peço que não se assuste.

— Por quê? O que vai acontecer? Você viu tudo enquanto esteve no mosteiro em Tengboche, não?

— Sim. Infelizmente, eu sei o que vai acontecer com Adam. E sei também o que terei de fazer amanhã quando ele despertar.

— O que terá de fazer?

— Não será nada fácil, mas terei de levá-lo para a gruta.

— Oh, meu Deus! Não faça isso com ele! Por favor, diga que não o levará para a gruta de Kongde Ri.

Sher rap tomou um gole de chá quente de manteiga e respondeu sem hesitar:

— Infelizmente, será preciso, querida. Você sabe como funcionam as coisas, não sabe? Temos de obedecer às ordens que vêm de cima. Ir até a gruta faz parte do processo de Adam. O nervosismo, a saudade, a tristeza, a raiva e todos os sentimentos negativos que ele colocou para fora ontem à noite por meio de gritos de raiva virão à tona amanhã cedo, e ele se assustará. Nós temos de manter a calma e ajudá-lo, pois Adam não imagina o que virá pela frente. Vou tentar ser o mais brando possível. Tente fazer o mesmo e não demonstre medo.

— Oh, meu Deus! Sei bem como é difícil ir à gruta de Kongde Ri.

— Não pense nisso agora, querida. Vamos dormir, pois amanhã será um dia difícil para todos.

— Vamos, querido.

Tshe Wang segurou a mão do marido, e ambos seguiram para o quarto cientes do que enfrentariam na manhã do dia seguinte.

Capítulo 24

Carta a Franco

Após dormir por mais de um dia, Adam despertou de seu sono profundo e resolveu escrever uma breve carta para seu amigo Franco Legrand. No entanto, quando se levantou para ir ao banheiro, olhou no espelho e assustou-se com o que viu. O pescoço de Adam estava muito inchado, e um nódulo do tamanho de uma cereja surgira bem na altura da glote. Adam tentou falar, mas sua voz saiu rouca e baixa, quase inaudível. Certamente, os gritos forçados e raivosos da noite passada o haviam machucado bastante. A barba comprida encobria a saliência do nódulo, mas ele ainda era perceptível.

Adam vestiu uma jaqueta e seguiu até a cozinha, onde Tshe Wang e Sher-rap estavam.

— Bom dia — ele disse com dificuldade.

Tshe Wang olhou-o preocupada:

— Você está bem, Adam?

— Acho que não. Estou me sentindo muito estranho, com dores na garganta, e vi que um nódulo grande surgiu em meu pescoço. Veja!

Adam levantou a barba e mostrou. Sher-rap olhou para a esposa como se estivesse confirmando o que dissera no dia anterior.

— Sente-se e coma alguma coisa. Sher-rap precisa falar com você — Tshe Wang disse.

— Pode dizer, Sher-rap. O que está acontecendo comigo?

— A doença voltou com força total, Adam. Infelizmente, o gatilho foram seus gritos de ira na noite passada.

— Eu me machuquei, não foi?

— Sim, bastante.

— E agora? — Adam bebeu um gole de chá quente com dificuldade.

— Tenha calma. Algumas coisas vão mudar a partir de hoje. Tome seu café da manhã e depois lhe direi o que faremos.

— Eu gostaria de lhe pedir um favor, Sher-rap.

— Pode dizer.

Adam retirou um papel do bolso.

— Escrevi uma carta para um amigo de Nova Iorque e gostaria de enviá-la. Já está endereçada. Pode fazer isso por mim?

Sher-rap pegou o papel:

— Claro que sim. Levarei até os correios, mas vai demorar um pouco para chegar, tudo bem?

— Sim, não tem problema. Obrigado.

Sher-rap abriu uma gaveta, retirou um envelope, colocou a carta de Adam e, antes de passar cola, reescreveu o endereço do destinatário e a selou.

— Pronto, sua carta está lacrada. A levarei aos correios pessoalmente.

— Obrigado, Sher-rap — Adam estava nitidamente triste naquela manhã.

— Adam, gostaria que soubesse de uma coisa.

— Sim.

— Na noite em que ficou contemplando as estrelas, você conquistou a quinta perfeição enquanto contemplava a beleza do firmamento.

— Qual é a quinta perfeição?

— A "perfeita contemplação". Já se esqueceu?

— Desculpa, Sher-rap, eu me esqueci. São tantas coisas passando em minha mente ultimamente que acabei esquecendo.

— Não tem problema. De qualquer forma, você está evoluindo.

— Que bom, Sher-rap! — Adam não parecia animado.

Sher-rap tentou puxar assunto para evitar que o silêncio tomasse conta do ambiente. Ele precisava falar com Adam sobre a gruta, mas tinha de ser no momento certo. Ele continuou conversando:

— O mundo de onde você veio é uma grande prisão. Sabia disso, Adam?

— Também acho, Sher-rap.

— Sabe o que prende as pessoas na cidade grande? O que as acorrenta?

— O dinheiro?

— Não, o dinheiro é algo bom. O que prende as pessoas é a ilusão. As pessoas estão presas pelas pesadas correntes da ilusão, esse é o grande problema. Elas estão pragmáticas demais e não aceitam a magia do mundo. Não acreditam no conhecimento dos antepassados e continuam negando os poderes do invisível.

— Mas o que tenho a ver com tudo isso?

— Você?

— Sim, por que um homem fracassado como eu, doente e derrotado precisa pensar sobre isso agora? Não tenho mais desejos, anseios ou ambições. Deixei tudo para trás nos Estados Unidos e não tenho mais ilusão alguma. Tudo o que eu tinha a vida tirou de mim.

Sher-rap sorriu ironicamente:

— Às vezes, a vida faz isso com as pessoas orgulhosas e egoístas, sabia? Já parou para pensar nisso?

— Não.

— Saiba, irmão Adam, que para evoluir espiritualmente às vezes a vida tira tudo da pessoa.

— Por quê?

— Porque assim ela consegue saber quem você realmente é sem máscaras e escudos. Ela retira tudo para descobrir quem você é. Já vi isso acontecer algumas vezes.

— Acha que a vida está fazendo isso comigo?

— Você não tem a mínima ideia do propósito de sua vida, não é, Adam?

— Não. Infelizmente, não.

— Sabe o que está acontecendo?

— O quê?

— Você ainda está cego.

— Cego?

— Sim, ainda está cego, mas as montanhas o farão enxergar novamente. Não se preocupe.

— Besteira! Eu compreendo perfeitamente o que está acontecendo comigo.

— O que está acontecendo com você? Diga-me, se for capaz.

— É tudo um grande castigo de Deus. É o pesado fardo de culpa que carrego por não ter conseguido salvar meu irmão do horrível acidente que ele sofreu quando era criança. É isso que está acontecendo comigo. É um castigo de Deus.

Sher-rap fechou os olhos demonstrando profunda decepção:

— Não acredito no que estou ouvindo, Adam! Você não entendeu nada do que lhe ensinamos até aqui, não foi? Sabe por que não entendeu?

— Por quê?

— Porque ainda está preso às ilusões e às culpas do passado e continua pensando somente em você e em sua vida medíocre. Ainda vive mergulhado na culpa. Você pensa que conseguiu se livrar dos problemas do mundo, só porque está levando uma vida natural aqui no Nepal, mas infelizmente ainda está tudo aí dentro. Aposto que todos os dias você pensa nas cotações da bolsa e no dinheiro que poderia estar ganhando com algum investimento imperdível e rentável, não é?

Adam ficou calado e abaixou a cabeça, demonstrando que o amigo estava certo.

Sher-rap levantou-se, foi até a lareira e colocou um pouco mais de lenha para esquentar o ambiente.

Alguns segundos depois, Adam disse com a voz rouca:

— Você tem razão, Sher-rap. Preciso de ajuda. Me diga o que preciso fazer, pois estou completamente perdido.

De costas, enquanto preenchia a lareira com lenha, Sher-rap respondeu sem hesitar:

— Você precisa se libertar das ilusões e se conectar com o Adam verdadeiro. Esse homem que estou vendo aí sentado na cadeira, doente, confuso, perdido e sem esperança alguma não é o Adam verdadeiro. Esse aí é a sombra dele. Você precisa encontrar o outro Adam, aquele que brilha, que reluz, que transborda energia e saúde. Está entendendo o que estou querendo lhe dizer?

— Acho que sim, Sher-rap. Mas como? Como faço para me livrar das sombras que me atormentam todos os dias?

— Enquanto continuar vivendo as mentiras, nunca encontrará a verdade. A natureza é perfeita. Para encontrar a verdade, você precisa vivenciá-la.

— Ah não, Sher-rap! Não venha com essa conversa de monge pra cima de mim agora! Por favor.

Sher-rap aproximou-se de Adam com o semblante sério, demonstrando que estava vendo alguma coisa em seu semblante, como se fosse um vidente prestes a profetizar algo sobre sua vida.

Quase cara a cara com Adam, Sher-rap ficou de olhos serrados concentrando-se.

— O que foi, Sher-rap? Por que está me olhando assim?

Sher-rap levantou a mão, colocou seu indicador no meio da testa de Adam e passou levemente o dedo sobre o rosto do amigo.

— Você está começando a suar. Isso é sinal de que a sala já está ficando aquecida pelo fogo.

Adam não entendeu e ficou furioso, pois esperava alguma premonição ou revelação.

Sher-rap sentou-se novamente na cadeira e tomou um gole de chá.

— É só isso, Sher-rap?

— Só isso o quê, amigo Adam?

— Não vai me dizer mais nada?

— Não tenho mais nada a lhe dizer — Sher-rap levantou-se e foi até a cozinha lavar sua xícara de chá.

Adam sussurrou baixinho, porém, o suficiente para Sher-rap conseguir ouvi-lo. Ele disse:

— Sher-rap, seu idiota! Não sei o que estou fazendo aqui!

Enquanto lavava a xícara na pia, Sher-rap respondeu à altura:

— Estou provocando-o, e você não está gostando. Não é, rapaz de Nova Iorque?

— Tem razão, Sher-rap, você está me provocando, e não estou gostando nem um pouco disso. Por que está fazendo isso comigo?

— Porque toda provocação tem como objetivo provocar uma ação. Quero que reaja e comece a buscar sua verdade. Não quero que fique aí sentado como alguém que desistiu de viver. Quero que reaja e encontre o Adam verdadeiro.

Adam ficou calado e pensativo. Ele levantou-se, afastou a cortina da janela da sala e olhou para a linda montanha gelada de Kongde Ri.

— Por que tenho de encontrar a verdade, se vim até aqui para encontrar a cura para minha doença?

— Primeiramente, nunca mais diga que a doença é sua. Enquanto continuar dizendo que a doença é sua, ela continuará se apropriando do seu organismo. Segundo, você precisa encontrar a verdade, porque somente ela poderá libertá-lo.

Adam ficou em silêncio e continuou olhando a paisagem através da janela.

— Sher-rap, quer saber de uma coisa?
— O quê?
— Nunca mais voltarei aos Estados Unidos.
— Não diga "nunca". O universo não compreende essa palavra, assim como não compreende também "não", "jamais" e suas derivações.

Sher-rap aproximou-se, colocou a mão no ombro de Adam, e ambos olharam para a paisagem através da janela:

— Está vendo aquela montanha a oeste?
— Sim.
— Ela se chama Kongde Ri.
— O que tem ela?
— Nós iremos para lá hoje à tarde.
— Fazer o quê?
— Lá você encontrará o que está procurando: a verdade. Quem encontra a verdade compreende a grande Lei do Universo.
— É muito longe daqui?
— Não muito, mas precisará fazer algum esforço para chegar até onde quero levá-lo.
— Tudo bem, eu vou. Mas que lei é essa de que falou?
— A Lei Invisível que somente os Budas conhecem. A magia que envolve o mundo. A Lei dos Milagres, a Lei da Sincronicidade, a lei que tudo constrói.
— Besteira! Isso não é segredo. Já ouvi falar sobre essa Lei dos Milagres em muitos seminários motivacionais nos Estados Unidos.

331

— Eu sei, amigo. As pessoas tentam ensinar essa lei, contudo, ainda não conhecem suas maravilhas. Poucas pessoas a conhecem de verdade. Somente aquele que se torna um Buda conhece a grande Lei do Universo.

— Quem conhece essa lei? Você?

— Não, mas existe uma pessoa que conhece. E ela está nos Estados Unidos.

— Quem é?

— Minha mãe. Ela sabe tudo sobre a grande lei.

— Sua mãe? A senhora Miss Sun?

— Sim ela é uma exímia conhecedora da Lei dos Milagres.

— Mas ela é somente uma pipoqueira! Uma vendedora de rua!

Sher-rap não gostou do comentário:

— Olhe aqui, Adam, você ainda não entendeu nada sobre a vida. Como lhe disse, você ainda está preso no mundo das ilusões e das aparências, e isso ficou muito claro agora. Seu coração ainda está impregnado de preconceitos. Você precisa se livrar dessa poluição mental.

— Desculpe, Sher-rap, não quis ser mal-educado.

— Mas foi.

— Desculpe.

— Minha mãe não sabe, mas ela é uma grande sábia. Ela não sabe o tamanho da riqueza que possui: a riqueza da compaixão.

Adam ficou calado, pois percebeu que seu comentário sobre Miss Sun foi infeliz.

— Desculpe, Sher-rap, não quis dizer isso.

— Não precisa se desculpar, Adam.

Adam suspirou aliviado, e Sher-rap distanciou-se da janela, nitidamente magoado:

— Preciso sair e ajudar Tshe Wang com os preparativos.

— Tudo bem, Sher-rap. Que horas vamos subir à montanha?

— Dentro de duas horas.

— Posso descansar um pouco antes de subirmos?
— Sim.

Sher-rap virou-se de costas, vestiu um gorro de lã e o capuz de sua jaqueta amarela e foi até a porta. Antes de sair, no entanto, virou-se e disse:

— Adam, preciso lhe dizer outra coisa.
— Pode dizer, Sher-rap.
— Sei que você quis dizer aquilo sobre minha mãe. Uma das coisas que precisa fazer a partir de agora é assumir o que diz, pois uma palavra dita nunca mais é esquecida. Compreende? Não estou falando sobre isso pelo comentário que fez sobre minha mãe, mas pelo que pode ter dito para as pessoas que um dia o amaram e que você acabou magoando.

Imediatamente, Adam lembrou-se de Natalee e das diversas discussões que tiveram no passado e que não os levaram a lugar algum.

— Tem razão, Sher-rap. Sei do que está falando.
— Aprenda que a parte mais perigosa de uma pessoa é a boca. Não precisa ficar se desculpando pelo que disse sobre minha mãe, pois sei que é da boca para fora. Não se preocupe. Eu o perdoo por isso, pois sei que ainda não se conhece de verdade. Quando você descobrir quem realmente é, nunca mais julgará as pessoas outra vez.

— Já que não posso lhe pedir desculpas, posso pelo menos lhe dizer obrigado?

— Agora, você está começando a aprender, Adam. "Obrigado" é a palavra correta.

Sher-rap abriu a porta e sentiu o vento gelado batendo em seu rosto.

Antes de sair, Adam perguntou:

— Quando vai me curar, Sher-rap?

Ele balançou a cabeça negativamente:

— Eu não sei, Adam.
— Não sabe?

— Na verdade, nem ao menos sei se você será curado.

Adam não acreditava no que estava ouvindo. Naquele momento, tudo pareceu vir abaixo.

A força do vento empurrou a porta, e Sher-rap precisou sair:

— Preciso ir, Adam. Conversaremos dentro de duas horas, quando partirmos para a grande montanha Kongde Ri.

Sher-rap deixou Adam sozinho e enfrentou o vento frio da manhã.

Mesmo observando a linda paisagem do Himalaia pela janela, as esperanças pareciam dissolver-se lentamente como a neve que descia pelas encostas das montanhas.

A carta destinada a Franco Legrand dizia:

Namche Bazaar, Nepal, 29 de maio de 2015.

Querido amigo Franco Legrand,

Estou lhe escrevendo esta carta para dizer que estou vivo e que não fugi dos Estados Unidos; apenas decidi me retirar desse mundo caótico e injusto. Estou sem esperanças e acredito que não voltarei para Nova Iorque.

Nesta manhã gelada e triste, resolvi lhe escrever esta carta, pois estou sentindo muitas saudades. Queria lhe pedir um favor: procure Natalee e lhe diga que ainda penso nela. Mesmo estando longe, ainda sinto o toque de suas mãos delicadas e macias afagando carinhosamente meu rosto. Se você descobrir onde ela está morando, diga-lhe que estou com muitas saudades, apenas isso. Diga-lhe que deixei o mundo inteiro para trás, mas que nunca me esqueci dela. Mesmo estando isolado no meio dessas montanhas gigantes, ainda a sinto presente ao meu lado. Não sei lhe explicar o que acontece, mas sinto que Natalee não desapareceu da minha vida para sempre.

Desculpe, mas hoje é um dia triste para mim. Não estou me sentido muito bem, pois o câncer na garganta aparentemente voltou com força total. Além das dores, essa manhã surgiu um nódulo grande em meu pescoço. Isso tudo, no entanto, não me abala tanto quanto a solidão que arrebata meu ser. É muito difícil ficar sozinho e não ter ninguém ao lado para compartilhar uma existência.

Estou morando na casa de uma família muito boa aqui no Nepal. Eles estão cuidando de mim com carinho e me ajudando bastante. Se não fossem eles, certamente eu já estaria morto.

Desculpe, Franco, não escrevi esta carta para me lamentar, mas estou sendo verdadeiro. Quero que saiba que ainda me lembro de você e de Ian e sei que vocês são meus amigos de verdade.

Aqui é um mundo completamente diferente do que estamos acostumados em Nova Iorque. Vivi experiências incríveis e não sei se nos veremos outra vez, pois sinto que minha vida está se esvaindo dia após dia. Não comento isso com Sher-rap, o marido de Tshe Wang, mas infelizmente é o que estou sentindo neste momento. Acho que não ficarei muito tempo neste mundo.

Pensei que Sher-rap fosse capaz de me curar e por isso viajei até o Nepal, mas parece que tudo foi em vão, pois Sher-rap não tem poderes suficientes para isso. Ele possui um coração enorme e é um homem bom, contudo, não pode fazer mais nada por mim.

Desejo sorte e sucesso a você e a Ian e espero que estejam realizando todos os seus sonhos aí em Nova Iorque.

Agora, me despeço e deixo-lhe meus sentimentos verdadeiros.

Adam W. Stone.

***

Duas horas depois, Tshe Wang levou uma jarra de chá de manteiga bem quente e duas cumbucas cheias de macarrão com legumes para alimentar Sher-rap e Adam antes da subida até a gruta.

Os dois sentaram-se e conversaram um pouco mais antes de começar a grande aventura.

— Adam, quando uma pessoa quer realmente alguma coisa, ela consegue. Pode demorar um pouco, mas ela consegue. Sabe por quê? Porque o universo faz o possível para realizar nossos maiores desejos.

— Mas e o merecimento? O tal merecimento de que tanto falam?

— Merecimento não significa que a pessoa é especial. Merecimento para o universo tem outro significado, que é "estar preparado para receber". Quando estiver preparado, o universo lhe presenteará manifestando milagres em sua vida. A verdadeira meritocracia é isso, e não aquilo que os *coachs* americanos costumam ensinar em suas palestras. Entende? Muitos deles vêm ao Nepal para aprender o significado da vitória e se preparam durante anos para enfrentar o Monte Everest, contudo, somente quando conquistam o cume da montanha, eles compreendem perfeitamente o significado da palavra "merecimento". Compreendem que não foi o fato de serem pessoas especiais que os fizeram conquistar a grande montanha, mas sim a preparação que enfrentaram durante meses para chegarem ao topo do mundo.

— O que está querendo dizer, Sher-rap?

— Estou dizendo que a "preparação" é a parte mais importante da "realização".

— Está querendo me dizer que sou merecedor de alguma coisa?

— Sim.

— Não parece. Pareço mais um homem desgraçado pela vida!

— Pois é! Está claro que você ainda não está preparado para receber os presentes do universo, pois, se estivesse, não faria esse tipo de comentário. Pelo visto, ainda temos um longo caminho pela frente. Espero que esteja preparado quando seu momento chegar. Do contrário...

— Do contrário, o quê?

Sher-rap não respondeu, apenas coçou a cabeça, preocupado.

— Pode dizer, Sher-rap. Não precisa me olhar dessa maneira. Já conheço sua feição e trabalhei a vida inteira com pessoas querendo me enganar.

— Tem razão. Não posso esconder nada de você. Obrigado por me lembrar. Vou ser direto, Adam.

— Por favor, Sher-rap.

— Você está prestes a enfrentar a grande prova.

— Como assim? Que prova?

— A vida o trouxe até aqui, porque deseja saber se você está preparado.

— Preparado para quê?

— Para continuar vivendo!

Ele arregalou os olhos:

— Como assim? O que está querendo me dizer, Sher-rap?

— Exatamente isso que está pensando, Adam!

— Está querendo me dizer que vou morrer?

— Sim. Você pode morrer na montanha e nunca mais voltar para casa.

Adam engoliu em seco. Naquele momento, todas as "fichas começaram a cair". Ele não estava ali para enfrentar as montanhas, descer corredeiras de caiaque e escalar paredões de pedra como um turista. Adam estava ali para encontrar a cura de um câncer que corroía suas entranhas.

Ele perguntou a Sher-rap:

— Pode ser um fim trágico e solitário para mim? Você já sabe de tudo, não é?

Sher-rap colocou a mão no ombro do amigo tentando consolá-lo:

— Desculpe, Adam, mas é a pura verdade. Não sou médico, mas posso ver em seus olhos que está próximo da morte.

Adam tossiu forte e quase engasgou:

— Eu entendo. Quando acordei essa manhã, senti uma tristeza muito grande. Você acha mesmo que posso morrer, Sher-rap?

— Não sei, irmão. As montanhas poderão lhe responder essa pergunta. Só a natureza sabe o que está reservado a você, pois é ela quem está no comando de nossas vidas. Às vezes, a vida nos coloca em xeque-mate como se fosse uma grande iniciação. Talvez seja essa a sua grande prova.

— Oh, meu Deus! Estou desesperado, Sher-rap. Todas as pessoas que enfrentam essas grandes provas vencem? Diga que sim, por favor. Estou com muito medo.

— Nem todos vencem, Adam. Infelizmente, poucos conseguem passar pela grande prova, mas é preciso ter fé e confiar. Não é assim que funciona?

— Não sei. Você é o guia espiritual aqui.

Sher-rap sorriu.

— Tem razão. E já que sou o guia aqui, lhe digo que está na hora de arrumar as coisas para subirmos a grande montanha.

— Meu Deus! Nunca escalei montanhas desse tamanho. A mais alta que subi na vida foi o Mont-Saint-Hilaire, no Canadá, e eu era jovem na época.

— Não se preocupe, não tem perigo. Não subiremos até o topo da montanha, mas vamos caminhar aproximadamente oito quilômetros por trilhas estreitas, margeando rios e atravessando pontes até chegarmos à gruta.

— Que gruta?

— Uma pequena caverna no monte Kongde Ri. Não se preocupe.

— Oh, meu Deus!

— Precisa confiar em mim, Adam, caso contrário paramos por aqui. Conheço tudo sobre essas montanhas, e você precisa confiar em mim.

— Sei que você conhece tudo por aqui, mas...

— E então? O que decidiu?

— Eu confio em você, Sher-rap. Vamos em frente! Preciso enfrentar isso de uma vez por todas. Não tenho mais como voltar atrás.

— Exatamente, mas ainda tem o poder de decisão. Pode desistir de tudo agora e voltar a Lukla para pegar um voo de volta a Nova Iorque.

Adam ficou pensativo.

— O que decidir agora estará decidido.

— Entendo, Sher-rap. Preciso de alguns segundos para pensar, por favor.

— Não tenha pressa. Tome um gole de chá e reflita.

Sher-rap encheu a xícara com chá de manteiga e ficou em silêncio.

Minutos depois, Adam respondeu sem hesitar:

— Vamos subir a montanha, Sher-rap!

Sher-rap sorriu satisfeito:

— Muito bem, Adam. Uma escolha foi feita, e os deuses estarão ao seu lado. Acredite!

— Muito obrigado por tudo o que está fazendo por mim.

— Não precisa agradecer, afinal, quem está no comando é a Mãe Natureza. Eu apenas sou um facilitador, uma pessoa que intermedia as coisas entre o céu e a terra, só isso. Não faço nada além de manifestar o que já está previsto e determinado para acontecer.

— Quanto tempo ficaremos nas montanhas? Na tal gruta?

Sher-rap não esperava aquela pergunta, mas preferiu dizer a verdade:

— Dez noites, Adam.

— O quê? Dez noites?

— Sim, dez noites. Mas tem outra coisa que precisa saber.

— O quê?

— Não vamos ficar juntos na gruta.

— Não?

— Não. Eu o levarei até lá e retornarei a Namche Bazaar.

— O quê? Ficarei sozinho no meio da escuridão das montanhas durante dez noites?

— Infelizmente, o processo de cura é solitário, amigo. Não posso ficar com você, mas o visitarei para levar mantimentos e ver como está.

— Oh, meu Deus! Por essa eu não esperava! Não pode fazer isso comigo, Sher-rap!

— Ainda está em tempo de desistir, Adam. O que escolhe?

— Não vou desistir, Sher-rap. Quero viver e farei o que for preciso. Se está dizendo que preciso ficar sozinho naquela montanha, então ficarei.

— Ótima decisão! Mas terá de ser um homem forte como nunca foi em toda a sua vida.

— Tudo bem, mas por que preciso ficar sozinho na tal gruta?

— Porque precisa enfrentar seus demônios sozinho.

— Por quê sozinho? Você não pode ficar comigo?

— Não! Os demônios são seus, não meus.

— Que droga! Estava rezando para não responder isso.

— Infelizmente, essa é a verdade, amigo. Não adianta fugir.

— Estou percebendo!

— Então, prepare-se, pois é hora de partir. Vou pegar alguns suprimentos, roupas de frio, cobertores e dois cajados para subirmos a montanha.

— Tudo bem. Vou arrumar minhas coisas e vou esperá-lo lá fora, Sher-rap.

— Combinado. Enquanto isso, se despeça de Tshe Wang e Lhaksa.

Sher-rap buscou os suprimentos e logo Tshe Wang e Lhaksa foram ao encontro de Adam. Ela estava com os olhos marejados, pois sabia exatamente o que ele enfrentaria a partir dali.

— O que foi, Tshe? O que aconteceu? — Adam perguntou.

— Estou triste.

— Eu também. Que droga! Isso está parecendo um adeus, não é? — Adam disse com o olhar combalido.

Tshe Wang começou a chorar, e Lhaksa agarrou as pernas de Adam, nas não disseram nada. Apenas o abraçaram como se ele fizesse parte da família.

Foi um momento muito emocionante para os três. Adam não queria partir, mas aquela parecia ser sua única alternativa. Tossindo muito e com a voz rouca e fraca, ele agradeceu Tshe Wang pela acolhida e foi até o quarto para preparar sua mochila, pois a montanha sagrada de Kongde Ri já estava à sua espera.

Capítulo 25

Oração

Sher-rap retornou com os mantimentos e encontrou Adam sentado do lado de fora da casa, pronto para subir a montanha. Ele aproximou-se. Seu semblante era calmo, e sua pele brilhava com os raios de sol da manhã. Sher-rap colocou sua mochila no chão e perguntou:

— Está pronto, Adam?

— Sim, peguei algumas roupas para aguentar o frio.

— Tshe Wang pediu para lhe dar esses cobertores grossos, para que consiga suportar as baixas temperaturas da madrugada. Tome. Amarre-os em forma de rolo sobre a mochila, e vamos embora.

Adam olhou para a janela da casa e viu Tshe Wang e Lhaksa acenando em sinal de despedida.

— Queria muito uma família igual à sua, Sher-rap! — Adam exclamou.

— E por que não tem?

Adam não respondeu, e Sher-rap continuou:

— Tshe Wang está acostumada a preparar minha mochila quando subo com os grupos ao Everest. Dessa vez, a caminhada será mais curta e levarei pouca coisa, apenas um pouco de comida, uma corda de cinquenta metros, para o caso de precisarmos usá-la em alguma emergência, duas lanternas e dois bastões de escalada para não tropeçarmos nas encostas.

— Para quê as lanternas?

— Para você usar na caverna durante a noite.

— Oh, meu Deus! — sussurrou Adam, já imaginando o que lhe esperava na gruta.

— Vamos em frente?

— Sim, vamos!

— Deixe-me despedir-me de Tshe Wang. Ela não gosta de despedidas, mas sempre dou um beijo nela antes de partir — disse Sher-rap.

— Faça isso, amigo. Ela vai gostar.

Enquanto ficou sozinho aguardando Sher-rap, Adam sentiu uma vontade imensa de fazer o mesmo, de ter uma pessoa amada para se despedir. Mas Natalee não estava ali; ela já estava tão distante de sua vida que ele preferiu afastar aqueles pensamentos de sua mente.

Sher-rap retornou:

— Tshe Wang desejou-lhe boa sorte, Adam. Disse que você precisa ser forte, pois enfrentará muitas provações.

— Provações? Que provações?

— Não pense nisso agora, mas elas se apresentarão.

— Oh, meu Deus! O que me espera lá em cima?

— São aproximadamente oito quilômetros até a entrada da gruta. Os dois primeiros quilômetros são tranquilos. Vamos caminhar pela encosta do rio sem muitos problemas, porém, depois da primeira ponte de madeira, entraremos em terras sagradas, e o caminho ficará mais difícil. Precisará de fôlego para chegar até lá, e eu sei que sua resistência pulmonar não está boa. À medida que formos subindo a montanha, o ar vai ficar cada vez mais rarefeito, e você terá dificuldade para respirar. Mas não se preocupe, vai suportar.

— Confio em você, Sher-rap. Vamos em frente.

— É assim que se fala amigo. Vamos!
A jornada rumo à gruta de Kongde Ri iniciara-se.

***

Dois quilômetros adiante, a caminhada seguia tranquila sem problemas. Adam avistou a ponte de que Sher-rap falara a aproximadamente 200 metros de distância.

Sempre que adentrava em território sagrado levando grupos de escaladores estrangeiros para o Monte Everest, Sher-rap costumava falar um pouco sobre o lado espiritual que envolvia aquele tipo de aventura. Eles atravessariam a ponte e pediriam autorização aos titãs do Himalaia para adentrarem em suas terras sagradas.

Sher-rap devia ter algum propósito especial para deixar Adam sozinho numa gruta gelada, pois não o levaria até lá simplesmente para que ele morresse sozinho nas montanhas, contudo era o que parecia. As perguntas principais eram: Para quê? Por quê? Sem dúvida, aquele tipo de pensamento estava passando na cabeça de Adam, enquanto ele caminhava pelas estreitas e perigosas trilhas.

Percebendo o silêncio e a desconfiança de Adam, Sher-rap parou de caminhar em frente à ponte de madeira, fincou os bastões de alumínio no chão, olhou para o amigo e perguntou:
— Você acredita em mim, Adam?
  Sim, Sher-rap.
— Você acredita em Deus?
Adam olhou para a forte correnteza do rio:
— Não sei, Sher-rap. Não sei responder essa pergunta.
— Não importa.
— Não importa? Você não se importa se eu acredito ou não em Deus?
— Não. Para mim o que importa não é o fato de você acreditar Nele, mas sim de Deus acreditar em você.

— Será que Ele acredita em mim?

— Quando você acreditar em si mesmo, certamente Deus também acreditará. É assim que funcionam as coisas. É algo recíproco.

— Nunca tinha pensado dessa maneira, Sher-rap.

— Pois bem, é dessa maneira que nós, montanhistas sherpas, ensinamos os escaladores estrangeiros que vêm ao Himalaia. Esse é o primeiro mandamento de quem deseja chegar ao topo do mundo. Se a pessoa não acredita em si mesma, é melhor nem seguir adiante, pois é certo de que morrerá no meio do caminho. A natureza é inteligente e sabe quem está confiante o suficiente para enfrentá-la. Por isso, sempre que entramos na natureza selvagem, precisamos de uma autorização, pois ela pode ser implacável.

— Como?

— Você vai entender com o tempo como a natureza é sabia. Agora vamos nos concentrar para ultrapassar a ponte.

— Nossa! Essa ponte é muito alta!

— É a mais alta de todas. Você já sabe como fazer. Venha atrás de mim e não balance a ponte. Assim que chegarmos do outro lado, estaremos em terreno sagrado.

— Seguirei seus passos, Sher-rap.

— Muito bem! Então vamos.

***

Depois de atravessarem a ponte, Adam exclamou cansado.

— Ufa! Ainda bem que a ponte acabou. Não aguentava mais me segurar nas cordas.

— Vamos até aquela pedra para descansarmos um pouco antes de começarmos a subida. A partir deste ponto, entramos nas Terras Sagradas dos Titãs do Himalaia.

— Tudo bem. E o que fazemos agora?

— Vamos nos sentar naquelas pedras e colocar as mochilas no chão. Tudo bem com você, Adam? Como está sua respiração?

— Só estou sentindo dores na garganta.

— Isso não é bom, mas temos de seguir em frente! Tudo bem para você continuar?

— Sim! Vamos continuar.

— Lembre-se, Adam, de que a escolha é sua e que está fazendo tudo isso por sua vontade. Sou seu amigo e a partir desse ponto sou totalmente responsável por você. Compreende?

— Só preciso respirar um pouco, Sher-rap. Entendi. Eu confio em você. Mas até onde nós vamos? Estamos longe da tal gruta? — Adam perguntou ofegante.

— Faltam seis quilômetros para chegarmos até a gruta, mas, antes de seguirmos em frente, temos de fazer uma oração para os deuses do Himalaia, pois a partir deste ponto são eles quem estão no comando.

— Oração? Que oração?

— Fazemos uma oração de agradecimento e autorização.

— Mas eu não sei orar.

— Não tem importância. Eu vou dizendo, e você vai repetindo em voz alta.

— Você não pode orar sozinho? Prometo que fico em silêncio.

— Não, Adam, não pode ser assim.

— Por quê não?

— Porque, se você não fizer a oração junto comigo, seu coração não ouvirá as preces. Seu coração não consegue ouvir minha voz; ele só consegue ouvir sua voz. Então, por favor, pare de ser orgulhoso e repita as palavras que eu lhe disser. Faça isso com convicção, está bem?

— Tudo bem, Sher-rap. Você sabe que não gosto muito desse negócio de religião, mas vou me esforçar.

347

— Isso não é religião, é apenas um pedido de autorização para entrarmos em terras sagradas. Continue sentado e repita o que eu lhe disser.

Sher-rap olhou para o cume da montanha nevada, juntou as mãos em agradecimento, fechou os olhos e começou a oração:

— Himalaia, mãe maior.

Sher-rap olhou para Adam, que começou a repetir:

— Himalaia, mãe maior.

Sher-rap sorriu satisfeito e continuou:

— Peço que todos os seres vivos, animais, plantas, seres humanos e espíritos perdidos tenham felicidade e sejam libertos de suas mágoas.

— Peço que todos os seres vivos, animais, plantas, seres humanos e espíritos perdidos tenham felicidade e sejam libertos de suas mágoas.

— Nesta vida, nas vidas passadas e nas próximas vidas.

— Nesta vida, nas vidas passadas e nas próximas vidas.

— Peço-lhe compaixão e compreensão para mim e para minha família.

— Peço-lhe compaixão e compreensão para mim e para a minha família.

— Peço-lhe somente amor, gratidão e perdão.

— Peço-lhe somente amor, gratidão e perdão.

— Namastê.

— Namastê.

Sher-rap terminou a oração, abriu os olhos e percebeu que Adam continuava de olhos fechados. Era sinal de que seu coração estava ouvindo as preces, e certamente os deuses do Himalaia também.

Sher-rap esticou o braço:

— Levante-se, amigo! Precisamos continuar. Será uma grande caminhada até a gruta.

Adam abriu os olhos e levantou-se:

— O que significa essa oração, Sher-rap?

— Exatamente o que foi dito, Adam. As coisas divinas são simples e objetivas.

— Acho que estou começando a entender como a natureza se comunica com os homens. Eu me senti tão bem enquanto repetia a oração!

— Isso é sinal de que seu coração está começando a serenar, Adam.

— Mas minha doença não é no coração, é na garganta.

— Não importa. Quando o coração pulsa na frequência da compaixão, ele cura qualquer coisa, até mesmo a mais fatal das doenças.

— Interessante! Estou me sentindo muito bem agora. Até as dores na garganta desapareceram.

— Isso é bom sinal, mas não fique tão animado assim, pois as dores logo voltarão. Apenas uma oração não é capaz de fazer milagres.

— Que pena!

— Vamos! Levante-se, pois precisamos continuar!

Os dois homens caminharam cerca de quinhentos metros, e uma linda clareira abriu-se na mata fechada de repente. Era possível ver ao longe a montanha mais alta do mundo, o Monte Everest. Sher-rap apontou para ela e disse:

— Está vendo aquela montanha gigante, Adam?

— Sim.

— É o Monte Everest, o topo do mundo. Para nós, sherpas, o Everest é como uma mãe protetora, e por essa razão deixamos oferendas para ela.

— Deve ser uma experiência extraordinária ir até lá!

— Com certeza, é a maior experiência que um homem pode experimentar na vida.

— Que lindo! — Adam ficou maravilhado com a vista, sem saber que aquela seria sua visão diária nos próximos vinte dias.

Sher-rap pegou seu bastão e preparou-se para continuar a caminhada rumo à gruta.

— Adam, a partir daqui, o caminho é estreito e perigoso. Tome cuidado com as pedras soltas.

— Tudo bem.

— Temos de chegar antes das cinco horas, pois não quero retornar à noite para Namche Bazaar.

Até aquele momento, Adam não acreditara que Sher-rap seria capaz de deixá-lo sozinho na gruta.

A caminhada continuou por mais três horas. A paisagem era estonteante, algo que poucas pessoas no mundo tinham a oportunidade de ver. A trilha que levava até a gruta não era turística, muito pelo contrário. Era um caminho secundário que somente Sher-rap conhecia. Certamente, a gruta devia ser algum tipo de santuário que ele mantinha para purificar-se e meditar. O local era afastado, e não havia turistas andando por ali, muito menos placas de marcação como nas trilhas tradicionais do vale de Khumbu.

Tudo, por fim, correu bem. Mesmo tossindo bastante e sentindo fortes dores no pescoço, Adam suportou a caminhada.

A mais de 3.200 metros de altitude na montanha de Kongde Ri, Sher-rap de repente parou e apontou para cima:

— Está vendo aquela embocadura lá em cima das pedras, Adam?

— Onde aquele abutre está olhando fixamente para nós?

— Exatamente. Lá é a entrada da gruta. Todos os dias, aquele abutre pousa naquela pedra no mesmo horário, esperando alguma presa. Quando ele avista algo para comer, decola e busca seu alimento.

— O que ele come?

— Carniça.

— O quê?

— Ele come animais mortos. O abutre é um pássaro sagrado para nós.

— Oh, meu Deus! Que droga! Por que ele fica bem ali na frente?

— Porque é o guardião da gruta. Não precisa ter medo, Adam. Ele é inofensivo aos homens.

— Não ter medo? Eu já estou com medo!

— Com o passar do tempo, você conhecerá os hábitos do abutre e se acostumará com ele. Não se preocupe. Nos próximos dias, preste atenção no que ele faz.

— O que ele faz?

— Depois que se alimenta, ele voa beirando a encosta da montanha, para subir com a força do vento que vem do sul até chegar à altura onde encontra as térmicas de ar quente. Aí, ele pode voar sem esforço a mais de 8 mil metros de altura. Quando ultrapassa as nuvens, ele começa a planar e acaba hibernando por várias horas seguidas.

— Hibernando?

— Sim, ele dorme voando.

— Por que ele faz isso?

— Porque precisa do ar rarefeito das altas altitudes, em que há muito pouco oxigênio, para matar as bactérias da carniça que comeu. Sem oxigênio, as bactérias não suportam e acabam morrendo. Seu metabolismo é perfeito. Depois que a digestão do alimento é feita, o abutre retorna e pousa aqui novamente.

— Que incrível!

— Incrível mesmo! Você nunca parou para pensar por que os urubus e abutres voam tão alto, não?

— Não mesmo!

— Estou lhe dizendo isso para que compreenda como a natureza é perfeita e tudo tem uma razão de ser. Nesses dias em que ficar sozinho, sugiro-lhe que repare na perfeição da natureza. Isso vai transformá-lo numa pessoa bem melhor e mais humilde. Tente não pensar em coisas ruins. Pense somente em coisas boas. Por pior que possa parecer sua situação na gruta, pense sempre positivamente.

— Esse aqui é meu fim, não é Sher-rap? Diga a verdade.

O abutre percebeu a presença dos dois e abriu suas asas com mais de dois metros de cumprimento, demonstrando que ali havia um dono. Ele soltou um grasnado alto e decolou rumo ao abismo.

Sher-rap olhou para Adam e respondeu a pergunta:

— Não existe fim nem começo, Adam. Não existe partida nem chegada. O caminho é a única coisa que existe. O presente eterno é a única coisa que realmente existe. Por isso, quero que, durante esses dez dias, você se esqueça do passado e viva somente o tempo presente, pois é nele que reside a verdadeira felicidade.

Adam ouviu os conselhos, mas ficou calado. Ambos subiram os últimos cinquenta metros até a entrada da gruta.

***

A gruta de Kongde Ri era simples, limpa e bem cuidada. A entrada era grande e tinha aproximadamente seis metros de altura.

Sher-rap parou em frente à entrada e disse:

— Aqui estamos, Adam. Este é o lugar onde você ficará pelos próximos dias.

Adam olhou ao redor e percebeu que alguém já estivera ali antes, pois havia sinais de fogueiras lá dentro. A gruta aprofundava-se cerca de trinta metros dentro da montanha e não tinha saída. Parecia aconchegante, mas à noite o frio certamente devia ser implacável.

Ao lado das cinzas da fogueira, ele viu alguns objetos: um canivete, uma lamparina a óleo, alguns talheres de metal e uma Roda Mani em miniatura em forma de chocalho, ideal para segurar e girar manualmente.

Sher-rap olhou para Adam e naquele momento sentiu uma tristeza enorme em sua alma.

— É aqui que vou ficar? — Adam perguntou.

— Sim, sugiro que durma encostado naquela parede para se proteger do vento. Todas as tardes, busque gravetos secos para acender a fogueira e se aquecer durante a madrugada. À noite, é muito frio aqui, e você vai precisar se manter aquecido.

— O que vou comer?

— Tshe Wang mandou macarrão instantâneo, chá e carne seca para você. É isso que vai comer nesses dias. Se você quiser e tiver disposição, pode ainda descer até o rio e pescar algum peixe para cozinhar. Há uma pequena panela e frigideira também naquele saco preto.

— Pescar? Acredita mesmo que farei isso, Sher-rap?

— Acredito, pois terá fome suficiente para se esforçar.

— E água? Onde encontrarei água potável para beber?

— Da mesma forma. Terá de descer até o rio para buscar água cristalina para beber. Aqui tem uma garrafa vazia. E se quiser tomar banho, existe uma cachoeira a cerca de um quilômetro a oeste daqui.

— Oh, meu Deus! O que estou fazendo aqui? Que droga!

— Você ainda não sabe por que está aqui, não é, Adam?

— Não sei de mais nada, Sher-rap. Só sei que você é uma pessoa muito misteriosa.

— Voltarei dentro de cinco dias para trazer mais mantimentos. Aqui estão os cobertores e um colchonete para se deitar. Fique com minha blusa com capuz de pele de iaque, para proteger a cabeça e também o pescoço.

— Obrigado, Sher-rap. Isso vai me ajudar bastante.

— Bem, agora preciso voltar a Namche Bazaar, pois já são quase cinco horas da tarde. Dentro de cinco dias, estarei de volta.

— Espero que volte mesmo! Estarei esperando-o ansioso.

— Voltarei, pois sou responsável por você agora. Lembre-se, Adam, o medo é uma ilusão. Os maiores medos são aqueles que estão dentro de sua mente e não fora dela. Você está no lugar mais protegido do mundo. Aqui ninguém poderá lhe fazer mal. Somente você tem o poder de se machucar neste lugar. Pense nisso!

— E o abutre?

— Não se preocupe. Ele será um amigo guardião.

Adam olhou para fora e não acreditou no que viu. Era, sem dúvida, a vista mais incrível do mundo. Da gruta ele via uma montanha gigante, branca e nevada bem à sua frente e o Monte Everest mais ao fundo, como se fossem duas torres gigantes protegendo-o de todos os males.

— Está vendo agora? — Sher-rap perguntou. — Este é o lugar mais protegido do planeta, Adam. Existe um ditado sherpa que diz: "Assim como o orvalho sobre as folhas seca com o sol da manhã, todas as preocupações do homem desaparecem quando ele olha para a magnitude das montanhas sagradas do Himalaia".

— Bonito isso, Sher-rap!

— Aqui, você será abençoado todas as manhãs, irmão. Apenas permita que a força do universo adentre sua alma. Se você permitir, as montanhas têm o poder de purificá-lo.

— O que devo fazer, Sher-rap? Diga-me.

— Não faça nada. Apenas sinta e deixe a natureza fazer o resto. É hora de se render, irmão. Tenha coragem e renda-se. Aqui, você não está no controle.

— Obrigado pelas palavras, Sher-rap.

— Não vai ser fácil, Adam, mas eu acredito em você.

— Ore por mim, Sher-rap.

— Estaremos orando todo o tempo lá em casa, não se preocupe. Até logo, Adam.

— Até logo, Sher-rap.

Sher-rap não sentiu remorso em deixar Adam sozinho na gruta. Virou de costas e desceu correndo pela trilha que o levaria de volta para Namche Bazaar.

Capítulo 26

Cinco dias depois

Adam estava completamente isolado do mundo na gruta de Kongde Ri. Passaram-se cinco dias desde sua chegada ali, e Sher-rap não retornara para levar-lhe alimentos e qualquer apoio.

Ele já estava bem mais magro e visivelmente desnutrido, com os cabelos e a barba mais compridos. Dificilmente alguém de Nova Iorque o reconheceria. Apesar de ainda haver comida, o corpo de Adam já não estava aceitando qualquer coisa. Ele estava vivendo uma espécie de jejum natural. Além das dores na garganta, algo parecia estar ocorrendo com seu corpo, o que estava enfraquecendo-o dia após dia.

Seria o frio e o vento gelado que soprava do sul? Seria a falta de nutrientes?

A reposta era "não". Não era a parte física que estava enfraquecendo-o, mas sim as lembranças do passado que lhe corroíam a mente durante as madrugadas frias. Todas as noites, ele tinha pesadelos horríveis com seu pai, sua mãe e com Natalee. Os piores, porém, eram com sua esposa, quando ele a via caindo do alto de precipícios ou sendo atropelada por carros, pedindo ajuda para não morrer.

Eram sonhos terríveis e muito reais. Todas as manhãs, Adam acordava desesperado gritando o nome de Natalee, pois não compreendia, não via coerência alguma com a realidade ou qualquer significado plausível. No entanto, ao despertar e olhar para a vista extraordinária da grande montanha nevada bem à sua frente, todos os pensamentos ruins desapareciam, dando lugar a uma incrível energia de gratidão e plenitude. Era como uma limpeza diária de seus pensamentos, uma depuração mental.

Os dias passavam normalmente sem muitos problemas, mas as noites eram terríveis. Durante o dia, Adam ocupava seu tempo com afazeres comuns, como ir até o lago buscar água para beber, encontrar gravetos para acender a fogueira e descer pelas encostas da montanha para chegar até a cachoeira e se banhar.

Aquela íntima ligação com a natureza estava sendo ótima para Adam, pois ele sentia que fazia parte dela. O silêncio das montanhas, a beleza da paisagem e a paz daquele lugar eram realmente indescritíveis e traziam-lhe um sentimento incrível de reconexão com a mãe Terra.

No quinto dia, Adam começara a compreender como era fácil entrar em estado meditativo nas montanhas, exatamente como Sher-rap fazia quando subia ao templo de Tengboche. Na verdade, não era preciso esforçar-se muito para meditar ali, pois o simples fato de estar em silêncio e conectado à energia daquele lugar já era o suficiente para a mente entrar em um estado vibracional elevado.

A voz de Adam piorava a cada dia. O nódulo no pescoço crescia, e o inchaço também. Adam, no entanto, não se sentia mal por isso, pois o sofrimento de antes estava transformando-se numa inexplicável paz de espírito. Mesmo sabendo que a doença se alastrava cada vez mais, ele não parecia se importar.

Será que Adam estava entregando-se de uma vez por todas? Ou será que ele estava lutando em silêncio, tentando controlar o câncer que lhe corroía por dentro?

Certamente, essa resposta somente ele tinha, pois estava escondida nas profundezas do seu inconsciente.

O mais importante é que o quinto dia chegara, o dia em que Sher-rap faria sua primeira visita. E ele não falhou. Por volta das quatro horas da tarde, enquanto o abutre repousava atento em frente à entrada da gruta, como fazia todos os dias, Sher-rap aproximou-se sem fazer barulho e encontrou Adam dentro da gruta, preparando-se para acender uma pequena fogueira com alguns gravetos secos.

Ele aproximou-se e disse:

— Boa tarde. Como está passando, Adam?

Adam olhou para trás e não demonstrou qualquer animação ao ver o amigo.

— Estou bem, Sher-rap — respondeu com dificuldade.

— O que aconteceu com sua voz?

— Ela está sumindo. Não sei por quê.

— Como tem passado durante a noite?

— Nada bem. Tenho tido pesadelos horríveis com meus pais e com Natalee. Será que algo ruim está acontecendo com eles?

— Não se preocupe com eles, Adam.

— Mas o que são esses pesadelos horríveis que me atormentam todas as noites?

— Isso significa que a natureza está purificando sua mente. Os pesadelos são como lixo do inconsciente, que precisa ser retirado. Sua mente está muito suja.

— São sonhos confusos e estranhos. Acordo todas as manhãs gritando.

— Você precisa ser forte, amigo.

— Estou tentando.

— Sei que está. Olhe, Adam, eu trouxe mais um pouco de comida, frutas e doces para você.

— Obrigado, Sher-rap. Quanto tempo ainda ficarei aqui?

— Mais cinco dias. Acha que consegue aguentar?

— Sim, aguento. Os primeiros dias foram muito difíceis para mim, mas agora estou me sentindo bem melhor e protegido na presença da grande montanha. Antes, eu tinha medo dela, porém, não tenho mais.

— Isso é muito bom!

— Estou me lembrando da infância, quando acampava com meu irmão no topo do Mont-Saint-Hilaire.

— Percebi que você não é um novato e sabe sobreviver nas montanhas.

— Sei sim, não é segredo para mim. Estou me sentindo em casa aqui.

Adam sentou-se no chão, e Sher-rap posicionou-se ao seu lado.

— Sher-rap, posso lhe contar uma coisa?

— Claro que sim.

— Estou sentindo a vida de verdade aqui, sabia? Nunca senti isso antes. Hoje pela manhã, enquanto tomava banho na cachoeira sem roupa, somente com o corpo nu sob as águas geladas que desciam das montanhas, senti a energia da vida entrando em mim. Senti como se fizesse parte dela, como se meu corpo se aglutinasse às águas, me transformando numa espécie de corpo vivo da grande montanha. Experimentei uma sensação indescritível de plenitude. Enquanto olhava para a grande elevação branca, senti como se ela quisesse me banhar com suas águas, que escorriam pelos paredões de pedra. Era como se a grande face de pedra fosse seu rosto e a água da cachoeira fossem suas lágrimas, escorrendo por sua pele. Foi incrível! Eu estava nu sob a cachoeira, como se estivesse sendo banhado pelas lágrimas dos deuses. Senti-me pleno e perfeito naquele momento. De repente, o frio da água congelante desapareceu e comecei a rir sozinho, como se a natureza inteira estivesse dentro de mim. Não sei se você entende o que estou querendo lhe dizer, Sher-rap. Será que estou tendo alucinações?

— Eu o entendo perfeitamente.

— O que é isso, Sher-rap? Que sentimento incrível é esse? Será que estou ficando maluco?

— Não, certamente não. São sensações que poucas pessoas conseguem experimentar. Isso é um privilégio.

— Tem razão. É uma sensação muito especial. Para não dizer apaixonante.

— Vocês, estrangeiros, são engraçados! Vivem dizendo que amam a natureza e querem protegê-la a qualquer custo, mas vejo a maioria das pessoas mentindo descaradamente, pois nem sequer compreendem o que dizem. No fundo, estão pensando somente em si mesmas, e não na natureza.

— Você tem razão, Sher-rap. Eu mesmo conheço algumas pessoas na América que lutam ferozmente pela proteção do meio ambiente, mas nunca entraram de verdade na natureza. Esses indivíduos pagam altas taxas mensais para organizações não governamentais de proteção ao meio ambiente, só para se sentirem especiais e protetoras do planeta, todavia, estão se enganando ou sendo enganadas.

Sher-rap fez uma breve pausa e perguntou:

— Sabe o que você sentiu essa manhã na cachoeira, amigo?

— Não, o que foi? Você nasceu no meio dessas montanhas e conhece todos os segredos deste lugar. Conte-me.

— Tem razão, eu conheço essas montanhas como ninguém.

— O que eu senti, Sher-rap? Diga-me.

— Você sentiu o poder do mundo, amigo. A energia do amor verdadeiro entrando em seu corpo e banhando sua alma. A natureza lhe deu uma singela manifestação do seu fabuloso poder.

Adam permaneceu calado por alguns instantes.

— Acho que foi exatamente isso que senti. Foi uma sensação de plenitude. Era como se eu pudesse viver para sempre.

— Eu sei como é, Adam, pois já senti a mesma coisa algumas vezes.

— Quer saber? Estou começando a amar a natureza e os animais de verdade, Sher-rap!

— Isso é muito bom! Fico feliz por você.

— Estou começando a compreender melhor a natureza, o silêncio das montanhas e a vida dos animais. Estou aprendendo coisas que nunca aprenderia nos Estados Unidos. Para falar a verdade, estou me sentindo um sábio nesta gruta, pois estou conseguindo compreender os erros que um dia cometi, os medos que me envolvem e as angústias que me perseguem. E sinto que sou muito mais forte que tudo isso.

Sher-rap sorriu.

— Cuidado, Adam!

— Cuidado, por quê?

— Não se sinta um sábio só porque aprendeu a amar a natureza e os animais. Isso não é suficiente para um verdadeiro sábio.

— Não o estou entendendo! Não era para ser assim?

Sher-rap sorriu, mas respondeu com seriedade:

— Preste atenção, amigo! Amar a natureza e os animais é fácil. Difícil é amar o próximo.

Aquela frase foi como um tapa na cara de Adam. Sua alegria imediatamente se esvaiu, e os dois ficaram calados durante alguns instantes. Um vento frio começou a soprar do sul, sinalizando que já era hora de Sher-rap partir. Uma frente fria aproximava-se com força total, demonstrando que a próxima noite seria difícil para Adam.

Sher-rap não hesitou. Vestiu sua jaqueta amarela de nylon, colocou o capuz sobre a cabeça e disse:

— Adam, percebi que você nem sequer mexeu na Roda Mani que costumo deixar ao lado da fogueira.

— Não sei para que ela serve, por isso não mexi.

— A Roda Mani é uma poderosa Roda Dharma. Por meio dela, a pessoa é liberada dos sofrimentos dos reinos inferiores. A luz ilimitada da Roda Mani é igual à fortuna dos mil budas. O carma negativo é purificado, enquanto a pessoa gira a roda e repete o mantra *Om Mani Padme Hum*. Durante a noite, o espírito é levado para a Terra dos Titãs do reino espiritual, para os detentores da grande sabedoria do mundo: a felicidade.

Adam segurou a Roda Mani.

— Como se usa isso, Sher-rap?

— Durante o dia você, gira a Roda Dharma e repete o mantra. À noite, quando se deitar para dormir, coloque-a ao lado da cabeça e peça para sua consciência ser iluminada e lhe mostrar tudo o que seus olhos não podem ver. Assim, possuirá o olhar superior do Buda, também conhecido como o olhar da consciência dos antigos egípcios. Agindo dessa maneira, você acumulará virtudes e construirá a tríade perfeita: a harmonia entre o corpo, a mente e o espírito.

— Ela parece muito antiga.

— Era do meu avô. Foi feita em 1910.

— É muito bonita. Tem partes de madeira, metal e latão.

— Isso mesmo. Nela está escrito o mantra *Om Mani Padme Hum*.

— Com certeza, vou utilizá-la.

— Faça isso. Agora preciso ir embora, Adam.

Sher-rap despediu-se de Adam, deixando-o outra vez sozinho na gruta.

— Voltarei nos próximos dias, Adam.

— Até breve.

— Descanse e pense no que eu lhe disse.

Capítulo 27
Em Nova Iorque

Dez dias depois, a correspondência destinada a Franco Legrand chegou a Nova Iorque. Antes de levar Adam até a gruta, Sher-rap pedira para sua esposa colocar a correspondência na pequena agência dos correios de Namche Bazaar, pagando a taxa mais cara para que chegasse rapidamente ao destino, pois ele sabia que aquela carta precisava chegar logo às mãos de Franco Legrand. Mesmo desconhecendo seu conteúdo, Sher-rap sabia que era de extrema importância para Adam.

Ao chegar em casa após mais um dia de trabalho na Ashburn Investments, Franco assustou-se ao ver Ian esperando-o na sala com um envelope nas mãos. Ian disse:

— Franco, esta carta chegou hoje à tarde e está destinada a você. Está com carimbo do Nepal e foi postada há dez dias.

— Oh, meu Deus! Deixe-me ver! Será que são notícias de Adam? Será que ele está vivo? — Franco abriu a carta com cuidado e leu tudo com calma, enquanto Ian acompanhava a leitura ao seu lado em silêncio.

Ao terminar, Franco olhou para Ian e disse:

— Ele não está nada bem, Ian. Precisamos encontrar Natalee a qualquer custo.

Sem que Franco soubesse, Ian já pesquisara nas redes sociais o nome "Natalee Stone". Ao ver a foto de uma linda moça com cabelos castanhos, longos e lisos, ele perguntou:

— Seria essa moça, Franco? Veja!

Franco olhou para a foto no celular.

— Sim, é ela mesma. Eu a vi duas vezes e tenho certeza de que essa moça é Natalee. Dê-me seu celular.

Franco escreveu uma mensagem breve para Natalee em sua rede social:

Natalee, meu nome é Franco Legrand. Sou amigo de Adam. Preciso falar urgentemente com você.

Tudo aconteceu muito rápido. Menos de dez segundos depois, Natalee respondeu a mensagem muito nervosa e apreensiva:

Olá, Franco! O que aconteceu com Adam? Estou desesperada procurando por ele!

Franco apenas escreveu dizendo que precisava encontrá-la com urgência. Natalee perguntou aonde poderiam encontrar-se, e marcaram o encontro no Central Park, no mesmo lugar onde Franco estivera com Adam pela última vez.

***

No Central Park, Natalee, nitidamente nervosa, chorava. Ela aproximou-se de Franco, cumprimentou-o rapidamente e disse:

— Oh, meu Deus! Eu já fui à corretora várias vezes, e ninguém soube me dizer o que aconteceu com Adam. Ele sumiu desde que brigamos pela última vez. Tive de fazer aquilo, Franco. Eu estava muito triste e não sabia mais o que fazer com nosso casamento. Não tenho culpa de nada! Você precisa acreditar em mim!

— Calma, Natalee! Você não tem culpa de nada. Calma!

— O que aconteceu com ele, afinal? Está morto? Onde ele está?

— Eu também não sabia onde ele estava até receber esta carta que chegou hoje à tarde.

— Carta? Que carta?

— Sente-se no banco e leia você mesma.

Natalee sentou-se, abriu o envelope, desdobrou o papel e leu a carta muito emocionada.

— Franco, eu amo o Adam. Ele sempre foi o amor da minha vida, e eu nunca quis me separar dele. Mas Adam é muito orgulhoso, e nosso casamento acabou ficando insustentável. Porém, agora lendo esta carta, sei que preciso ir ao encontro dele. Adam não pode ficar sozinho. Sinto que ele está correndo perigo de morte.

— Tem toda razão, Natalee.

— Minha amiga cartomante de São Francisco me disse que nossas vidas desmoronariam como um castelo de areia e que Adam teria de enfrentar grandes provações. Ela me disse também que eu precisava me distanciar dele para que desse o devido valor ao nosso amor. Eu pedi o divórcio, mas não tive coragem de mandar meu advogado procurá-lo. Agora, três meses depois, tudo isso está acontecendo! Eu nunca imaginaria que as coisas seriam dessa forma. Oh, meu Deus! Adam está correndo perigo. Eu sinto isso.

— Sim, Adam está correndo perigo, e talvez você não saiba do pior.

— Do quê?

— Adam foi diagnosticado com câncer na garganta logo após vocês brigarem.

Natalee emudeceu e começou a chorar descontroladamente. Franco abraçou-a tentando confortá-la.

— Eu não tenho culpa disso, Franco! Desculpe, mas não sabia que a doença dele era tão grave! Se soubesse, não teria feito o que fiz.

— Não existe culpa, Natalee. Não pense nisso agora.

— O que devo fazer, Franco? Estou com tantos planos, tantos sonhos para se tornarem realidade nos últimos meses! Tenho me encontrado com pessoas maravilhosas ultimamente, e as coisas parecem querer se encaixar, contudo, sinto que está faltando algo. É como se estivesse faltando uma peça no quebra-cabeça de minha vida!

Franco interrompeu Natalee, fazendo um sinal para que ela se acalmasse. Ela, todavia, continuou:

— Essa semana, fui buscar algumas coisas em nosso antigo apartamento, e, quando saí, um carro grande, preto e com vidros escuros parou na minha frente na rua. Uma menina de aproximadamente dez anos de idade desceu de muletas do veículo e me abordou dizendo que precisava falar comigo. A garotinha estava acompanhada pelo pai, que ficou sentado no banco de trás do carro junto com o motorista. Ambos estavam muito bem vestidos e...

— Mas o que isso tem a ver com Adam, Natalee? Não estou entendendo nada! — disse Franco confuso.

Ela não conseguia conter sua emoção e prosseguiu relatando o que acontecera:

— Não me interrompa, Franco, por favor! O pai dela desceu do carro, me contou algumas coisas e acabei indo até a casa deles. Era um senhor de quase oitenta anos de idade, muito rico, bem-vestido e muito educado. Quando entramos em sua casa, acabei conhecendo uma pessoa que emanava amor pelos olhos. Uma pessoa que mudou completamente minha maneira de ver o mundo. Até hoje estou sem saber o que fazer e o que sentir em relação a isso. Sei o que precisa ser feito, mas para isso preciso falar com Adam. Na verdade, estou louca para me encontrar com ele e dizer o que está acontecendo. Preciso dele aqui em Nova Iorque. Preciso buscar meu marido o mais rápido possível!

— Espere aí! — Franco exclamou intrigado, afinal, Natalee estava descrevendo as características do mesmo senhor com quem Franco se encontrara semanas antes, mas preferiu ficar quieto para não deixá-la mais confusa do que já estava.

— A peça que está faltando no quebra-cabeça de sua vida certamente é Adam, não é, Natalee? — Franco retornou ao assunto principal.

— Sim, ele está em todos meus planos futuros! Não existe nenhuma alternativa sem ele ao meu lado. Além disso, a mãe de Adam, a senhora Eva Bonnet, me ligou ontem querendo saber notícias do filho. Ela disse que tem tido pesadelos com Adam nos últimos dias e que precisa muito falar com ele. Disse também que o senhor Robert Stone vem sonhando muito com o filho e deseja muito vê-lo.

— O que você respondeu para os pais dele?

— Não sabia o que dizer! Disse que eu e Adam não estávamos mais casados e que ele desapareceu do mapa há três meses. A mãe dele ficou chocada, mas preferi dizer a verdade, pois jurei que não mentiria nunca mais em minha vida.

— Isso é muito bom! E o que a mãe dele respondeu?

— Ela ficou desesperada e disse que embarcaria para Nova Iorque o mais rápido possível no voo das cinco horas. Passei o endereço de onde estou morando, e ela disse que iria direto para minha casa

Franco olhou para o relógio, que já marcava seis horas da tarde.

— Então, acho melhor você ir correndo para sua casa, pois já são seis horas da tarde. Dentro de pouco tempo, Eva e Robert chegarão.

— Oh, meu Deus! É verdade.

— A partir de agora, você terá de ser muito rápida, Natalee.

— Eu sei disso, Franco. Obrigada por me procurar. Estou mais aliviada agora. Pelo menos sabemos que Adam está vivo e onde ele está, no entanto, preciso pensar com calma no que vou fazer. O que você sugere? Estou perdida, Franco!

— Quer saber mesmo?

— Sim, por favor.

— Compre três passagens para Katmandu hoje mesmo. Sei que existe uma companhia aérea que faz voos diretos a cada dois dias para lá. Você e os pais de Adam precisam ir até o Nepal o mais rápido possível, custe o que custar.

— Tem certeza disso?

— É a vida de Adam que está em jogo, Natalee.

— Tem razão, Franco. Farei isso. Mas para onde vou? Quem eu procurarei quando chegar lá? O que devo fazer? O Nepal é muito longe daqui!

— Apenas vá e deixe as coisas se encaixarem naturalmente. Como você mesma pode ver, Adam deixou alguns nomes na carta. Ele disse que está vivendo na casa de um homem chamado Sher-rap e de uma mulher chamada Tshe Wang. O carimbo dos correios é de um pequeno vilarejo chamado Namche Bazaar. Isso já facilita bastante.

— Mas como faço para chegar lá?

— Antes de vir para o Central Park, pesquisei tudo na internet pra você.

— Me explique, por favor!

— Embarque num voo direto para Katmandu e não pegue voos com escalas, pois pode perder muito tempo com isso. Chegando à capital do Nepal, vá até o guichê da companhia aérea regional e embarque no avião que os levará até a cidade de Lukla. Chegando lá, fale com o pessoal do aeroporto e alugue um helicóptero para levá-los até o vilarejo de Namche Bazaar.

— Não existe táxi lá?

— Não. Namche Bazaar fica no meio da cordilheira do Himalaia e é um dos lugares mais distantes do mundo. É lá onde estão situadas as montanhas mais altas do planeta. O acesso ao local somente se dá a pé ou de helicóptero.

— Oh, meu Deus! O que Adam foi fazer num lugar desses?

— Como Adam disse na carta, "ele quis deixar o mundo inteiro para trás". Parece que ele desistiu da vida, Natalee.

— Eu farei isso, Franco. Vou comprar as passagens hoje mesmo.

— Você tem condições financeiras para isso?

— Sim. Graças a Deus, há menos de uma semana eu e minha amiga Sílvia conseguimos fechar um acordo milionário com alguns investidores para nosso projeto com as crianças deficientes. Uma grande quantia entrou em nossa conta corrente. Um dos investidores é exatamente esse senhor de quem falei há pouco.

— Que bom! — Franco ficou ainda mais intrigado com as coincidências. — Tudo bem, Natalee. Se precisar de dinheiro ou de alguma coisa, pode me procurar.

— Obrigada, Franco, você é uma pessoa muito gentil. É uma pena não termos nos conhecido melhor antes, não é?

— Tem razão, mas tudo tem o tempo certo para acontecer. Não se preocupe com isso.

— Bem, dentro de pouco tempo os pais de Adam devem chegar, e não sei o que eles vão achar de tudo isso. No entanto, se eles não quiseram ir junto comigo até o Nepal, irei sozinha.

— Não vá sozinha ao Nepal.

— Por que não?

— Porque Ian, meu namorado, disse que vocês três precisam ir juntos.

— Por que ele disse isso?

— Não sei, mas, quando Ian tem uma forte intuição, prefiro não duvidar.

— Não conheço muito bem os pais de Adam, mas farei de tudo para convencê-los a irem comigo. Oh, meu Deus! Adam deve estar muito mal, não é?

— Certamente sim. Vá e faça o que precisa ser feito, Natalee. Não espere nem um minuto a mais.

— Obrigada, Franco. E você está bem lá na corretora? Desculpe não ter perguntado antes, mas são tantas coisas acontecendo ao mesmo tempo.

— Sim, está tudo ótimo na corretora. O senhor Ashburn me promoveu a diretor sênior, e sou praticamente o responsável pela agência hoje. Ele reduziu o quadro de funcionários e resolveu diminuir o ritmo de trabalho para ficar mais tempo com a família. Ele tem ido buscar os filhos na escola todos os dias, viaja com a esposa nos fins de semana e deixa os problemas da empresa para eu resolver. Senhor Ashburn disse que está bem mais feliz assim e que a coisa mais importante da vida são as pessoas e não o dinheiro. Ele só aparece de vez em quando para ver os relatórios semanais de faturamento. Estou negociando milhões de dólares com uma empresa de celulares do Oriente que promoverá um grande evento dentro de alguns dias na Times Square. Eles estão investindo muito dinheiro nos Estados Unidos e estão com muitos projetos interessantes. Gostaria que pudesse participar do próximo evento que acontecerá.

— Obrigada pelo convite, Franco, mas agora temos prioridades, não é? Vou em busca de meu marido.

— É isso mesmo, Natalee! Estarei esperando por boas notícias.

— Que Deus o ouça, Franco. Agora preciso ir.

Natalee despediu-se de Franco e voltou correndo para casa para aguardar a chegada dos pais de Adam.

***

A campainha tocou, e Natalee desceu até a rua para receber os pais de Adam.

Eva Bonnet estava nitidamente preocupada, mas vestia-se como se estivesse indo para um baile de gala. Usava um vestido preto e um casaco de pele que comprara em Londres no inverno de 1986. Robert Stone, por sua vez, estava vestido de forma discreta e parecia calmo e feliz, pois nunca tinha ido a Nova Iorque visitar seu único filho.

Natalee acreditava que o mal de Alzheimer o impediria de viajar, mas estava enganada. A memória de Robert Stone realmente não era das melhores, contudo, o funcionamento de seu corpo estava ótimo e ele não tinha problema algum de mobilidade. Robert, no entanto, dependia de alguns medicamentos específicos para controlar a doença e de bananas. Parecia inacreditável, mas aonde Eva Bonnet fosse, ela carregava consigo um cacho de bananas para o marido. Era na verdade uma necessidade fisiológica comum dos portadores de Alzheimer devido às substâncias benéficas que a banana contém e que ajudam aos músculos e ao cérebro.

Natalee recebeu-os visivelmente aflita.

— Graças a Deus, vocês chegaram! Entrem e fiquem à vontade. Preciso muito falar com vocês.

Robert sorriu e resolveu entrar na frente. Eva não perdeu tempo. Estava nervosa e queria notícias do filho:

— Onde Adam está? Quero saber onde está meu filho. É um absurdo o que está acontecendo aqui, Natalee! Por que vocês se separaram? O que está acontecendo, afinal? Vocês vão dividir os bens e a fortuna de Adam? É por isso que você está se separando do meu filho?

Natalee ficou nervosa com os comentários maldosos de Eva, mas preferiu não retrucar, pois sabia que uma discussão naquele momento estragaria todos os planos.

— Não se preocupe, senhora Bonnet. Não estou me separando do seu filho. Estamos apenas dando um tempo.

— Tempo? Tempo? Isso para mim é o prenúncio de um divórcio.

— Não podemos perder tempo, senhora Bonnet. Eu preciso dizer algumas coisas, mas não sei se vocês irão aceitar.

— O que foi? Quer dinheiro?

— Não, senhora.

— O que é então?

— Adam está desaparecido há mais de três meses. Ninguém sabia de seu paradeiro até hoje. Essa tarde, um amigo do trabalho recebeu uma carta de Adam dizendo que ele está vivendo com uma família num vilarejo chamado Namche Bazaar, no Nepal.

— O quê? Que absurdo você está dizendo, menina?

— Desculpe, mas a senhora não conhece seu filho. Ele é uma pessoa muito boa, porém, vem passando por um momento muito difícil em sua vida.

— Mas e o trabalho? O dinheiro, as empresas que ele possui, os funcionários, a fortuna, os carros? Onde está tudo isso? Como ele pode ir embora e deixar tudo para trás?

— Senhora Bonnet, Adam não tem nada. Nem mesmo a hipoteca do apartamento ele consegue pagar. Está endividado até o pescoço desde 2008, quando afundou com a crise do Subprime.

— Isso não é verdade, garota! Você está querendo me enganar!

— Infelizmente, é a verdade, senhora Bonnet. Não posso esconder a verdade de vocês. Seu filho não tem dinheiro, está doente e depressivo. Ele fugiu dos Estados Unidos, porque não conseguia mais encarar a realidade e o estresse da vida competitiva que levamos aqui em Nova Iorque. Ele fugiu e foi viver no Nepal com uma família de sherpas.

— Isso não pode ser verdade! Estou completamente frustrada!

— Eu entendo o que a senhora está passando, mas ele precisa da nossa ajuda agora.

— Como assim precisa de nossa ajuda? O que podemos fazer?

— Precisamos ir até o Nepal para buscá-lo. Ele está com câncer e pode morrer a qualquer momento.

— Oh, meu Deus! Isso é um desastre completo!

— O que é um desastre, senhora Bonnet? A perda de seu filho, ou a perda da ilusão que sustentava sua vida glamorosa? — Natalee perguntou com coragem e austeridade.

— Eu não sei! Eu não sei! Estou confusa, tentando entender o que deve ter acontecido com meu filho.

— Isso não vem ao caso agora. O que aconteceu no passado não importa neste momento. O que importa agora é o presente. Temos de agir rapidamente.

— Fazer o quê, Natalee? O que podemos fazer diante disso?

— Ir até o Nepal e resgatar seu filho. Você e seu marido terão de fazer esse sacrifício. Já que estão aqui em Nova Iorque, podemos pegar um voo dentro de dois dias e seguirmos até Katmandu. Já está tudo certo. Verifiquei os horários dos voos para Lukla e também o aluguel do helicóptero até Namche Bazaar, onde Adam supostamente está. Vocês não precisam se preocupar com nada. Eu cuidarei de tudo. Só lhes peço que venham comigo, pois não posso fazer uma jornada dessa sozinha. E então, senhora Bonnet?

Natalee olhou para a sogra, esperando uma resposta positiva.

— Eu não sei, Natalee. Eu não sei...

De repente, Robert rompeu o silêncio, olhou para Natalee e disse:

— Eu vou buscar meu filho aonde quer que ele esteja. Se for para ir ao inferno, eu irei. Não tenho medo de nada.

Eva olhou assustada com a reação repentina e decisiva do seu marido.

— Muito bem, senhor Stone! É assim que se fala. E então, senhora Bonnet? A senhora virá conosco? — Natalee estava jogando com a verdade, não estava blefando.

Eva percebeu que não tinha alternativa:

— Sim, vamos buscar nosso filho. Que Deus nos abençoe nessa jornada!

— Muito bem. Ótima decisão — Natalee sorriu satisfeita. — Com licença, vou até o escritório confirmar as passagens e fazer as reservas. Por favor, fiquem à vontade e bebam um copo d'água para se acalmarem. Voltarei em instantes!

— Obrigada, Natalee, você é muito atenciosa.

Naquele momento, Natalee sentiu em seu coração que era exatamente aquilo que deveria ser feito.

O amor de Natalee por Adam parecia estar voltando com força total como há vinte anos, época em que namoravam na universidade.

Os pais de Adam estavam bem ali na sala de estar, prontos para embarcarem rumo a um lugar totalmente inóspito e distante em busca dele, mas Natalee não sabia o motivo de tudo aquilo estar acontecendo daquela maneira conturbada e inesperada, contudo, sentia uma força carregando-a, uma energia de entusiasmo e felicidade dizendo-lhe que era a coisa certa a fazer.

Natalee estava se sentindo muito bem, pois estava voltando a ser a mulher que sempre foi: forte, destemida, perseverante, amorosa e determinada a fazer qualquer coisa para ter seu marido de volta. Era o amor voltando a fazer parte de sua vida. Ela estava permitindo que o amor entrasse em sua vida e destruísse de uma vez por todas os sofrimentos, as angústias, as perdas e as desilusões.

Capítulo 28
Pedras brancas

    Chegara o nono dia de isolamento de Adam na gruta, e tudo parecia calmo e tranquilo até ali, no entanto, Sher-rap decidira voltar à gruta de Kongde Ri na tarde daquele dia por dois motivos: primeiro, porque se esquecera de levar querosene para a lamparina e acreditava que Adam estivesse passando dificuldades sem iluminação durante a noite; segundo, porque tivera um sonho na noite anterior, em que se encontrava com sua mãe, Miss Sun, e ela lhe pedia para não se esquecer de entregar as pedras brancas para Adam no momento certo. E o momento certo era aquele: o nono dia de isolamento na gruta.
    Sher-rap lembrou-se das três pedras brancas achatadas que Tensing pegara no riacho em Monjo e colocou-as num pequeno saco de algodão cru amarrado com cordão de couro para entregar a Adam.
    Ele não sabia qual era o motivo daquilo, mas costumava obedecer aos seus sonhos e às suas intuições. No entanto, não compreendia por que Miss Sun teria lhe pedido para entregar as tais pedras no nono dia e não no primeiro ou no segundo dia. Ele também não sabia por que as pedras tinham de ser brancas, em vez de serem marrom ou de qualquer outra cor.

Sher-rap preparou tudo. Ele guardou o saco com as pedras no bolso de sua jaqueta e seguiu em direção à gruta para encontrar-se com Adam. Desta vez, no entanto, Sher-rap não parecia calmo e confiante como das outras vezes, pois sua intuição lhe dizia que Adam não estava bem.

E ele tinha razão, pois, assim que chegou à gruta, Adam não estava lá. A gruta estava completamente vazia.

O que teria acontecido com Adam? Onde ele estaria? Os ponteiros do relógio marcavam seis horas da tarde, e Sher-rap estava visivelmente preocupado, mas decidiu esperar o amigo.

A visão panorâmica da gruta era ampla. Era possível ver o vale inteiro lá embaixo, como também o lago de águas esverdeadas e uma pequena base de acampamento de alguns turistas localizada ao lado do lago.

Sher-rap olhou para todas as trilhas possíveis lá de cima e não conseguiu ver nada. Simplesmente não havia nenhum sinal de Adam.

O único lugar que ele poderia estar naquele momento era na cachoeira, por isso Sher-rap resolveu esperar mais um pouco. Caso Adam não retornasse, voltaria correndo para Namche Bazaar e chamaria um helicóptero de resgate antes que anoitecesse.

Sher-rap esperou por mais uma hora e nada. De repente, o velho abutre guardião pousou na pedra em frente à gruta e soltou um grunhido assustador, como se quisesse avisar que algo estava prestes a acontecer. Sher-rap levantou-se e foi até o lado de fora da gruta para averiguar o que estava acontecendo. O abutre olhou para ele e em seguida olhou para baixo como se quisesse mostrar-lhe algo.

Ao olhar para a trilha, Sher-rap assustou-se ao ver Adam subindo com vários troncos de madeira nas costas, muito magro e nitidamente cansado e abatido. Barbudo, com cabelos longos e o rosto queimado de sol, Adam subiu lentamente com o olhar fixo para o chão.

Com sua sensibilidade, Sher-rap, a mais de cinquenta metros de distância de Adam, conseguiu captar que o amigo não estava bem. A vibração dele não era das melhores. Sher-rap sentiu uma forte vibração de revolta vindo ao seu encontro, mas, mesmo assim, decidiu esperar que Adam se aproximasse um pouco mais antes de tomar qualquer atitude precipitada.

Cabisbaixo e visivelmente zangado, Adam subiu pela trilha e passou ao lado de Sher-rap, que não conseguia compreender o que estava acontecendo.

Sem nem sequer cumprimentar o mago, Adam entrou na gruta, colocou os troncos no chão e começou a montar a fogueira, ignorando totalmente a presença do amigo.

Intrigado e preocupado, Sher-rap aproximou-se um pouco mais e perguntou:

— O que está acontecendo, Adam?

Adam não respondeu e continuou montando a fogueira. Sher-rap deu mais dois passos em sua direção, mas, nesse momento, sentindo-se invadido, Adam reagiu como se fosse um animal raivoso. Ele levantou-se com fúria e rapidez.

— Não se aproxime de mim, seu mentiroso medíocre! — Adam respondeu com rispidez e com a voz rouca e baixa.

— Calma, Adam, só vim lhe trazer um pouco de querosene para a lamparina. Tome, segure o vidro — Sher-rap esticou a mão, tentando entregar-lhe o vidro com o líquido.

Adam recusou-se a pegar o vidro e bateu com força, jogando-o longe.

— Não quero nada disso, seu idiota mentiroso! — ignorando totalmente Sher-rap, ele abaixou-se outra vez e ajoelhou-se no chão para arrumar os gravetos na fogueira.

Nesse momento, Sher-rap identificou o que estava acontecendo. Adam estava sofrendo com ferozes obsessões.

Certamente eram espíritos das sombras que tinham vindo tentá-lo nas últimas noites.

Sabendo o que precisava ser feito, Sher-rap ergueu as mãos e emitiu energia de amor e compaixão na direção de Adam, que sentiu aquela força imediatamente.

Como se estivesse sendo atingido por uma espécie de antídoto, ele começou a sentir vertigens e seu corpo entorpecido, como se fosse uma aranha sendo atingida por um *spray* de veneno.

Ajoelhado no chão e com raiva, ele olhou de lado para Sher-rap querendo atacá-lo, mas parecia não ter forças para reagir. Na verdade, Adam estava sendo comandado por forças trevosas e maléficas. Mas que forças eram aquelas?

Sher-rap aproximou-se lentamente por trás de Adam e, com um movimento rápido e preciso, colocou com força as duas mãos sobre os ombros do amigo, imobilizando-o.

Nesse instante, Adam sentiu um forte choque de energia sobre seus ombros e começou a contorcer-se e a gemer de dor, como se estivesse sendo exorcizado.

E realmente estava.

Sher-rap fechou os olhos e sentiu as energias maléficas presentes em Adam lutando com todas as forças para não sair do corpo dele, mas as técnicas de exorcismo de Sher-rap foram eficientes, e as energias trevosas não suportaram e desistiram de continuar resistindo.

Sher-rap respirou fundo, disse algumas palavras em nepalês e recolheu as mãos de cima dos ombros de Adam. Ele, então, cerrou os punhos com força, levantou os braços e soltou um grito bem alto. Sher-rap abriu as mãos, e uma espécie de sombra, um plasma negro, saiu por entre seus dedos flutuando para cima como se fosse uma gelatina gosmenta e grudenta, formando uma espécie de lençol de energia densa, que subiu até o teto da gruta, imediatamente sendo sugada para dentro das frestas da montanha em forma de uma pasta escura e assustadora.

Desgastado energeticamente, Sher-rap se recompôs rapidamente e olhou para Adam, que estava desfalecido no chão, como se todas as suas energias tivessem sido retiradas.

Com calma e sem medo, Sher-rap colocou Adam encostado na parede. Ele acordou, mas estava assustado e extremamente enfraquecido.

— O que aconteceu aqui? — Adam perguntou quase sem voz e assustado com o que presenciara.

— Respire fundo e tente se acalmar, Adam.

— Eu queria matar você, Sher-rap, mas algo não deixava. Havia uma voz dentro de mim que me dizia para pegar uma faca e enfiar em seu coração, porém, havia outra voz também que me dizia para abraçá-lo e lhe agradecer por estar ao meu lado. Desculpe, não sei o que está acontecendo comigo. Muitas coisas se passaram aqui nesses últimos dias. Eu tive pesadelos horríveis e pensei que desapareceria para sempre da face da Terra. Foi horrível!

— Você precisa ser forte, Adam.

— Estou tentando.

— Precisa aguentar, irmão.

— Ainda não acabou, não é, Sher-rap?

— Não, Adam, ainda não acabou. Nada está acabado, enquanto ainda houver um sonho a ser realizado.

— O que foi aquilo? Aquela sombra horrível que saiu de dentro de mim e entrou pelas frestas da montanha? Eram espíritos maus?

— Não, Adam! Eram suas memórias. Memórias muito antigas, que se acumularam em seu inconsciente e queriam enlouquecê-lo. Eram seus medos, suas angústias, e lembranças desta vida e de vidas passadas. Você estava sendo engolido por suas memórias e por seu orgulho. Eu retirei tudo isso e lancei nas entranhas da Terra.

— Oh, meu Deus! Estou me sentindo bem melhor e aliviado agora, mas sinto que a vida está se esvaindo de mim, Sher-rap. Estou muito fraco e não tenho mais força para nada. Parece que aquelas energias ruins eram as últimas energias que me mantinham vivo.

Adam falava baixo e lentamente. Suas pálpebras estavam pesadas e queriam fechar-se. Todas as suas energias estavam se esvaindo rapidamente.

Sher-rap percebeu que Adam estava entrando no último estágio de sua grande prova. Sua vontade era colocar o amigo nos ombros e carregá-lo até Namche Bazaar, mas em pouco tempo a noite chegaria e seria muito perigoso levá-lo embora daquela maneira. A única opção que ele tinha era retornar a Namche Bazaar e, na manhã seguinte, voltar com uma maca, uma equipe de apoio e um helicóptero próprio para resgate de montanhistas.

Adam tentava ficar acordado, mas seus olhos não aguentavam o peso das pálpebras. Sher-rap percebeu que as últimas energias do amigo estavam se esvaindo e decidiu agir, pois sabia que, se não fizesse algo naquele momento, Adam não resistiria.

Sher-rap olhou ao redor da gruta, esticou o saco de dormir no chão ao lado da fogueira e arrastou o corpo de Adam até lá. Ele pesava pouco mais de cinquenta quilos, então não foi difícil arrastá-lo pelo chão frio da gruta.

Ele ajeitou Adam sobre o saco de dormir e em seguida acendeu a fogueira com querosene para aquecer o amigo. Depois, vestiu Adam com o casaco de pele de iaque, envolveu sua cabeça com o capuz e cobriu-o com dois cobertores, deixando somente seu rosto para fora.

Assustado, Adam abriu os olhos com dificuldade e perguntou:

— Você vai me deixar aqui, Sher-rap?

— Sim, mas amanhã, assim que o sol nascer, eu voltarei para resgatá-lo. Ainda não acabou, irmão. Você já venceu a sexta etapa da perfeição: "o perfeito esforço". Agora só faltam "o perfeito entendimento" e "a perfeita fala". Não tenha medo. Confie em mim.

— Eu confio em você, irmão. Só não me deixe morrer aqui sozinho.

— Não tenha medo da morte, Adam, pois a morte não é um lugar. É apenas uma frequência, um estado de consciência. A morte não é o fim, apenas outro começo.

Adam tentou responder, mas naquele momento sua voz desapareceu completamente, e seus olhos fecharam-se.

Preocupado com o nódulo no pescoço de Adam e o grave estado de saúde do amigo, Sher-rap ajeitou os cobertores, arrumou a pequena fogueira e retirou o saco com as três pedras brancas do bolso de sua jaqueta. Em seguida, disse baixinho ao lado do ouvido de Adam:

— Irmão, sei que você está me ouvindo. Vou deixar um saquinho de algodão com três pedras ao seu lado direito. Sinceramente, não sei para que elas servem, mas minha mãe me pediu para lhe entregar. Era isso que estava escrito no envelope vermelho-sangue que Tensing me entregou naquele dia, lembra-se? Vou colocar aqui ao lado da fogueira.

Adam sorriu discretamente apenas com os lábios, demonstrando que ainda estava ouvindo.

— Eu vou embora, mas não o deixarei sozinho, irmão. Estarei de corpo ausente, mas de espírito presente. Não tenha medo, pois não estará sozinho esta noite. Amanhã cedo, nos veremos outra vez.

Sher-rap olhou para fora da gruta e percebeu que o sol já se punha. Sem hesitar, mas com remorso, ele levantou-se, deixando Adam sozinho outra vez. Mas desta vez muito preocupado, pois sabia que poderia não o encontrar vivo no dia seguinte.

Capítulo 29
Natalee e Tshe Wang

Sher-rap não sabia, mas, enquanto deixava Adam na gruta, alguém batia na porta de sua casa em Namche Bazaar.

Tshe Wang atendeu à porta assustada ao ver uma linda americana de olhos amendoados e cabelos lisos, acompanhada de um casal de senhores. Eram Natalee, Eva e Robert, que chegaram até ali na companhia de Tensing Solu, o sobrinho de Sher-rap. Ele dizia que aquelas pessoas haviam acabado de chegar ao aeroporto de Lukla e tinham alugado um helicóptero para ir até Namche Bazaar à procura de Tshe Wang. Eram da família de Adam Stone.

Sem hesitar, Tshe Wang abriu a porta para os visitantes entrarem, pois sabia que o momento crítico de Adam se aproximava.

Tensing despediu-se dizendo que precisava voltar ao aeroporto e desceu correndo até o planalto dos iaques, onde embarcou no helicóptero, que estava pousado na grama a mais de quinhentos metros de distância da casa.

Tshe Wang abrigou os três visitantes em sua casa e tentou explicar onde Adam estava, mas Eva, inconformada com tudo aquilo, esbravejava e decidiu isolar-se no quarto junto com seu marido para evitar conflitos com Tshe Wang.

Robert estava muito cansado devido à longa viagem. Ele precisava tomar seus medicamentos e dormir um pouco. Natalee, mesmo cansada, ficou na sala fazendo companhia para Tshe Wang e seu filho Lhaksa.

Ao contrário de Eva, Natalee compreendeu a situação de seu marido e aceitou a ideia de Adam ter se isolado na montanha a pedido de Sher-rap. Ela não sabia o real motivo daquela decisão, contudo, entendia que existia um propósito espiritual, um objetivo maior por trás de tudo aquilo.

Tshe Wang conversou bastante com Natalee e, com suas palavras meigas e seus fabulosos conhecimentos de mãe e esposa, acabou confortando o coração dilacerado da esposa de Adam.

Ela ofereceu chá e alguns biscoitos caseiros para Natalee, pediu que tivesse calma e aguentasse firme até a chegada de Sher-rap das montanhas, pois ele era um homem íntegro e nunca deixaria nada de ruim acontecer a Adam. Tshe Wang disse que ele logo chegaria da gruta com notícias e informações sobre o estado de saúde de Adam e que havia a possibilidade de os dois voltarem juntos da gruta, caso Adam tivesse condições físicas para isso. No entanto, ele não tinha. Além de não ter condição de voltar para casa, Adam passava pelo pior momento de sua vida naquele momento.

Capítulo 30

Sher-rap e Natalee

Três horas depois, por volta das nove horas da noite, Natalee estava sentada na mesa de jantar ao lado de Tshe Wang e Lhaksa, aguardando ansiosa por alguma notícia de seu marido. Os pais de Adam descansavam da viagem no quarto de hóspedes, o mesmo quarto onde ele costumava dormir.

Sher-rap finalmente chegou da gruta, mas dessa vez seu semblante era de angústia. Do lado de fora da casa, ele assobiou duas vezes e imediatamente Tshe Wang percebeu que seu marido a chamava. Ela levantou-se com rapidez:

— Com licença, Natalee, meu marido chegou e está me chamando lá fora. Quando ele assobia dessa maneira, isso significa que está precisando de ajuda.

— Seu marido chegou?

— Sim.

— Preciso falar com ele e saber notícias de Adam!

— Acho que ele quer falar comigo primeiro. Por favor, espere aqui um minuto, Natalee.

Tshe Wang foi ao encontro de Sher-rap e percebeu seu olhar entristecido.

— E então? Como ele está, querido?

— Eu fui um irresponsável, querida.

— O que aconteceu, Sher-rap?

— Infelizmente, Adam não está nada bem. Acho que ele vai nos deixar esta noite. Na verdade, não sei o que dizer, pois não foi isso que vi enquanto meditava em Tengboche. Eu vi a redenção de Adam e o amor inflando sua alma, mas esta tarde, após deixá-lo na gruta, senti que aquilo que estava previsto deu errado, querida. Não sei o que fazer nem o que pensar.

— Você acha que os deuses estão falhando? Acha que eles não ouviram suas preces?

— Não sei, querida! Os deuses não falham.

— Você está estranho!

— Estou me sentindo muito estranho e preciso dormir. Sinto que alguém no mundo espiritual está querendo falar comigo neste momento. Minha nuca está muito quente e estou ouvindo vozes em minha mente. Preciso me concentrar e dormir um pouco. Sinto que há muita interferência aqui também.

— Interferência? Que tipo de interferência?

— Não sei.

Sher-rap olhou para dentro de sua casa e viu que tinha visitas.

— Quem está lá dentro?

— Eu ia lhe dizer, querido! A família de Adam está aqui. A esposa dele e os pais. Eles vieram dos Estados Unidos para resgatá-lo, mas não sei o que dizer a eles. A esposa se chama Natalee e está desesperada.

— Oh, meu Deus! Eu sabia que algo estava prestes a acontecer. Essas são as interferências que eu estava sentindo! Mas tudo bem, não é ruim que eles estejam aqui. Agora consigo compreender melhor o que está acontecendo.

Sher-rap tentou caminhar, mas sentiu vertigens e caiu no chão. Natalee assustou-se ao vê-lo caído e correu em sua direção com a intenção de ajudá-lo.

— O que ele tem, Tshe Wang? — Natalee perguntou.

— Não sei. Ele chegou muito estranho da montanha. Nunca vi meu marido assim.

— Deixe-me ajudá-lo, senhor Sher-rap — Natalee esticou a mão.

Sher-rap fixou os olhos de Natalee e aceitou sua ajuda, mas seu objetivo era segurar a mão da esposa de Adam para acessar seu campo energético. Assim que segurou a mão de Natalee, Sher-rap sentiu uma forte energia de tristeza vibrando ao redor. Sem controle de suas emoções, ele começou a chorar. Ele chorava, mas não de tristeza. Na verdade era sua força mediúnica entrando em ação para liberar a energia que estava condensada ao redor de Natalee.

Natalee não entendeu o que estava acontecendo e ficou assustada.

— O que está acontecendo, Tshe Wang?

Tshe Wang não soube responder, mas Sher-rap logo se recompôs, respirou fundo, se levantou e abraçou Natalee:

— Obrigado por ter vindo até nossa casa, senhora Natalee. Seja bem-vinda. Vocês foram enviados até aqui para um propósito especial. Talvez você não saiba, mas uma pessoa está muito feliz por vocês terem vindo até aqui. Eu sei quem é essa pessoa e sinto sua presença muito forte neste momento. Ele quer muito falar comigo, por isso preciso me deitar e dormir um pouco.

— Que pessoa, Sher-rap?

— Não posso dizer ainda, Natalee, mas é alguém que você conhece.

— Que estranho! Isso é comum, Tshe Wang?

— Sim. Sher-rap tem dons paranormais.

— Entendo, mas preciso saber como Adam está. Estou muito preocupada com ele.

— Ele não está nada bem. Está na gruta e sem condições de voltar. Está muito fraco e não consegue mais falar. O estado de saúde dele é precário. Não posso mentir para você, Natalee... Amanhã cedo, teremos de subir a montanha para resgatá-lo.

— Oh, meu Deus!

— É isso mesmo, Natalee. Tshe Wang, por favor, prepare a maca e as cordas e avise a seus irmãos que precisaremos subir a montanha com uma equipe de cinco homens, para trazer Adam de volta a Namche Bazaar. Sairemos antes do amanhecer, pois ele não pode ficar nem mais um dia na gruta.

Natalee começou a chorar.

— O estado de saúde dele é grave, Sher-rap?

— Sim. Infelizmente é, Natalee.

— Ele pode morrer lá em cima esta noite?

Sher-rap não conseguiu responder. Ele tentou, mas um nó travou sua garganta.

— Preciso me deitar agora, Natalee. Não posso mais ficar aqui. Tenho afazeres a cumprir.

— Tudo bem, Sher-rap.

— Tshe Wang, faça o que lhe pedi. Peça para todos estarem a postos aqui às quatro horas da manhã. Natalee, por favor, avise aos pais de Adam que eles terão de subir conosco. Você também terá de subir.

— Eles são idosos. Não sei se aguentarão chegar até lá em cima!

— Não é difícil. Se eles vieram até aqui, conseguirão ir até a gruta. É uma questão de vida ou morte.

Tshe Wang percebeu o desespero de Natalee e, tentando consolá-la, abraçou-a como se fosse uma irmã.

— Calma, Natalee. Vai correr tudo bem.

— Eu sinto que algo muito ruim vai acontecer com Adam. Desde que cheguei aqui, sinto uma agonia em meu coração.

— Calma, querida. Calma!

— Por que Adam fez isso? Por que Sher-rap o levou lá em cima? Estou muito nervosa, Tshe Wang.

— Existe um propósito para tudo nesta vida, querida Natalee. Vá se deitar um pouco, pois dentro de poucas horas teremos de subir a montanha.

— Você virá conosco?

— Não, eu ficarei aqui para coordenar o resgate. Já vi muitas situações semelhantes acontecerem por aqui. Preciso acionar o helicóptero para resgatar a maca. Não teremos muito tempo, mas fique tranquila, pois o helicóptero de resgate é grande e tem capacidade para voar até Katmandu sem parada.

— Isso tudo é muito triste! Vou entrar e avisar à senhora Bonnet e ao senhor Stone. Eles vão ficar muito preocupados.

— Diga a verdade para eles, Natalee. Não lhes esconda nada.

— Tudo bem, Tshe Wang. Boa noite.

— Boa noite, Natalee. Vou orar por vocês esta noite.

— Muito obrigada.

Tshe Wang fez tudo o que Sher-rap pedira. Foi até a casa dos irmãos e convocou todos para o resgate, que acataram o pedido prontamente. Em seguida, preparou a maca, os medicamentos e os equipamentos necessários para a subida.

Cansada, Tshe Wang foi até o quarto para tentar dormir um pouco, mas, ao mexer na maçaneta da porta, percebeu que ela estava trancada. Sem hesitar, ela decidiu não insistir para Sher-rap abrir, pois no fundo já sabia o que aquilo significava. Ele entrara em estado de meditação profunda e não queria ser interrompido.

Tshe Wang respeitou e decidiu ir até o quarto de Lhaksa para dormir ao seu lado, sabendo que aquela noite seria de extrema importância para todos, principalmente para Adam.

Capítulo 31
A morte

Enquanto todos na casa de Sher-rap tentavam dormir, exceto Lhaksa, que dormia profundamente, Adam enfrentava o momento mais difícil de sua vida. Naquela noite particularmente sombria, ele sabia que estava prestes a morrer, mas buscava forças para manter-se vivo até o amanhecer, pois tinha certeza de que Sher-rap voltaria para resgatá-lo nas primeiras horas da manhã. Era sua única esperança.

Deitado ao lado da fogueira que já se apagava, Adam sentia que sua respiração estava lenta, sua voz já não existia e seu pescoço intumescia cada vez mais. Debaixo de dois cobertores grossos e da velha jaqueta de pele de iaque que Sher-rap lhe emprestara, Adam não se mexia. O único barulho que se ouvia dentro da gruta era dos gravetos queimados estalando na fogueira. Parecia o silêncio da morte manifestando-se naquela noite fria e assustadora, como se uma espécie de ato fúnebre estivesse sendo preparado pela natureza em meio às montanhas sagradas.

A respiração de Adam estava cada vez mais pausada. Sem vislumbrar nenhuma alternativa, ele tentava aceitar a ideia de que estava prestes a partir para o mundo pós-morte. Mas, num ímpeto de sobrevivência, Adam quis gritar e pedir socorro, porém, sua voz não saiu, o que o fez cair em si. Não havia ninguém ali que pudesse ajudá-lo. Sua única alternativa, então, era render-se e deixar que os deuses do Himalaia o levassem sem qualquer resistência. Seria essa sua verdadeira redenção?

Adam respirou profundamente e, com calma e serenidade, fechou os olhos em sinal de entrega. Poucos segundos depois, não ouviu mais nada, nem mesmo sua respiração ou os batimentos de seu coração. Estranhamente, ele não se desesperou e naquele breve instante de partida sentiu uma paz incrível tomando conta de seu ser.

Estaria Adam morto, porém ainda consciente?

Ele não sentia mais dores, não sentia mais angústia, não sentia mais nada. Experimentava apenas uma inexplicável sensação de leveza envolvendo-o por todos os lados, como se seu corpo não tivesse peso algum.

Para sua surpresa, Adam, numa ação involuntária, conseguiu mexer os dedos das mãos e, espantado, se deu conta de que ainda estava vivo. Esperançoso, ele tentou levantar o braço direito e com certo esforço conseguiu. Entretanto, ao tentar erguer o pescoço em direção ao braço para se apoiar, não conseguiu. Adam esforçou-se desesperadamente para abrir os olhos, mas seu esforço foi em vão. "O que está havendo comigo? Será que estou morto?", ele pensou.

O corpo de Adam foi ficando cada vez mais leve e involuntariamente começou a flutuar cerca de 30 centímetros acima do chão. Ele sentiu como se sua alma estivesse desprendendo-se do corpo. Tentou gritar, mas sua voz não saiu. Nem mesmo sua boca se mexia, e, embora tudo lhe parecesse assustador, ele inexplicavelmente se sentia bem.

Ali, sozinho em meio a uma experiência de pós-morte, Adam deixava-se levar por aquela sensação de plenitude. Ao mesmo tempo em que o pavor do desconhecido o dominava, ele sentia-se em paz.

Aquela sensação, no entanto, não duraria muito tempo, pois, enquanto flutuava acima de seu próprio corpo, surgiu um barulho aterrorizante do lado de fora da gruta. Parecia que alguém ou alguma coisa se aproximava. Mas quem subiria até ali no meio da noite?

Em seguida, Adam ouviu algumas vozes ao longe, mas não conseguiu entender o que falavam, pois conversavam em nepalês. Ele concentrou-se, tentando abrir os olhos para ver quem ou o que estava se aproximando. O barulho era amedrontador. Era como se alguém ou algum bicho estivesse se rastejando, fazendo as pedras rolarem encosta abaixo.

Com toda a sua fé e vontade, ele clamou mentalmente, pedindo ajuda aos deuses naquele momento. "Seria a própria morte vindo buscá-lo no meio da escuridão?".

Desesperado e com medo, Adam esticou o braço, tentando encontrar algo que pudesse protegê-lo, talvez uma faca ou um canivete. Ele tateou o chão, mas não sentiu os grãos de areia. Apalpou um pouco mais e conseguiu sentir o calor do fogo. De repente, sua mão tocou algo familiar: a Roda Mani. Completamente no escuro, ele segurou-a com firmeza e começou a girá-la com os dedos, pedindo ajuda aos deuses para que abrissem seus olhos e trouxessem sua visão de volta. Adam recitou repetidas vezes e com fervor o mantra que Sher-rap o ensinara.

Como em um passe de mágica, os olhos de Adam começaram a abrir, e ele viu a luz amarelada da fogueira iluminando as paredes da gruta. Aliviado, olhou para o lado e percebeu que estava realmente flutuando. Sem controle, seu corpo começou a girar para o lado, passando por cima do fogo e indo até o outro lado da gruta, onde havia uma enorme pedra na qual se sentou, olhando na direção da fogueira como se alguém estivesse fazendo aqueles movimentos involuntários para ele. Aquilo tudo era surreal. A estranha leveza do seu corpo, flutuar por cima do fogo sem queimar-se.

Tudo. Adam estava confuso, pois sentira seus dedos, seus braços e o calor da fogueira. Estaria ele numa espécie de alucinação? Como isso seria possível?

Agarrado à Roda Mani e divagando, ele, de repente, espantou-se com o que viu. Ao lado da fogueira, o corpo de Adam estava desfalecido e coberto pelos grossos cobertores de Tshe Wang. Apenas a face dele estava aparente.

Um medo descomunal tomou conta de Adam, afinal, ele estava vendo seu próprio corpo inerte, morto bem ali à sua frente e não podia fazer mais nada para ajudar a si mesmo. O desespero era incomensurável. Adam queria explicações e suplicava mentalmente por ajuda, mas não havia ninguém ali que pudesse ampará-lo ou lhe explicar o que estava acontecendo.

Ele tentou chorar, mas não conseguiu. A lucidez era tamanha que não existia espaço para qualquer sofrimento, somente para a verdade. Mas que verdade?

Adam olhou para a gruta, que de repente começou a iluminar-se sozinha com uma forte luz azul fluorescente ao fundo. Ele olhou com mais cuidado e viu uma espécie de santuário repleto de pedras preciosas de cor púrpura, candelabros de ouro, cristais reluzentes e uma pequena cachoeira de águas cristalinas jorrando como se fosse uma nascente natural.

Como tudo aquilo surgira repentinamente? Adam entrou em desespero:

— Eu morri, eu morri! Só pode ser isso! Meu Deus!

O barulho do lado de fora começou a aumentar, e mais pedras rolaram pela encosta da montanha. Adam percebeu que alguém se aproximava da entrada da gruta. Ele olhou outra vez para seu corpo deitado no chão, em seguida olhou para si mesmo e viu que era uma réplica perfeita do seu corpo físico. Mas, ao contrário daquele Adam desfalecido, ele sentia-se vivo, consciente e completamente lúcido. Como isso era possível?

Olhou ao redor da gruta e notou que as cores estavam mais vibrantes, percebeu que os sons eram mais perfeitos e que tudo era tão real quanto a própria realidade. Ele estava ao mesmo tempo maravilhado e aflito, contudo, nada seria mais amedrontador e impactante do que aquilo que ele estava prestes a presenciar naquele momento.

O barulho lá fora aumentou, e na entrada da gruta surgiu uma sombra rastejante. Adam não conseguia ver o que era e decidiu permanecer em silêncio. De repente, o que parecia ser uma cobra esgueirando-se pelo chão batido da gruta se apresentou como um menino de apenas oito anos de idade, com cabelos ruivos e lisos, pele branca e várias sardas no rosto, vestindo um roupão cor de vinho com detalhes dourados na gola e nas mangas.

Ele entrou em estado de choque com o que viu. A cena do menino rastejando com suas pernas decepadas na altura dos joelhos era realmente assustadora, mas seu olhar singelo e amoroso foi acalmando a alma de Adam.

Notando o pânico de Adam, o menino conteve-se e entrou na gruta lentamente. Adam, por sua vez, tentou fugir, mas não conseguiu se mexer. Ele olhou outra vez para a entrada da gruta e surpreendeu-se ao ver que uma pessoa conhecida entrava atrás do menino. Era nada mais, nada menos que Sher-rap, vestido com um típico roupão de monge budista, porém mais jovem e completamente careca. Aparentava ter aproximadamente vinte e oito anos de idade.

Sem dizer nada, Sher-rap sorriu e, sem mexer os lábios, disse telepaticamente:

— Não se assuste. Estamos aqui para um propósito específico.

— Tudo bem, Sher-rap — Adam respondeu também de forma telepática, percebendo que era possível comunicar-se daquela maneira.

Subitamente, o menino virou seu corpo pequenino e raquítico e começou a flutuar, sentando-se na pedra ao lado de Adam. Sher-rap fez a mesma coisa. Parecia um grande sonho, mas Adam sabia que não era, pois era tudo real. Mais real que a própria realidade.

Olhando para a fogueira, o menino disse dentro da mente de Adam: "Olhe para mim no fundo dos meus olhos".

Adam fez o que o menino pediu, e naquele momento os dois se reconheceram por meio do olhar. Adam começou a chorar de emoção. Aquele menino sem pernas, ruivo e sardento era seu irmão Damien. Embora sua imagem fosse muito diferente, Adam sabia em seu íntimo que era seu irmão. Ele tentou abraçar o menino, mas não conseguiu.

— Tenha calma, Adam! — Sher-rap disse.

O menino sorriu com os olhos e disse em pensamento: "Eu sei que estou diferente, Adam. Não se assuste. Minha fisionomia não é a mesma, mas continuo sendo o mesmo Damien de sempre. O Damien que sempre o amou e sempre o amará. Esta noite, resolvi pedir ajuda para seu amigo Sher-rap, e ele disse que me traria até aqui. Mas preciso ser breve, pois, quando os ventos solares chegarem, as portas deste mundo se fecharão. Vim até aqui para lhe dizer que estou bem e não sofro por nada. Como você mesmo pode ver, não tenho mais minhas pernas, contudo, isso não foi um castigo dos deuses. Eu escolhi ficar assim".

E Damien continuou: "Irmão Adam, não existe nenhuma penitência pelo que fiz no passado. Sou feliz e quero que você seja também. Só existe luz onde estou; não existem trevas. O sofrimento é uma escolha, mas a felicidade é um dever dos homens. Não existe culpa nem culpados. Tudo está onde deve estar. A felicidade que você tanto procura está no presente eterno. Quero que encontre essa felicidade e por isso estou aqui hoje. Para lhe dizer que sempre estive ao seu lado esperando o momento certo para nos encontrarmos. Estou mais perto do que pode imaginar, e, quando você menos esperar, nós estaremos juntos outra vez.

Adam ficou emocionado, mas se manteve lúcido e consciente ao ouvir as lindas palavras de seu irmão Damien. Naquele momento, não existia qualquer sentimento de perda. Havia somente amor e esclarecimento.

O menino Damien continuou: "Sher-rap me trouxe aqui para lhe dizer algo muito importante. Algo que aliviará sua alma".

— O que é, irmão? Pode dizer.

O espírito de Damien segurou a mão de Adam, e suas palavras foram direto ao coração do irmão: "Adam, não foi papai quem me queimou naquela tarde de primavera. Ele foi até o quarto enquanto eu dormia, mas queria apenas rezar por mim e acender uma vela para meu anjo da guarda. No entanto, havia um vidro de álcool que a empregada havia deixado aberto sobre a cômoda. Sem querer, papai acendeu a vela e esbarrou no vidro que caiu sobre mim. Ele ficou nervoso e deixou o fósforo cair aceso sem querer sobre o lençol da cama. Foi tudo muito rápido. Eu estava dormindo, e o fogo começou a queimar meu rosto. Papai ficou assustado e entrou em estado de choque, por não saber o que fazer. Comecei a gritar, e as pessoas começaram a entrar no quarto para me socorrer".

Sher-rap sorriu com satisfação por estar proporcionando aquele encontro mágico entre dois irmãos que se amavam muito.

Adam sentiu um alívio imenso em seu coração, ao ouvir aquelas revelações sendo proferidas por seu próprio irmão.

"Você não precisa mais ter raiva do papai, Adam, pois ele nunca teve culpa de nada. Ele sempre nos amou, mas do jeito dele. Compreende? Não existe culpa nem culpados. Tudo aconteceu porque era para acontecer."

— Agora eu compreendo, Damien. Obrigado por me dizer a verdade, mas estou com tanto medo. Onde estou?

O que está acontecendo comigo? Estou morto? Meu corpo está ali deitado ao lado da fogueira, e eu estou aqui sentado com você. Não estou compreendendo! Isso significa que estou morto?

— A morte não existe, Adam — Sher-rap respondeu. — Você está em outro plano de existência, em outra dimensão, somente isso.

— Então, quer dizer que existe vida após a morte?

— O que você acha?

— Acho que existe. Está ficando claro que existe! Você também está morto, Sher-rap?

— Não.

— Então, como pode estar aqui conosco neste momento?

— Não estou morto, e você também não está morto.

— Oh, meu Deus! O que está acontecendo?

— Você só está vendo o que os olhos físicos não podem ver. Somente isso.

— E o que acontecerá a partir de agora? Para onde irei?

— Você ficará aqui na gruta até o amanhecer. Eu subirei até aqui com cinco ajudantes e uma maca para resgatar seu corpo. Amanhã, você verá tudo, mas terá de ser forte, pois a grande prova ainda está por vir.

— Que prova?

— A prova final da redenção. Sua esposa Natalee e seus pais estão em Namche Bazaar e vieram dos Estados Unidos à sua procura. Receberam sua carta e decidiram vir ao seu encontro.

— O quê? Natalee está em Namche Bazaar?

— Sim, ela está. Sua esposa disse que o ama e fará tudo para tê-lo de volta. Você terá de ser forte, Adam, pois todos subirão com a equipe de resgate amanhã cedo. Não será nada fácil para você ver seu corpo desfalecido e congelado e não poder fazer nada.

— Oh, meu Deus! Não diga isso, Sher-rap!

— Assim está previsto e determinado, Adam. Eu lhe disse que poucas pessoas conseguem retornar vivas para casa. Quem vem até aqui deve se redimir, mas talvez os deuses não tenham aceitado sua redenção. Talvez não tenha sido perfeito o suficiente para isso.

— Compreendo agora quando Patrick Lerner disse que você era um mago. Você é um homem muito misterioso, Sher-rap. Sempre soube que guardava muitos segredos. Você sabia que tudo isso ia acontecer comigo, não é?

— Sim, eu sempre soube. Vi tudo quando estive em Tengboche — confirmou Sher-rap.

— Eu desconfiava disso!

— Precisamos ir, Sher-rap! — o espírito do menino Damien disse. — Não podemos mais ficar aqui. Os ventos solares estão se aproximando.

— Nos vemos dentro de poucas horas, Adam. E não se esqueça de usar as pedras brancas.

— Que pedras?

— Aquelas que deixei ao lado do seu corpo antes de sair da gruta. Dentro do saquinho de algodão cru.

— O que devo fazer com elas?

— Você saberá. Apenas se deite ao lado delas e abrande seu coração.

— Farei isso. Não sei como, mas farei.

De repente, um vento muito forte começou a soprar do lado de fora da gruta, carregando tudo o que havia pela frente. De tão forte, parecia mais um tornado. Não era um vento comum, era um vento de luz azulada e brilhante.

Sher-rap pegou Damien no colo, olhou para Adam, e ambos se despediram rapidamente. Sem hesitar, os dois flutuaram até a entrada da gruta, e o vento solar carregou-os para cima, como se estivessem sendo sugados por uma força descomunal.

Adam ficou sozinho outra vez, mas sua alma estava em paz.

De repente, a mesma força que o carregara até a pedra onde estava sentado levou-o de volta, flutuando por cima da fogueira e encaixando seu espírito em seu corpo físico, como se uma forma encaixasse em outra na mais pura perfeição.

Como nunca foi religioso ou se interessou por assuntos ocultos, Adam não conseguia definir sua experiência nem imaginava que era algo natural de todo ser humano projetar sua alma enquanto dormia. O que houve ali foi algo que ele jamais se esqueceria.

Ao encaixar-se em seu próprio corpo, Adam sentiu-se cansado outra vez e lentamente começou a sentir os movimentos dos braços e das pernas.

Lúcido, ele segurou o saquinho de algodão cru com as pedras e colocou-o contra o peito na altura do coração. Em seguida, acalmou-se e fechou os olhos lentamente, como se alguém quisesse fazê-lo descansar até o dia seguinte.

Capítulo 32

A subida

A madrugada passou rápido em Namche Bazaar. Exatamente às quatro horas da manhã, os irmãos de Tshe Wang estavam a postos em frente à casa de Sher-rap com seus equipamentos, cordas e muita disposição para ajudar no resgate de Adam, afinal, ele era querido por todos.

Sher-rap também estava pronto para subir a montanha. Seu semblante estava calmo e sereno, bem diferente da noite passada. Focado e pronto para a missão, ele foi ao encontro da equipe e deparou-se com Natalee do lado de fora da casa nitidamente nervosa. Os pais de Adam também já estavam acordados e prontos para a jornada. Sher-rap orgulhou-se da disposição de todos e cumprimentou Robert Stone, abraçando-o com carinho:

— Muito prazer, senhor Stone!

O velho Robert Stone sorriu e abraçou-o, como se tivesse encontrado uma pessoa que conhecia há muito tempo.

— Quanto tempo levará para chegarmos até onde meu filho está? — Eva perguntou.

— Cerca de quatro horas, senhora! Isso se o tempo ajudar.

— E o tempo vai ajudar? — Eva indagou com indiferença.

— Ainda está escuro e há muita neblina nas montanhas, mas, assim que os primeiros raios de sol surgirem no céu, os deuses nos guiarão até a gruta. Não se preocupe.

— Assim espero!

— Não espere, senhora Bonnet, confie. Quem espera vive sempre a esperar; quem confia é atendido.

Eva não respondeu, calou-se e distanciou-se de Sher-rap. Parecia que ela não tinha sentido muita afinidade com ele.

Sher-rap não se importou e com disposição checou todos os equipamentos. Depois, chamou todos para o início da jornada rumo à gruta de Kongde Ri.

— Estão todos a postos? — Sher-rap gritou em nepalês, e todos responderam que sim.

Natalee estava cabisbaixa e triste. Sher-rap percebeu a angústia da esposa de Adam e aproximou-se dela, enquanto o pessoal carregava os equipamentos.

— Está tudo bem, Natalee?

— Não, Sher-rap. Estou com maus pressentimentos sobre Adam. Não sei se conseguirei chegar até a gruta.

— O que você está sentindo?

— Essa noite, sonhei que Adam estava morto. Foi um sonho horrível! Estou com muito medo de chegar lá e encontrá-lo... você sabe.

Ele abraçou Natalee tentando confortá-la.

— Sher-rap, você poderia ficar ao meu lado, quando entrarmos na gruta? Não sei se aguentarei ver o que vi em meu sonho.

— Não se preocupe. Estarei ao seu lado.

— Oh, meu Deus! Eu preciso mesmo ir?

— Sim, você precisa ir, Natalee. Não pode desistir agora.

— Tudo bem. Eu confio em você, Sher-rap.

— Tome, segure esse cajado. Vai precisar dele durante a subida. Senhora Bonnet e senhor Stone, vocês também precisarão de bastões de apoio. É para a segurança de todos.

Eva não gostou de receber as ordens, já Robert se sentia como uma criança prestes a fazer sua primeira aventura em meio à natureza. Em nenhum momento, ele mostrou-se preocupado e com medo. Na verdade, com o passar do tempo, o mal de Alzheimer o transformara em uma pessoa mais calma e sincera e de certa forma mais pura e inocente.

Natalee estava vestida com um casaco de couro marrom forrado com uma grossa camada de lã, usava uma touca cor de vinho e nos ombros carregava sua inseparável bolsa de couro, que comprara na Quinta Avenida em Nova Iorque. Já a senhora Eva e seu marido, a pedido de Tshe Wang, vestiram blusões de escalada.

A caminhada iniciou-se. Logo nos primeiros 500 metros de trilha, Eva passou mal e começou a vomitar. Sher-rap percebeu que não se tratava de apenas um simples mal-estar. Ele sabia que energias densas, como culpas do passado, as mentiras e principalmente a desilusão de estar num lugar isolado do mundo em busca do filho fracassado, começavam a manifestar-se.

Sem dar explicações a ninguém, Sher-rap aproximou-se de Eva e começou a passar as mãos sobre sua cabeça, seus braços e por último na altura do estômago, como se estivesse limpando algo invisível e jogando a sujeira no chão para ser dissolvida na terra.

Era exatamente isso que estava acontecendo. Naquele momento, Sher-rap estava servindo como canal de reenergização para Eva. Em silêncio, enquanto todos estavam parados assistindo à cena, ele fez a limpeza energética com esmero. Ao terminar o processo, ele perguntou:

— A senhora está se sentindo melhor?

— Sim. Estou bem melhor agora! Obrigada, senhor Sher-rap. Não costumo passar mal quando viajo, mas acho que comi alguma coisa estragada no avião.

— Desculpe lhe dizer, senhora Bonnet, mas não foi o que a senhora comeu ontem no avião que a fez passar mal;

foi o que a senhora engoliu durante todos os anos de sua vida. Retirei do seu estômago miasmas antigos, mentiras e energias densas que se condensaram em seu organismo há muito tempo, principalmente em seu *chakra* cardíaco. A senhora não se amou muito durante a vida, não é?

— Não. Sempre fui uma mulher muito fechada.

— Eu percebi. Não se preocupe, a senhora vai melhorar bastante a partir de agora.

— Que bom! Obrigada mais uma vez!

— E então, podemos continuar?

— Sim, senhor Sher-rap, podemos continuar. Estou me sentindo melhor agora.

Natalee olhou para Eva e assustou-se ao ver seu semblante resplandecendo, como se ela tivesse rejuvenescido trinta anos. Ela não sabia, mas Sher-rap tinha preenchido a alma de Eva com vibrações de amor e gratidão, a energia mais poderosa do universo. Energia capaz de dissolver qualquer força contrária existente.

Antes cansada e arredia, Eva sentia-se agora forte e disposta a ir ao encontro de seu filho. No início, ela parecia estar ali por obrigação, como se estivesse sendo levada à força, mas, após a intervenção de Sher-rap, passou a sentir-se leve e pronta para reencontrar seu filho amado.

A caminhada continuou, e todos entraram em uma incrível sintonia de harmonia. Uma cumplicidade sem explicação uniu a equipe, principalmente Natalee, Robert e Eva.

Após ultrapassarem a grande ponte de madeira que separava o território mundano do território sagrado, Sher-rap pediu a todos que se sentassem e repetissem a mesma oração que fizera com Adam quando subiram pela primeira vez à gruta. Todos fizeram a oração com respeito e seguiram adiante.

Sher-rap sabia que o tempo era curto e que precisava chegar o mais rápido possível à gruta, pois não sabia como encontraria o corpo de Adam quando lá chegasse. Ou será que ele sabia?

A pressa era visível, mas ele não podia acelerar o grupo, já que os pais de Adam tinham mais de setenta anos de idade e vinham demonstrando muito cansaço.

***

Exatamente às oito horas da manhã de sexta-feira, o céu estava azul e brilhante. De repente, o grupo parou em frente ao paredão de pedra que ficava abaixo da entrada da gruta, e Sher-rap disse:

— Lá está a gruta, Natalee — ele apontou para cima.

— Oh, meu Deus! É lá onde Adam está?

— Sim, faltam apenas 50 metros para chegarmos lá em cima. Prepare seu coração, pois a cena pode ser impactante. Quero que suba comigo e deixe Eva e Robert aqui embaixo por enquanto, pois não sei o que encontraremos lá dentro.

Natalee chorava de nervoso e pediu apoio:

— Por favor, Sher-rap, fique ao meu lado. Eu sonhei com esse lugar essa noite. Oh, meu Deus! Foi para cá que eu vim. Como isso pode ser possível? Eu já vi esse lugar e essa cena!

— Você veio até aqui enquanto dormia, Natalee, e isso é mais comum do que imagina. Enquanto dormimos, nossos espíritos se desprendem do nosso corpo físico e vão para muitos lugares, mas a maioria das pessoas não se lembra disso depois que acorda.

— Eu acredito nisso, Sher-rap!

— Precisamos subir, Natalee. Venha comigo e seja forte.

— Estarei atrás de você, Sher-rap.

Os dois subiram os degraus de pedra lentamente até a entrada da gruta. O silêncio era indescritível. Não havia qualquer movimento, nem mesmo a fogueira continuava acesa.

Sher-rap deu alguns passos à frente e percebeu que o corpo de Adam estava deitado na mesma posição em que ele o deixara na noite passada. Sem hesitar, Sher-rap pediu a Natalee para aproximar-se um pouco e olhar o rosto do seu marido.

Assim que fixou o rosto magro e desfalecido de Adam, Natalee começou a chorar em desespero, perdendo o total controle de suas emoções. Involuntariamente, ela cobriu os olhos com as mãos para evitar a terrível cena. Sher-rap pôs-se ao lado dela, tentando confortá-la. Em seguida, segurou o pulso de Adam para sentir seus sinais vitais e notou que ele estava gélido. Olhou para a outra mão e percebeu que o amigo estava agarrado ao saquinho de algodão cru. Sher-rap tentou tirá-lo da mão de Adam, os dedos estavam duros como pedra.

— Foi exatamente isso o que vi no sonho, Sher-rap! Adam estava morto exatamente assim. Oh, meu Deus! Como uma coisa dessas pode ter acontecido com ele? — Natalee desesperou-se.

— Calma, Natalee. Segure a mão dele por alguns minutos, por favor. Feche os olhos e tente fazer uma oração, pois o espírito de Adam está precisando muito de você neste momento.

Com dificuldade, Natalee fez o que Sher-rap pediu. Com as mãos trêmulas, ela fechou os olhos e começou a rezar um pai-nosso, pois toda a sua família nos Estados Unidos era cristã.

Sem que Natalee percebesse, Sher-rap afastou-se um pouco, sentou-se em uma das pedras da caverna e ficou observando a cena de Natalee ajoelhada rezando diante do marido. De repente, ele sorriu e fechou os olhos lentamente, entrando em estado meditativo. Alguns segundos depois, ele abriu novamente os olhos e se viu no mesmo lugar, porém, entre duas dimensões simultâneas. Sher-rap continuou vendo a mesma cena à sua frente, mas, ao olhar para o lado, sentiu a presença de alguém. Era o espírito de Adam.

Telepaticamente, o espírito disse: "Obrigado por trazê-la até aqui, amigo!".

Sher-rap olhou para Adam e sorriu. Os dois homens estavam muito calmos, mesmo estando diante de uma cena triste.

— E então? Como passou a noite, Adam? — Sher-rap perguntou.

"Você demorou muito, Sher-rap! Estou calmo, mas senti muita pena dele", Adam disse olhando para seu próprio corpo deitado ao lado da fogueira, enquanto Natalee orava por ele.

— O que aconteceu com ele? — Sher-rap perguntou.

"Ele morreu. Aquele Adam orgulhoso, egoísta e medroso que você conheceu morreu essa madrugada, Sher-rap. Ele se foi para sempre. Sobrou somente este aqui, o Adam que reluz e sente gratidão por tudo e por todos."

— Mas isso é muito bom! Sua missão está quase terminada, Adam.

"Eu sei. Agora, eu consigo ver a verdade com clareza. É maravilhoso, não?", tornou.

— Sabia que você conseguiria, amigo. E agora? O que vai fazer?

"Preciso retornar e dizer o que precisa ser dito. Não é esse o último passo para a perfeição? 'A perfeita fala?'", perguntou.

— Exatamente!

Sher-rap olhou para o espírito de Adam e não acreditou no que viu. Subitamente, uma luz azul brilhante envolveu-o por inteiro. Nesse momento, a luz carregou o espírito de volta para cima do seu corpo, atravessando Natalee, que continuava orando e chorando. Em seguida, o espírito de Adam girou na posição horizontal e desceu lentamente até se encaixar perfeitamente ao seu corpo físico.

Sher-rap voltou à consciência e abriu os olhos. Tudo aconteceu simultaneamente, como se tivesse passado apenas um segundo desde o momento em que ele se sentou e fechou os olhos para meditar.

De repente, Natalee sentiu a mão esquerda de Adam mexer. Ela olhou assustada para Sher-rap, que se aproximou:

— O que está acontecendo com ele, Sher-rap? Estou sentindo a mão de Adam esquentar! Veja você mesmo! Sinta!

— Adam está de volta, Natalee. Não tenha medo. Ele está conosco outra vez. Só estava esperando você chegar, pois tem algo muito importante a dizer para você e aos pais dele.

— O quê? Está dizendo que ele está vivo? Meu Deus, obrigada! — ela não se continha de tanta emoção.

— Sim, ele está vivo. Sinta seu corpo — Sher-rap pegou a mão de Natalee, e juntos passaram as mãos lentamente sobre a testa e os olhos de Adam.

Como em um passe de mágica, as pálpebras de Adam começaram a se mexer e seus olhos abriram lentamente. Natalee não acreditava no que via. Seu marido estava vivo e com os olhos abertos bem na sua frente.

A alegria era imensa, mas Adam não conseguia falar nem mexer a boca. Ele apenas conseguia sorrir com os olhos, pois seu corpo estava muito debilitado e atrofiado pelo frio congelante da madrugada. Algumas lágrimas começaram a escorrer pelo rosto de Adam, enquanto Natalee segurava sua mão amorosamente. Ela não sabia, mas as lágrimas do seu marido eram a manifestação de um sentimento puro de amor e gratidão.

Natalee chorava em silêncio junto ao marido e, com um breve olhar sincero e verdadeiro, voltou-se para Sher-rap agradecendo-o.

Adam tentou falar, mas ainda sentia a atrofia das cordas vocais. Estava completamente consciente, mas seu corpo não respondia aos comandos de sua mente. Com calma, ele concentrou-se e durante alguns segundos alimentou-se do olhar amoroso e verdadeiro de sua esposa.

A vontade de Adam era de levantar-se e abraçar Natalee naquele instante, mas era preciso respeitar a limitação de seu corpo físico naquele momento.

Sher-rap foi até a entrada da gruta e pediu para seus ajudantes trazerem Robert e Eva para cima. Era o momento de levá-los para perto do filho.

Assim que Adam, com o canto dos olhos, viu seus pais entrando na gruta, seu entusiasmo aumentou, pois agora não havia mais culpa vibrando em seu coração. Ele estava completamente curado e purificado.

Perseverante e com muito esforço, ele conseguiu mexer os lábios e as mãos lentamente. Adam ergueu a mão direita que segurava o saquinho de pedras e com o olhar pediu a Natalee que o abrisse. Ela compreendeu o que o marido estava querendo dizer e pegou o saquinho. Depois de o abrir com cuidado, colocou-o sobre o peito de Adam, na altura do coração.

Adam levantou o braço direito, colocou a mão dentro do saquinho de pano e retirou uma das pedras brancas. Enquanto isso, Sher-rap observava tudo atentamente sem interromper.

Adam tentou falar algo, mas não conseguiu. Ele, então, girou a pedra que retirara do saco e mostrou a Natalee as palavras que ele mesmo escrevera com a ponta de um graveto queimado retirado da fogueira durante a madrugada. Na pedra branca e lisa estava escrito: "Eu amo você!".

Era tudo o que Natalee queria saber naquele momento: que Adam a amava de verdade. Ele, no entanto, ainda se sentia aflito, pois queria falar e não apenas mostrar o que escrevera na pedra. Com dificuldade, os lábios de Adam começaram a mover-se e sua voz saiu bem baixinho. Percebendo a dificuldade do marido, Natalee curvou-se, colocando o ouvido perto do seu rosto.

Com um verdadeiro sentimento vertendo do fundo do seu coração, Adam conseguiu dizer as palavras que marcariam o início de sua nova vida:

— Eu amo você, querida!

Naquele instante, o verbo manifestou-se, a verdade fez-se presente, e a profecia de Sher-rap começou a cumprir-se.

Natalee olhou para Adam e carinhosamente deu-lhe um beijo, sem conseguir conter as lágrimas de emoção.

Comovido com a cena de mais puro amor, Sher-rap aguardou alguns segundos até que Natalee se recompusesse, mas pediu-lhe que se levantasse, pois Eva já estava ao seu lado. Natalee acatou o pedido, e Sher-rap conduziu Eva até o filho. A mulher, então, ajoelhou-se emocionada ao ver que ele estava vivo e consciente.

Da mesma maneira, Adam colocou a mão dentro do saco de pano e retirou outra pedra. Ele girou-a lentamente e mostrou o que estava escrito para Eva:

— Obrigado!

Exatamente como Natalee, Eva chorou de alegria e apertou com força a mão de seu único filho. Sher-rap pediu a ela que se ajoelhasse para ouvir o que Adam tinha a lhe dizer, exatamente como Natalee fizera.

Com a verdade vibrando em seu coração, Adam disse baixinho ao ouvido de sua mãe:

— Sem você eu não existiria, mamãe. Obrigado!

Eva Bonnet, aquela mulher que a vida inteira escondera seus sentimentos e sempre se mostrava fria e calculista, agora não se continha e chorava em gratidão. Parecia um sonho, mas era a mais pura realidade manifestando-se naquele momento mágico. Em respeito ao momento, Sher-rap aguardou uns instantes até pedir que Eva se sentasse ao lado de Natalee. Em seguida, levou Robert ao encontro de seu filho.

Robert sorriu inocentemente e abaixou-se, olhando fixamente no fundo dos olhos do filho. Adam colocou outra vez a mão dentro do saco de pano e retirou a última pedra branca que fora destinada a seu pai. Imediatamente, o velho Robert Stone compreendeu o que estava escrito na pedra: "Perdão!".

Robert sorriu e passou a mão suavemente na face do filho. Depois, curvou-se um pouco mais e abraçou-o com muito amor. Ao sentir o calor do corpo do seu pai sobre o seu, Adam muito emocionado disse baixinho a seu ouvido:

— Perdoe-me, papai! Por favor, perdoe-me.

— Eu o perdoo, meu filho. Não se preocupe. Eu o amo mais que tudo neste mundo.

Robert chorava em silêncio, sentindo um alívio imenso ao libertar as mágoas antigas de seu velho coração. Ele passara praticamente a vida inteira sem conversar com o filho por causa das culpas, dos julgamentos e do orgulho doentio, porém, naquele breve instante, o amor verdadeiro entre pai e filho parecia superar tudo, simplesmente tudo.

Robert tinha lapsos de memória às vezes, por causa dos sintomas do mal de Alzheimer, mas nunca se esquecera do amor que sentia por seu único filho. Naquele momento, ele queria ficar abraçado para sempre com Adam, mas logicamente não podia.

Sher-rap aproximou-se e ajudou o pai de Adam a levantar-se. Emocionado, mas sentindo que seu velho coração estava leve como uma pena, Robert foi ao encontro de sua esposa Eva e de Natalee e abraçou as duas com amor e gratidão, sem medo e sem orgulho.

Conforme o previsto, o propósito de Sher-rap parecia estar sendo cumprido, e ele sentia-se feliz ao ver que os deuses não tinham falhado e que, a partir daquele dia, o universo começava a trabalhar a favor daquela pequena família.

Apesar de todos saberem que Adam estava vivo, isso não significava que tudo estava bem. Era preciso rapidez e eficiência para retirá-lo da gruta e levá-lo ao hospital central de Katmandu para cuidar da desidratação e da desnutrição.

Mas e o câncer?

Sher-rap tinha absoluta certeza de que Adam fora completamente curado pelas forças da natureza e que o câncer desaparecera para todo o sempre, no momento exato em

411

que ele cumpriu os últimos passos de sua redenção: "o perfeito entendimento" e a "perfeita fala".

Com cuidado, os irmãos de Tshe Wang colocaram Adam na maca e levaram-no para fora da gruta. De repente, todos começaram a ouvir o barulho ensurdecedor das hélices do helicóptero de resgate, que se aproximava para levar Adam até Katmandu.

O piloto já estava acostumado a resgatar alpinistas, e Sher-rap sabia exatamente onde ele pousava a aeronave. Os irmãos de Tshe Wang só precisavam descer a maca cerca de 500 metros até uma clareira que ficava ao lado do grande lago de águas esverdeadas.

Foi tudo muito rápido. Tensing Solu, o sobrinho de Sher-rap, estava no helicóptero para ajudar no resgate. Ambos se cumprimentam rapidamente, e em seguida Sher-rap pediu para a senhora Eva entrar no helicóptero junto com Adam para acompanhá-lo até o hospital, pois em seguida a aeronave voltaria para buscar Robert e Natalee.

Tensing Solu amarrou a maca nas ferragens do helicóptero, e Sher-rap aproximou-se para despedir-se. Deitado, mas totalmente consciente, Adam agradeceu ao amigo piscando os olhos, pois o barulho do motor da aeronave era ensurdecedor. Foram apenas alguns segundos de despedida, mas foi tempo suficiente para Sher-rap ver no fundo dos olhos do amigo o reflexo das montanhas geladas e gigantes que brilhavam com os raios dourados do sol. Naquele momento, ele sabia que sua missão havia sido cumprida.

Tensing acenou para o piloto, indicando que podiam decolar. Poucos minutos depois, o helicóptero desapareceu no meio da maravilhosa cordilheira do Himalaia.

Natalee aproximou-se de Sher-rap:

— Obrigada por tudo o que o senhor fez ao meu marido — Natalee abraçou-o, como se ele fosse um irmão. — Não tenho palavras para expressar minha gratidão!

— Não precisa me agradecer, Natalee. Sou apenas um instrumento dos deuses na Terra. A a espiritualidade maior não pode fazer tudo sozinha. Ela precisa das pessoas para manifestar os milagres sobre a Terra. As pessoas são os veículos de manifestação. Somos como elos de uma grande corrente. Juntos, nós nos tornamos cada vez mais fortes, contudo, sozinhos somos fracos.

— Você tem toda razão, Sher-rap — Natalee respondeu sorrindo.

— Não se preocupe com seu marido. Ele ficará bem. Dentro de quatro dias, retornarão aos Estados Unidos e cumprirão o que foi previsto e determinado pelos deuses do Himalaia.

— Como assim?

— A história ainda não acabou, Natalee. Nada está terminado, enquanto ainda existir um sonho a ser realizado. Adam precisa reencontrar algumas pessoas nos Estados Unidos e uma delas você sabe exatamente quem é. A lei da sincronicidade apenas começou a agir na vida de vocês.

— Sobre quem você está falando, Sher-rap?

Sério, ele olhou no fundo dos olhos de Natalee:

— Você sabe!

Confusa, mas sabendo exatamente sobre quem Sher-rap falava, ela mostrou-se intrigada:

— Você sabe coisas que poucos sabem, não é, Sher-rap?

— Sim, eu sei.

— Oh, meu Deus! Então você sabe o que tenho a dizer para Adam?

— Sim, eu sei. E não tenha medo de dizer. Quando chegar a Nova Iorque, faça o que precisa ser feito. Não há dúvida, somente certeza. Não tenha medo de falar a verdade.

— Farei isso, Sher-rap. Você acha que ele está pronto para ouvir?

— Tenho absoluta certeza de que sim.

— Isso é muito confortante. Obrigada pelas palavras, amigo! Serei eternamente grata a você e à sua família! Saiba que, mesmo distantes, estaremos sempre juntos!

— Eu sei, Natalee. E outra coisa... Quando chegarem aos Estados Unidos, façam os exames para saber como está o estado do câncer de Adam. Posso lhe garantir que a doença desapareceu completamente. As montanhas curaram seu marido.

— Deus o ouça, Sher-rap!

— Ele sempre me ouve. Somos muito amigos!

Sher-rap caiu na gargalhada, e Natalee também.

Minutos depois, o grupo reuniu-se para juntar os equipamentos e retornar com pressa a Namche Bazaar, para dar a feliz notícia a Tshe Wang e ao pequeno Lhaksa que os aguardavam ansiosos.

Capítulo 33

O retorno

11 junho de 2015.

Como Sher-rap descrevera, Adam acabou recuperando-se completamente no hospital central de Katmandu, quatro dias depois de ser resgatado na montanha.

Eva, Robert e Natalee hospedaram-se num pequeno hotel no centro da cidade e acompanharam de perto sua extraordinária recuperação.

A primeira coisa que Natalee fez ao chegar à cidade foi ligar para Franco, para contar-lhe que encontrara Adam e que dentro de poucos dias estariam de volta aos Estados Unidos. Franco ficou muito feliz com as boas-novas e aproveitou o momento para convidá-la a participar de um evento que a empresa Twenty Technology promoveria na Times Square. Natalee não deu muita importância ao convite, mas agradeceu ao amigo, dizendo que ela e Adam fariam o possível para comparecer.

Na verdade, o que Natalee mais desejava era compartilhar com Adam uma grande novidade, mas para isso ele precisaria estar bem física e emocionalmente. Embora já estivesse fora de perigo, ela temia pelo estado de saúde do marido e não sabia como ele se portaria em Nova Iorque, depois de tudo o que passara no Nepal. Qualquer notícia poderia abalá-lo.

A única preocupação de Natalee era o bem-estar de Adam, e ela faria tudo para ele ficar completamente curado. Todo o resto ficara em segundo plano. O maior desejo de Natalee era construir uma família ao lado do marido, deixar o apartamento de Nova Iorque para trás e comprar uma casa em alguma pequena cidade do interior, longe da loucura urbana e de preferência próxima à natureza, para assim viverem juntos pelo resto da vida. Seu grande sonho era ter um filho e construírem uma vida simples, plena e feliz.

Mas como? Como Natalee teria um filho com Adam, se ele era estéril? Será que ela estava grávida? Não, logicamente não. Quais eram seus planos, então?

Durante todo o tempo em que estiveram em Katmandu, Tensing Solu, o sobrinho de Sher-rap, acompanhou a família Stone. Ele prometera dar total apoio à família de Adam até o fim da jornada, ou seja, até Adam receber alta do hospital e embarcar de volta aos Estados Unidos. Cinco dias após Adam ser resgatado das montanhas, ele foi liberado pelos médicos a voltar para casa.

No dia seguinte, com as passagens compradas, Tensing escoltou a família Stone até a pista de decolagem do Aeroporto Internacional de Katmandu e fez questão de levá-los até a escada da aeronave. Como ele era responsável pelo setor de cargas no aeroporto de Lukla, deram-lhe livre acesso à pista de decolagem.

Natalee, Eva e Robert agradeceram o apoio de Tensing. Todos estavam muito felizes por poderem voltar aos Estados Unidos com Adam são e salvo e com um semblante de gratidão estampado no rosto.

Definitivamente, aquele homem não era o mesmo que chegara ao Nepal meses atrás. Adam tornara-se um indivíduo feliz, centrado, espiritualmente forte e que se sentia grato por estar vivo e curado do câncer. Não havia mais culpa nem sofrimento em seu coração. Naquele momento, enquanto observava sua esposa e seus pais subirem as escadas para entrar no avião, ele percebeu que todo o sofrimento, no fundo, é mera ilusão. É mais uma das grandes ilusões que envolvem os seres humanos, impedindo-os de encontrar a verdadeira felicidade.

Ali, num breve instante de entendimento e reflexão, Adam compreendeu que a felicidade verdadeira está no presente, no presente eterno, no exato momento em que as pessoas param de lutar contra si mesmas e se permitem ser felizes.

Sem dúvida, a luz da verdade e da compaixão envolvia aquela linda e próspera família, que antes parecia amaldiçoada e fadada ao completo fracasso.

Tensing aproximou-se de Adam e deu-lhe um forte abraço:

— Espero que o senhor retorne logo ao Nepal para nos visitar, senhor Adam. Sentiremos saudades.

— Certamente voltarei, Tensing. Mande um enorme abraço para Sher-rap, Tshe Wang e Lhaksa. Obrigado por vocês existirem. Mas antes de subir as escadas do avião e partir de volta aos Estados Unidos, tenho algo para lhe entregar.

— O quê?

— Um presente para você, amigo.

— Um presente? Para mim? — Tensing ficou surpreso.

— Sim — Adam colocou a mão no bolso da jaqueta e retirou um punhado de dólares amarrado com elástico.

— O que é isso, senhor Adam?

— São os dólares que eu trouxe para meus gastos. Seu tio Sher-rap, no entanto, não me deixou gastar um dólar sequer. Este dinheiro é todo seu agora.

— Mas o dinheiro é seu, senhor Adam!

— Não é mais meu, Tensing. Ele está comigo, mas é destinado a ser seu! Pegue. Com esse dinheiro, você poderá comprar as passagens de ida e volta para os Estados Unidos e visitar sua avó Miss Sun. Não é esse seu grande sonho?

Tensing não acreditava no que estava vendo. Em toda a sua vida, nunca vira tanto dinheiro e jamais imaginara que conseguiria realizar seu sonho um dia.

— Pegue, Tensing! É todo seu.

— É o que mais desejo na vida, senhor Adam, mas sempre pensei que meu sonho fosse impossível. E de repente o senhor me entrega esse monte de dinheiro sem motivo algum! Isso é um sonho! — Tensing exclamou, visivelmente emocionado.

— O motivo de estar fazendo isso é a gratidão que tenho por sua família, Tensing. Esse é o grande motivo. Hoje, eu consigo compreender que a verdadeira felicidade deve ser sempre compartilhada com aqueles que estão ao nosso lado. Sozinhos, nós nunca seremos nada. Você merece esse presente e já está pronto para realizar seu grande sonho. Seja feliz, amigo!

— Serei sempre grato ao senhor! Namastê!

— É apenas uma troca, Tensing, só isso. A partir de hoje, nossas energias estarão unidas para sempre.

Adam despediu-se de Tensing com um forte abraço e subiu as escadas do avião sem qualquer remorso de ter dado todo o dinheiro que tinha. Ele seguiu feliz pelo corredor em direção à sua esposa, que já o aguardava com Eva e Robert.

Catorze horas depois, pousaram em terras americanas e desembarcaram no Aeroporto J. F. Kennedy.

Capítulo 34
No apartamento

Assim que chegaram a Nova Iorque, Eva Bonnet e Robert Stone decidiram embarcar em um voo direto para Montreal, pois estavam preocupados com os cachorros e Robert ainda teria uma consulta na segunda-feira. Adam disse aos pais que em breve os veria outra vez, pois a partir daquele dia sua meta era ficar cada vez mais próximo da família. Todos, então, se despediram no aeroporto num caloroso abraço.

Três meses e quinze dias após deixar os Estados Unidos depressivo, sozinho, doente e totalmente desenganado pelo doutor Moore, Adam estava de volta ao seu apartamento no bucólico bairro do Soho e feliz ao lado de sua esposa Natalee, seu grande amor.

Eles agora não se sentiam mais sozinhos. Estavam felizes, unidos e prontos para construir uma nova vida, exatamente como Natalee sonhava. Algo, no entanto, ainda faltava para coroar a felicidade do casal, e ambos sabiam do que se tratava. Eles tinham medo de falar sobre o assunto, pois era algo totalmente impossível de acontecer. Adam não podia ter filhos.

Naquele momento, o que mais desejavam era ficar juntinhos e sentir o amor verdadeiro aquecendo seus corpos e suas almas. Nada mais importava: nem o passado nem o futuro. Somente o presente importava.

A primeira noite de Natalee e Adam em Nova Iorque anunciava o início de um amor que certamente duraria para sempre. Uma noite mágica e envolta pelo mais puro e sincero sentimento de amor entre duas pessoas despidas de preconceitos, diferenças, competições e mágoas. Ali apenas imperava o amor.

Adam sentia-se calmo como nunca estivera. As perspectivas de futuro eram incertas, mas algo dentro de si lhe dizia que tudo se encaixaria com perfeição, exatamente como Sher-rap costumava dizer: "O tempo do universo é diferente do tempo dos homens. É preciso confiar, pois o que for para ser já está determinado para acontecer".

***

Tudo estava correndo perfeitamente em Nova Iorque. Três dias se passaram, e Adam pediu a Natalee que entrasse em contato com Franco para confirmar a presença do casal no evento que aconteceria no dia seguinte na Times Square. Franco adorou a notícia e disse que os esperaria ao lado da estátua do padre Duffy, em frente à escadaria vermelha. Estranhando o ponto de encontro, Natalee perguntou a Adam se ele sabia onde era o local, e, com um sorriso discreto, ele respondeu que sim.

Apesar da calmaria, Natalee parecia apreensiva, pois queria contar a Adam algo que vinha guardando há várias semanas. Mas que segredo ela guardava? Se Natalee não estava grávida, o que seria tão importante assim?

Durante os três dias que passaram juntos no apartamento, Adam notou que Natalee estava sempre à janela da sala, olhando para fora como se estivesse procurando por alguém. Ele não compreendia a atitude da esposa, porém, não queria implicar com ela. Ele, então, preferiu acreditar que Natalee estivesse pensando no futuro e nos projetos que estava desenvolvendo com sua amiga Sílvia para ajudar as crianças com necessidades motoras.

A inquietude era intensa. Ela andava pelo apartamento inquieta, como se algo estivesse faltando, como se a grande felicidade estivesse próxima, mas ainda fosse inatingível. Adam, por sua vez, estava calmo. Na verdade, ele ainda sentia a extraordinária energia das montanhas dentro de sua alma.

Na tarde de quinta-feira, depois de confirmarem presença no evento de Franco, Adam não resistiu ao ver a esposa parada novamente à janela do apartamento:

— Está querendo me dizer alguma coisa, querida? Noto que está apreensiva desde que voltamos a Nova Iorque.

— Sim, querido, mas não sei se o momento é apropriado para lhe falar sobre isso.

— Por quê não?

— Por nada.

— Por acaso você está grávida, Natalee?

— Bem que eu gostaria, querido, mas se estivesse grávida já estaria com quase sete meses, pois a última vez que fizemos amor foi em novembro do ano passado. Lembra?

— Sim, eu me lembro.

De repente, Natalee pulou na cama sorrindo e deu um beijo gostoso na boca de Adam.

— Quero dizer que a última vez que fizemos amor foi em novembro do ano passado, mas não estou contando com as últimas noites depois que retornamos a Nova Iorque!

Adam abraçou a esposa com carinho.

— Sinto muito, querida. Eu fui bem ausente, mas lhe prometo que a partir de agora não lhe faltará amor e atenção! Aliás, essas noites têm sido incríveis!

— Eu te amo muito, querido.

— Eu também te amo muito.

Os dois beijaram-se e ficaram alguns instantes em silêncio. Adam, no entanto, continuava curioso e decidiu perguntar:

— Então, o que é, querida? Eu conheço esse olhar misterioso. Não adianta esconder nada de mim.

— Calma, meu amor! No momento certo, tudo acontecerá com perfeição. Eu acredito nisso.

— Estou calmo! Quando quiser falar, não tenha medo. Estou pronto.

— Deite aí e esqueça isso, querido. Vamos relaxar mais um pouco! Venha cá e me beije, amor.

Adam não resistiu aos encantos de Natalee e entregou-se de corpo e alma.

Capítulo 35

Sincronicidade

No dia seguinte, Natalee e Adam acordaram por volta das onze horas da manhã.

Apressados, eles levantaram-se da cama, tomaram banho, e tomaram um café rápido. Apesar de estarem atrasados, nada tirou o bom humor que estampava o rosto de ambos. O casal seguiu até o metrô rumo ao evento que Franco estava ajudando a organizar na Times Square.

Mas que evento era aquele, afinal?

O dia estava bonito, e o céu azul banhava a ilha de Manhattan como se fosse um lindo cartão postal.

Uma hora depois, eles chegaram ao pátio da Times Square e avistaram Franco parado ao lado da estátua do padre Duffy.

Adam aproximou-se lentamente por trás e, sem assustá-lo, colocou a mão no ombro do amigo:

— Olá, Franco. Como está, irmão?

Franco virou, sem acreditar no que via. Adam estava bem mais magro, com a barba comprida e vestia um lindo casaco marrom rústico que Natalee comprara de presente para ele no centro de Katmandu.

— É você mesmo, Adam?

— Sim, sou eu, Franco. Me dê um abraço, amigo!

— Meu Deus! Você está ótimo! Está com um semblante ótimo. O que aconteceu com você, afinal?

— Tenho muita coisa para lhe contar, amigo, mas deixemos isso para outra hora.

— Eu imagino. Deve ter vivenciado momentos incríveis no Nepal.

— Com certeza.

— E como está o câncer?

— O câncer não existe mais, desapareceu para sempre. Fui purificado completamente, Franco.

— Não acredito! Já fez novos exames para confirmar?

— Vou fazê-los amanhã, mas tenho absoluta certeza de que estou completamente curado.

— Tem razão. Seu semblante diz isso e seus olhos também. Eles irradiam uma estranha luz dourada.

— É a luz das montanhas sagradas, amigo. Mas me fale sobre você! Como está, Franco?

— Estou muito bem. Graças a você, me tornei o diretor da Ashburn Investments e vou começar a receber um salário de 500 mil dólares por ano a partir da semana que vem.

— Parabéns! Esse cargo era para ser seu e não meu.

— Por que você diz isso?

— Porque aprendi que o universo é justo e realiza os sonhos das pessoas com perfeição.

— Não está chateado por isso?

— Não, claro que não. Por que eu estaria?

— Porque agora você está desempregado, sem dinheiro e sem perspectiva de vida, não?

— É verdade, mas não me preocupo com isso! Algumas coisas na vida têm preço, já outras têm valor. Neste momento, o importante para mim é minha família. É isso que vou valorizar daqui para frente: minha família e meus amigos. Quanto ao resto, sei que o universo providenciará para mim de maneira justa e adequada. Ele conhece meu sonho e fará o impossível para realizá-lo. Eu sinto isso.

— Como?

— Não sei, Franco! Não me preocupo mais em querer controlar tudo. Para mim, o importante é viver o presente, pois a verdadeira felicidade está aqui, no agora.

Natalee aproximou-se e cumprimentou Franco com alegria.

— Olá, Franco. Como está?

— Estou bem, e você?

— Estou ótima, obrigada. E então? O que vai acontecer aqui, afinal? Que evento é esse?

— Na verdade, eu também não sei o que vai acontecer aqui hoje. Como estou negociando os investimentos da Twenty Technology desde que Adam saiu da corretora, o presidente dessa empresa, o senhor Sun Hee, pediu-me que estivesse presente aqui hoje. É aquele ali. Aquele coreano de terno preto e cabelos grisalhos. Está vendo?

— Sim — Natalee respondeu.

De repente, Adam olhou para a escadaria vermelha e começou a lembrar-se dos momentos difíceis que passara naquele mesmo lugar meses atrás. De súbito, ele sentiu uma vertigem, que o fez apoiar-se na estátua.

— Está tudo bem, querido? — Natalee perguntou assustada.

— Estou bem, querida, mas algo me diz que preciso subir a escadaria vermelha e ficar sozinho um pouco. Vocês me dão licença?

— Quer que eu vá com você?

— Não. É melhor que fique aqui e faça companhia para Franco. Volto logo.

— Tudo bem, querido.

A Times Square estava cheia naquela tarde. Havia muita gente com celulares novos, que aparentemente haviam sido comprados na loja da Twenty Technology, localizada bem ao lado da escadaria.

Enquanto subia os degraus, Adam tinha a impressão de que estava revivendo a mesma cena outra vez. Agora, no entanto, ele estava saudável e completamente lúcido, situação bem diferente de quando estivera ali sem fôlego, enfraquecido e quase morrendo com fortes dores no pescoço.

A movimentação na praça continuava, e Adam subiu até o último degrau da escadaria, onde se sentou para olhar ao redor e tentar entender o que estava acontecendo.

Adam colocou os óculos escuros e olhou para o lado esquerdo. Assustado, ele viu a mesma cena da primeira vez em que estivera ali.

Sentada no mesmo lugar e na companhia dos pais e das irmãs estava Annie. Ao lado deles estava o carrinho de pipocas de Miss Sun e uma fila de mais de trinta pessoas, que aguardavam sua vez para comer a deliciosa pipoca caramelizada que ela vendia.

Adam fixou os olhos em Annie, e ela avistou-o ao longe. Sem hesitar, a menina sorriu e acenou para Adam. Ele não compreendeu a reação da garotinha, mas também sorriu e acenou.

De repente, Adam começou a ouvir uma linda melodia de piano ao fundo. Ele, então, olhou para o lado esquerdo e não acreditou no que viu. Era Mr. Brown, o pianista das ruas, tocando um lindo piano de cauda vermelho-sangue. Adam tentou focalizar um pouco mais para confirmar se era ele realmente. Por fim, focando mais um pouco, conseguiu enxergar a marca do piano e abaixo o nome Mr. Johnson.

Inacreditável! Era o piano vermelho de Mr. Johnson do Mississippi, o piano dos sonhos de Mr. Brown.

Curioso, Adam olhou com mais cuidado e viu a velha mochila jeans de Mr. Brown no chão, alguns cobertores de lã com as quais ele costumava dormir e a lata com sua enigmática e engraçada bruxinha da "fé".

Aquilo tudo era muito estranho para Adam, mas alguma coisa lhe dizia que já estava programado para acontecer.

Algo que fora previsto e determinado pelo universo, exatamente como Sher-rap sempre dizia.

Adam decidiu ficar ali mais um pouco e surpreendeu-se ao ver Ian Brand, o namorado de Franco, aproximando-se do piano, segurando um microfone prateado sem fio. Provavelmente, Ian estava ali para uma canção.

Mr. Brown findou sua melodia e, ao comando de Ian, começou a dedilhar os primeiros acordes da mesma música que um dia oferecera a Adam no Jonh Johnson Pub: *Magic*, a música predileta de Adam, que o fazia lembrar-se de Damien. Era inacreditável, mas era real.

Para surpresa de Adam, Ian olhou para a escadaria e acenou como se soubesse que ele estava ali sentado para assistir ao *show*. Ian ligou o microfone e disse para todos ouvirem:

— Dedico essa música ao meu amigo Adam Stone, que está sentado lá em cima, no último degrau da escadaria vermelha.

Todos olharam para cima e começaram a fotografá-lo e aplaudi-lo sem qualquer razão aparente. Adam ficou sem jeito e acenou timidamente para Ian.

Mas por quê? Qual seria o motivo de tudo aquilo?

Sem tempo para raciocinar, Ian começou a cantar a linda canção que tocava o coração de Adam. Ele tentava conter a emoção ao ouvir mais uma vez sua canção preferida, que agora estava sendo tocada no piano pelas mãos de Mr. Brown.

Ian interpretava a música lindamente com o coração. Seu timbre de voz era suave e tão envolvente que emocionava todas as pessoas que estavam ali naquele momento.

De repente, a Times Square transformou-se numa praça envolta por sentimentos de amor e compaixão, embalados pela linda canção *Magic*:

Há uma saída em algum lugar.
Há confusão demais por aqui.

Poucos conhecem o real valor.
Eu não posso desistir.

Existe uma magia em algum lugar.

Nas torres de pedra, príncipes guardam o vento.
Há paz demais em mim.
Muitos conhecem o real valor.
Eu não posso desistir.

Existe uma magia em algum lugar.

A magia do mundo está aqui.
A magia do mundo está aqui.

Adam observava as pessoas emocionadas e felizes e sentiu-se tocado ao perceber que ainda havia sentimento no mundo e que as pessoas ainda tinham a capacidade de sentir e de se emocionar. Contemplativo, ele admirava a multidão.

Enquanto olhava ao redor, algo o intrigou. Adam notou câmeras de filmagem instaladas em vários lugares estratégicos da Times Square. Olhando com mais atenção, viu diversos homens vestidos com coletes fluorescentes e seguranças movimentando-se com rapidez para proteger as pessoas e os equipamentos.

O que seria aquilo tudo? Seria alguma encenação ou a gravação de um comercial?

Adam ficou perplexo ao perceber que, na escadaria, as pessoas, na maioria jovens entre dezesseis e vinte anos, estavam usando o mesmo aparelho de celular na cor branca, com a logomarca da Twenty Technology estampado na lateral.

O que estava acontecendo ali?

Enquanto Adam tentava entender o que se passava ao seu redor, Ian finalizou com primor a canção, e todos começaram a aplaudi-lo. Nesse momento, Adam olhou para frente e notou que uma das câmeras estava apontando diretamente para ele.

Cismado, porém calmo, ele resolveu levantar-se e descer a escadaria para ir até a mesa onde Annie e sua família estavam.

***

Ao lado de Franco, encostada na estátua do padre Duffy, Natalee viu Adam descendo a escadaria e caminhando em sua direção. Ele, no entanto, passou direto e foi até a família de Annie. Sem hesitar, ela pediu licença para Franco e, preocupada, seguiu o marido.

Natalee estranhou ver Adam indo falar com o senhor Watson como se o conhecesse, já que era ele a pessoa que se tornara o principal investidor do projeto que ela e Sílvia tinham desenvolvido.

Franco ficou parado sem reação, pois coincidentemente conhecia também aquele homem e toda a sua família, uma vez que Watson era o responsável pelo evento em parceria com Sun Hee, o presidente da Twenty Technology. Ele decidiu acompanhar Natalee, e os dois aproximaram-se da mesa, cuidando apenas para manter distância.

Adam aproximou-se da mesa e, com medo de ser rejeitado como acontecera da última vez, perguntou:

— Olá, Annie. Posso me aproximar?

Ela levantou-se e, apoiando-se em sua muleta de alumínio, foi ao encontro de Adam para lhe dar um abraço de boas-vindas:

— Claro que sim, Adam. Seja bem-vindo! Você é um vencedor. A partir de hoje, sua vida será repleta de luz, riqueza e prosperidade.

— Obrigado! Eu sinto isso em meu coração, Annie. Sinto-me um homem iluminado, rico e próspero desde que cheguei do Nepal. Estou em paz comigo mesmo.

— Eu sei que acabou de chegar do Nepal. Miss Sun me contou tudo.

— O que afinal está acontecendo aqui, Annie?

Miss Sun deixou o carrinho de pipocas e foi ao encontro de Adam para cumprimentá-lo:

— Olá, querido Adam. Como está?

— Muito bem, obrigado.

— Meu filho Sher-rap e sua família escreveram esta semana dizendo que estão com muitas saudades de você.

— Seu filho é uma pessoa muito especial. Nunca me esquecerei dele e de sua família. Obrigado por tudo o que vocês fizeram por mim, Miss Sun.

— Não precisa agradecer, Adam. Sabia que hoje é um dia muito especial para você?

— Não. Por que está dizendo isso?

— Porque nesta tarde uma força inexplicável de gratidão invadirá seu coração. Quero lhe agradecer por estar aqui conosco neste dia tão especial.

— O quê? Não estou entendendo nada, Miss Sun.

— Vá até a mesa e converse um pouco com o senhor Watson, pois ele lhe explicará algumas coisas. Depois que conversarem, todos nós iremos até a casa dele para comemorarmos o momento com uma deliciosa comida nepalesa.

Adam deu um forte abraço em Miss Sun, e Annie levou-o até a mesa onde o senhor Watson, sua esposa e as quatro irmãs da garotinha estavam sentados.

— Papai, aqui está ele.

Watson levantou-se e cumprimentou Adam com alegria e satisfação:

— Então, este é o homem? Muito prazer, senhor Adam! Meu nome é Watson. Sou o pai de criação de Annie e esta é minha esposa Susan. Estas aqui são as irmãs de Annie. Todas elas têm deficiência motora e são órfãs. Eu as adotei quando ainda eram bebês.

— Muito prazer, senhor Watson!

— Sente-se, Adam. Quero lhe explicar algumas coisas e lhe fazer uma proposta. Se não a quiser aceitar por motivos pessoais, eu compreenderei. Mas, se porventura a aceitar, ficaremos muito gratos, principalmente Annie e Miss Sun, que desejam muito realizar seus sonhos.

— Não o estou entendendo, senhor Watson!

— Sente-se, Adam. Vou lhe explicar.

Adam sentou-se, e a menina Annie ficou ao seu lado.

— Está vendo aqueles equipamentos de filmagem, os seguranças e o pessoal de som?

— Sim.

— Está vendo o palco com o piano vermelho do meu amigo Mr. Brown e o cantor Ian Brand?

— Sim.

— Está vendo o último degrau da escadaria onde você estava sentado?

— Sim.

— Pois bem... Tudo isso que você está vendo é real, mas foi uma montagem. Um *take* que servirá como *making of* do próximo filme que vamos rodar.

— Filme? Como assim? Que filme?

— Sim, um filme. Como bem sabe, Annie possui um dom. O dom de prever o futuro e certos acontecimentos.

— Sim, ela me disse isso um dia.

— Eu sou cineasta, Adam! Esse é meu trabalho, essa é minha paixão. Há um ano, Annie começou a falar sobre um filme que deveria ser feito. Um filme que seria baseado na história de uma pessoa que surgiria em nossas vidas e que seria o ponto de inspiração para a criação do roteiro. Além de, é claro, ser um grande sucesso mundial.

— Isso é loucura! — Adam exclamou.

— Adam, olhe para mim! — Watson pediu.

Ele olhou atentamente.

— Não podemos ter segredos entre nós agora. Não vou mentir para você. Está pronto para me ouvir?

— Sim, senhor.

— Annie é uma menina especial. Ela tem o dom da vidência e veio a este mundo com uma missão: a missão de levar o sentimento de compaixão ao redor do mundo. Eu sei quem ela é, e ela também sabe. Eu a criei desde bebê, mas Annie não é minha filha de verdade. Ela é filha daquela senhora que está ali, de Miss Sun. Annie é a reencarnação da filha que Miss Sun perdeu afogada nas correntezas de um rio no Nepal.

— Eu sei disso. Sher-rap me ajudou a ver a cena em minha mente, quando íamos atravessar uma ponte.

— Então, não duvide do que está previsto e determinado a você, meu amigo. Estou aqui para lhe dizer que sua história de vida não aconteceu por acaso. Todos os sofrimentos pelos quais passou, todas as perdas do passado, as angústias, a doença, tudo isso serviu para transformá-lo no homem que você é hoje! O sofrimento foi sua escolha de redenção, e agora você sabe que existe outro caminho além da dor e que não precisamos sofrer para vencer, porque o mundo está mudando e a felicidade que todos procuram incansavelmente está disponível no momento presente, no agora. Basta que aceitemos o amor e a compaixão em nossas vidas. É apenas uma questão de permissão, de autorização. Como você mesmo pode ver, o sofrimento nada mais é do que uma grande ilusão, uma opção, um caminho mais longo, que as pessoas escolhem por não compreenderem que a felicidade é um comprometimento com elas mesmas. Está me entendendo, Adam? Sua história pode inspirar milhões de pessoas ao redor do mundo, meu amigo!

— Sim, eu entendo, senhor Watson... Mas é tudo tão complexo!

— Estou lhe explicando isso, para que entenda o valor de sua história de vida. Se a transformarmos em um filme, ela mostrará às pessoas ao redor do mundo inteiro que o mais importante de tudo é o presente. O presente é a única coisa que realmente existe no universo. Compreende o que estou querendo lhe dizer?

— Acho que sim. Mas é tão surreal! O que eu preciso fazer? Preciso assinar alguma coisa?

— Não. Só quero que compreenda o propósito de tudo isso. Não precisa assinar nada agora. Ainda vamos acertar os detalhes contratuais com o senhor Sun Hee, presidente da Twenty Technology, pois ele será o patrocinador principal do filme. Não se preocupe com os valores. Posso lhe garantir que seus direitos serão calculados acima dos seis dígitos. A ideia do senhor Sun Hee é relacionar a marca da Twenty Technology à palavra "sincronicidade". Ele quer mostrar ao seu público-alvo, os jovens, que os sonhos só se realizam quando são compartilhados entre as pessoas e que as pessoas são os veículos de manifestação dos milagres sobre a Terra.

— Nossa! Foi exatamente isso que Sher-rap me disse!

— Annie contou para Sun Hee como acabaria sua história, e ele adorou. Foi por isso que gostou do projeto e está aqui hoje. Ele está ali sentado, querendo comprovar a veracidade do que Annie relatou, pois está com o roteiro do filme nas mãos. Está vendo?

— Sim, estou vendo. Ele está acenando para nós agora.

— Ele é um homem muito centrado e inteligente — Watson acenou para Sun Hee e de repente ele olhou para o lado e viu Franco conversando com Natalee. Ele acenou para ambos.

— Oh, meu Deus! Você conhece Franco Legrand?

— Sim, nós somos sócios agora. Os projetos precisam de dinheiro, então, procurei Franco na Ashburn Investments para

433

que ele apresentasse o projeto do filme ao presidente Sun Hee, já que ele está com ótimas relações com a Twenty Technology desde que você ajudou a alavancar as ações na Bolsa de Valores.

— Isso parece loucura!

— Parece, mas não é. É a magia do mundo agindo em sua vida, meu caro. E então? Você aceita o filme?

— Não sei... Preciso conversar com minha esposa antes. É muita informação de uma vez só.

— Sinta-se à vontade, Adam. Converse com Natalee e depois me dê sua resposta. Tenho certeza de que ela aceitará.

— O senhor conhece Natalee também? Não pode ser!

— Sim, nós nos conhecemos há algumas semanas.

— Oh, meu Deus! O que está acontecendo aqui? Ou melhor, o que aconteceu aqui enquanto estive fora?

— Muitas coisas aconteceram, enquanto você esteve fora, Adam. Tenha calma, pois as respostas estão chegando.

— Que respostas?

— Você não pediu providências ao universo?

— Sim, eu pedi. Mas não pedi um filme, um contrato, patrocínio. Eu não pedi nada disso.

— Eu sei que você não pediu nada disso, mas saiba de uma coisa, Adam... Os sonhos de uma pessoa estão sempre conectados aos sonhos de outras pessoas. Tudo se cruza nas dimensões invisíveis. Seus desejos não são desejos isolados. Eles estão sincronizados com os desejos de outras pessoas. Aqui estamos vendo a prova disso. Veja! Se esse filme se realizar, os sonhos de outras pessoas também se realizarão. Veja a felicidade do nosso amigo Mr. Brown com seu novo piano vermelho. Eu mandei buscar o instrumento lá no Mississippi, numa velha boate de *striptease* onde Mr. Johnson costumava tocar nos fins de semana na década de 1960. Se não fosse sua história de vida e esse filme, ele não estaria sorrindo como está agora. Olhe para ele. Está vendo a felicidade de Mr. Brown?

— Sim, senhor.

— Agora, veja Ian Brand. Ele se parece muito com você, não?

— Hum. Temos a mesma altura, o mesmo tipo de cabelo e mesma cor de pele.

— Pois bem! Ian Brand será contratado para interpretar o papel de seu personagem. Ele será o ator principal do filme e fará o papel de Adam Stone. Ian vivenciará tudo o que você viveu nas montanhas do Nepal. Ele sempre sonhou em ser ator e será famoso um dia.

— Nunca imaginei uma coisa dessas acontecendo em minha vida! — Adam exclamou.

— Agora observe Miss Sun! Ela está olhando para cá neste momento. Veja como ela está feliz. Sabe por que Miss Sun está feliz? Porque ela sabe que esse filme levará uma mensagem positiva para os jovens do mundo inteiro. Além disso, mostrará a verdade sobre seu povo e as maravilhas de sua terra natal.

— Tem razão, ela parece realmente feliz!

— Agora, observe Annie. Ela está feliz porque está prestes a realizar o grande sonho de sua vida.

— Que sonho?

Nesse momento, um carro preto com vidros espelhados parou ao lado do carrinho de pipocas. Era o mesmo veículo que seguira Adam no Queens, quando ele saiu do consultório do doutor Moore.

— Espere aí. Eu conheço esse carro! — Adam disse.

— Esse carro é meu. Não se preocupe — Watson respondeu.

O motorista de Watson desceu do carro e caminhou até o carrinho de Miss Sun para comprar um delicioso pacote de pipocas que já estava preparado.

Adam estava cada vez mais intrigado e tentava conectar as coincidências, mas não conseguia. Ele perguntou:

435

— Não estou entendendo, senhor Watson! Qual é o sonho de Annie, afinal?

— O sonho dela é realizar o sonho de outra pessoa.

— De outra pessoa? De quem?

Watson, sempre educado e cuidadoso com as palavras, olhou para Annie pedindo sua permissão para responder à pergunta, e ela acenou positivamente com a cabeça.

Watson disse:

— Adam, o grande sonho de Annie é realizar o sonho do seu irmão Dan.

— Quem é Dan?

Adam olhou para o carro e viu o motorista abrindo a porta lateral da van, para entregar o saco de pipocas a um menino.

Naquele momento, tudo começou a fazer sentido para Adam. Sem controle, ele começou a chorar de emoção ao deparar-se com aquela imagem bem ali à sua frente. Dentro da van havia um menino de apenas oito anos de idade, de cabelos ruivos, rosto repleto de sardas e pele bem clarinha. O garotinho estava sentado em uma cadeira de rodas, pois suas pernas eram amputadas até os joelhos.

O motorista acionou o dispositivo da van para descer a cadeira de rodas até o chão e ajudou o menino a sair do carro. Ao encostar a cadeira no chão, o garotinho olhou para frente e avistou Adam em pé ao lado do senhor Watson.

Imediatamente, os dois reconheceram-se.

Seria um milagre? Um sonho? Ou mais uma visão alucinada de Adam? A resposta é não. Era a mais pura realidade entrando em ação.

Watson perguntou:

— Você sabe quem é aquele menino, Adam?

— Claro que sei, senhor Watson. É meu irmão Damien — Adam tentava conter sua emoção. — Nós nos encontramos na gruta há alguns dias. Sher-rap o levou até mim.

— Exatamente, amigo. Como lhe disse, não existem segredos entre nós. Dan é meu filho de criação. Ele é irmão de sangue de Annie. Quando nasceram, foram deixados ao lado de um latão de lixo por sua mãe biológica, mas, com a graça de Deus, foram encontrados por uma assistente social que os levou até o orfanato que eu e minha esposa Susan mantemos até hoje. Nós nunca tivemos filhos e temos como missão realizar os sonhos dessas crianças antes de morrermos. Um de cada vez, nós estamos conseguindo realizá-los. Agora, quer saber qual é o sonho de Annie?

— Sim, senhor. Por favor.

— O sonho dela é realizar o sonho de seu irmão Dan.

— E qual é o sonho dele?

Watson emocionou-se ao olhar para o menino Dan e respondeu em seguida:

— Reencontrar você e viver ao seu lado pelo resto da vida.

Adam ficou muito emocionado e sem palavras.

— Sabe por que ele deseja isso, Adam?

— Por quê?

— Por que ele o ama muito. Só por isso!

— Eu também o amo muito. Oh, meu Deus! Eu não estou acreditando no que estou vendo, senhor Watson. Eu posso ir até lá dar um abraço nele?

— Calma, não tenha pressa, Adam. Ele virá até aqui.

Nesse momento, Natalee surgiu e foi ao encontro do menino Dan. Emocionada, ela deu um abraço forte no garoto e sussurrou-lhe algo que Adam não conseguiu ouvir.

— O que Natalee está fazendo ao lado de Dan? Eles se conhecem? Não estou entendendo, senhor Watson!

— Sim, eles se conheceram há algumas semanas em minha casa. Natalee e Sílvia foram apresentar um projeto de desenvolvimento de aparelhos e novas tecnologias para melhorar a vida das crianças portadoras de deficiências físicas. Quando me enviaram o *e-mail* detalhando o projeto, achei que tinha potencial para se transformar em algo muito lucrativo para todos e eficaz para milhões de crianças ao redor do mundo. Trata-se de um projeto realmente inovador. Então, decidi convidá-las para que fossem até minha casa, e, quando lá chegaram, Natalee conheceu Dan e se apaixonou por ele.

— Como assim se apaixonou por ele?
— Eu disse a ela que o momento certo chegaria.
— Que momento?
— Este momento, Adam! Natalee se apaixonou por Dan e disse que seu maior desejo era adotar Dan como seu filho. Ela, no entanto, estava com muito medo de que você não aceitasse a ideia. Na verdade, ela morre de medo de você rejeitar o menino.
— O quê? O senhor está querendo dizer que Dan pode ser meu filho?
— Sim, Adam. Se você aceitá-lo, é claro. Seria a realização do maior sonho de Annie e do meu também. Para você, talvez.
— Talvez? Não existe talvez, senhor Watson. É claro que aceito Dan como filho.

Watson sorriu com satisfação, e Annie pulou em seu colo abraçando Adam com amor.

Adam sentiu a energia de gratidão envolvendo aquele breve momento vivenciado ao lado de Annie e de Watson.

Watson disse:

— Com licença, vou me levantar e ir até lá dar a notícia para sua esposa. Vou trazer Dan até aqui para vocês se conhecerem.

Watson levantou-se e, apoiado em sua bengala de madeira, foi caminhando com dificuldade até Natalee e Dan.

Adam e Annie ficaram a sós por alguns instantes. Ele estava cheio de dúvidas e perguntou:

— E então, Annie? Já que você pode ver o futuro, diga-me o que consegue ver para mim daqui em diante!

— Eu vejo você e Dan nadando num lago. É só isso que consigo ver. Não sei que lugar é esse, mas sinto vocês dois muito felizes juntos.

Adam sorriu e completou:

— Eu sei que lugar é esse, Annie! Sei exatamente onde é. Obrigado.

Watson retornou sorrindo e empurrando a cadeira de rodas do menino Dan. Ao seu lado vinham também Natalee, Franco e Miss Sun. Ao aproximar-se um pouco mais, Adam não aguentou de tanta emoção ao reencontrar Dan, a reencarnação do seu irmão Damien. Ele olhou no fundo dos olhos do garotinho e abraçou-o na mais profunda gratidão.

Era a felicidade em sua mais pura essência manifestando-se naquele momento. Um verdadeiro presente do universo para todos.

— A sincronicidade é perfeita — disse Watson sorrindo, enquanto sua esposa chorava emocionada e era carinhosamente amparada por Annie.

Miss Sun conversava com Natalee ao lado de Ian, que estava dando pulos de alegria ao saber por Franco que iria voltar a atuar.

O presidente da Twenty Technology, Sun Hee, mantinha-se à distância, lendo o roteiro e fazendo algumas anotações. Enquanto isso, o pianista de rua Mr. Brown sentava-se à mesa da família Watson, tentando assustar as irmãs de Annie com sua inseparável bruxinha da fó.

Um câmera da equipe filmava tudo discretamente para depois editar e produzir o *making of* do futuro filme.

Watson estava muito feliz e dizia em voz alta para todos ouvirem:

— Vamos até minha casa para comemorarmos esse glorioso momento. O banquete nepalês que Miss Sun preparou nos espera para festejarmos "a perfeita felicidade"!

Todos começaram a aplaudi-lo e de imediato aceitaram o convite, inclusive Sun Hee, que sorria e aplaudia a cena, satisfeito com seu futuro investimento.

Adam, no entanto, ainda se mostrava intrigado e calado. Percebendo seu silêncio momentâneo, Watson perguntou:

— O que foi, Adam?

— Watson, diga-me uma coisa...

— Pode perguntar, Adam. Não quero que fique com nenhuma dúvida.

— Onde você mora?

— Sabia que você faria essa pergunta. Eu sou seu vizinho, Adam. Moro no prédio ao lado do seu apartamento no Soho. Na verdade, todo aquele prédio é nosso. Ali é a minha casa, mas é também onde funciona nosso orfanato.

Adam olhou para Dan e sorriu.

— Eu sabia! — ele exclamou.

Watson completou:

— Dan sempre esteve ao seu lado, Adam. Sempre soubemos que você era nosso vizinho, mas Annie dizia que o encontro de vocês tinha um momento certo para acontecer. Ela dizia que você teria de estar preparado para reconhecer e aceitar Dan como filho. Se isso acontecesse há três meses, você nunca acreditaria.

— Ela tem toda razão. Quer dizer que era dali que vinham as cantorias e os mantras todas as sextas-feiras à tarde?

— Sim, exatamente como acontecerá hoje. Todas as sextas-feiras à tarde, algumas mulheres vão até o orfanato para cantar mantras e alegrar Dan e as crianças. Annie diz que eles ajudam a trazer prosperidade e felicidade às nossas vidas. Acho que ela tem toda razão.

— Nunca imaginaria uma coisa dessas. Damien sempre esteve ao meu lado. Ian tinha razão. Que menina incrível é sua filha Annie!

— Tem razão! Annie é uma menina incrível! Ela disse que muitas crianças como ela estão nascendo para mudar o mundo, e eu acredito nela.

— Que boa notícia, senhor Watson. O mundo está precisando, com certeza.

Capítulo 36

Mont-Saint-Hilaire

Duas semanas depois, Adam e Natalee receberam uma ligação de Eva, que lhes trazia a triste notícia de que Robert morrera de maneira calma e serena, sem qualquer complicação ou sofrimento, enquanto dormia. Adam sentiu muito não ter tido tempo suficiente para expressar seu amor por seu pai, mas tinha em seu coração a certeza de que Robert sabia o quanto o filho o amava e que partira feliz para um novo começo.

No mesmo dia, Adam voou para Montreal para ajudar a mãe com o velório e os procedimentos de cremação do corpo de Robert, pois era assim que seu pai desejava terminar seus últimos momentos no planeta.

Depois de tudo concluído e de visitar alguns parentes que não via havia muito tempo, Adam decidiu contar à sua mae sobre a adoção do menino Dan. Ela adorou a ideia de ter um neto, e Adam revelou-lhe ainda que compraria uma casa próxima à dela, para que pudessem passar mais tempo juntos. Eva ficou emocionada com a ideia e foi logo lhe mostrando uma bela casa que estava à venda no final da rua, aos pés do Mont-Saint-Hilaire.

Adam preferiu não contar à mãe tudo o que sabia sobre o menino Dan, principalmente sobre sua vida passada. Além de não achar necessário, Eva certamente nunca acreditaria numa história maluca daquelas. Por mais que ela parecesse estar mudada, era melhor deixar algumas coisas como estavam.

Nos meses seguintes, a vida transcorreu normalmente em Nova Iorque até o juiz conceder a autorização de adoção de Dan para Adam e Natalee, transformando o garotinho em um filho legítimo do casal e também em uma das crianças mais amadas da face da Terra.

Seis meses depois, Adam acabou comprando a casa aos pés do Mont-Saint-Hilaire, e pouco depois ele e a família se mudaram para lá definitivamente.

Todos os fins de semana, Adam alugava um pequeno helicóptero para levar Dan até o lago que ficava no topo do Mont-Saint-Hilaire, o lugar mágico onde costumavam nadar quando eram crianças.

O helicóptero pousava em uma pequena clareira ao lado do lago por volta das onze horas da manhã, e, com a ajuda de Natalee, Adam retirava Dan da cadeira de rodas e colocava-o sentado na beira da água para brincar e se divertir no lugar que ele mais adorava.

O projeto de Natalee e sua amiga Sílvia tornou-se um grande sucesso ao redor do mundo e, com a ajuda do senhor Watson e dos conhecimentos de Franco, as duas mulheres angariaram milhões de dólares com investidores, desenvolvendo, assim, novos equipamentos e pesquisas para ajudar crianças portadoras das mais diversas formas de deficiência física.

Algum tempo depois, Adam descobriu que o senhor Watson na verdade era irmão gêmeo do primeiro marido de sua mãe, o cineasta milionário Charles Watson, que falecera aos setenta anos e que adotara Damien num orfanato de Montreal quando ele ainda era bebê.

O filme baseado na história de Adam começou a ser gravado um ano depois, trazendo prosperidade e riqueza para todos, principalmente para Ian, que, em pouco tempo, se tornaria um ator famoso e ganharia muitos prêmios com sua atuação.

Ian Brand e Franco Legrand casaram-se, e Reynolds Ashburn criou uma fundação voltada para a conscientização de jovens universitários usuários de drogas. Seu objetivo era levar palestras e cursos de conscientização e superação aos jovens. Ele convidou Ian Brand para ser um dos palestrantes e Franco Legrand para atuar como um dos principais conselheiros da organização.

Mr. Brown, por sua vez, decidiu não deixar as ruas e resolveu alugar uma pequena garagem na Broadway Avenue, lugar onde sempre viveu. Mas agora, em vez de tocar um velho teclado de plástico, todas as manhãs ele levava seu lindo piano de cauda vermelho-sangue até o portão e passava o dia inteiro tocando as mais lindas canções de seu inesquecível companheiro do sul, Mr. Johnson do Mississippi.

Miss Sun finalmente conheceu seu neto Tensing, que foi passar uma temporada em Nova Iorque e realizar o sonho de visitar a avó.

A menina Annie continuou visitando Miss Sun no bairro do Queens nos fins de semana para comer suas deliciosas pipocas e discutir seus planos futuros: a realização dos sonhos de suas outras quatro irmãs órfãs.

Capítulo 37

Mensagens finais

- Não reclame da vida. Em vez de reclamar, agradeça. Quando você agradece, se conecta com a luz, mas, quando reclama, se conecta com a escuridão.
- Seu sofrimento não é um castigo, mas uma fonte de cura. Busque a resposta e descubra o que está sendo curado em você.
- Não dê tanto valor às coisas materiais. Valorize as coisas imateriais, como as amizades verdadeiras e o amor.
- Viva neste mundo, mas não faça parte dele.
- Lembre-se de seus grandes sonhos, daqueles que se perderam enquanto você crescia. Você pode ter se esquecido deles, mas o universo nunca se esquece. Ele está pronto para manifestar os milagres sobre a Terra.
- Saudades é seu espírito dizendo que um dia reencontrará aqueles que já partiram.
- Pratique a gratidão todos os dias. Agradeça pelas coisas simples da vida. Agradeça pelas pernas que

o fazem andar, pelos olhos que o fazem enxergar, pela mente que o faz pensar, pela consciência que o faz discernir. Agradeça sempre, pois agradecer é estar em constante estado de graça.

- Não tenha medo da morte, pois quem tem medo da morte também tem medo da vida.
- Não se dê ao luxo de desistir. É preciso levantar-se e cumprir o que veio fazer nesta vida. Levante-se e siga adiante, afinal, seguir em frente é o melhor caminho.
- Se existe vida após a morte, existe também vida antes do nascimento. Na verdade, existe vida o tempo todo.
- Seu corpo e sua mente podem estar cansados, mas seu espírito é forte e nunca se cansa.
- Medite para compreender o que seu espírito está querendo lhe dizer. Meditar significa Me-dizer.
- Sorria, pois a fé sempre ri do impossível.
- Opte por encarar seus medos como se fossem aventuras e não como fonte de sofrimento. Ao fazer isso, criará coragem e determinação para vencê-los. E quando vencer, estará pronto para viver outra vez.
- Quem vive de esperança, no fundo, vive uma eterna forma de esperar. À espera de um amanhã, sempre um amanhã que nunca chega. Não deixe para amanhã o que pode fazer hoje. A felicidade é agora. Não adie as decisões nem fique inerte perante a vida. É chegado o momento de enfrentar os problemas e transformá-los em soluções.
- Quando acreditar realmente em você, Deus também acreditará.

- As dificuldades vêm e vão, mas são nesses momentos que crescemos.
- Aquele que desperta do sono profundo renasce outra vez.
- Os fins e os começos são sempre iguais; são eternos recomeços.

O acaso não existe. Nem mesmo o acaso acontece por acaso. Para o universo, só existe a certeza. A certeza de que o sol nascerá no dia seguinte e de que a natureza proverá tudo como sempre faz. O destino humano existe, e todos caminham nessa direção. A diferença é que alguns seguem por caminhos mais longos, e outros seguem por caminhos mais curtos. Mas um dia todos chegam a um lugar comum: seus destinos particulares.

Por favor, nunca desista de você.

Carlos Torres

*"O que for para ser já é.
A verdadeira felicidade está
dentro do agora."*

GRANDES SUCESSOS DE
ZIBIA GASPARETTO

Com 18 milhões de títulos vendidos, a autora tem contribuído para o fortalecimento da literatura espiritualista no mercado editorial e para a popularização da espiritualidade. Conheça os sucessos da escritora.

Romances
pelo espírito Lucius

A verdade de cada um	O matuto
A vida sabe o que faz	O morro das ilusões
Ela confiou na vida	Onde está Teresa?
Entre o amor e a guerra	Pelas portas do coração
Esmeralda	Quando a vida escolhe
Espinhos do tempo	Quando chega a hora
Laços eternos	Quando é preciso voltar
Nada é por acaso	Se abrindo pra vida
Ninguém é de ninguém	Sem medo de viver
O advogado de Deus	Só o amor consegue
O amanhã a Deus pertence	Somos todos inocentes
O amor venceu	Tudo tem seu preço
O encontro inesperado	Tudo valeu a pena
O fio do destino	Um amor de verdade
O poder da escolha	Vencendo o passado

ROMANCES
EDITORA VIDA & CONSCIÊNCIA

Amadeu Ribeiro

A visita da verdade
Juntos na eternidade
O amor não tem limites
O amor nunca diz adeus
O preço da conquista

Reencontros
Segredos que a vida oculta vol.1
A beleza e seus mistérios vol.2
Amores escondidos vol. 3

Amarilis de Oliveira

Além da razão (pelo espírito Maria Amélia)
Nem tudo que reluz é ouro (pelo espírito Carlos Augusto dos Anjos)

Ana Cristina Vargas
pelos espíritos Layla e José Antônio

A morte é uma farsa
Almas de Aço
Em busca de uma nova vida
Em tempos de liberdade
Encontrando a paz
Ídolos de barro

Intensa como o mar
Loucuras da alma
O bispo
O quarto crescente
Sinfonia da alma

André Ariel

Além do proibido
Em um mar de emoções
Eu sou assim
Surpresas da vida

Carlos Henrique de Oliveira

Ninguém foge da vida
Tudo é possível

Carlos Torres
A mão amiga
Querido Joseph (pelos espírito Jon)
Uma razão para viver

Cristina Cimminiello
O segredo do anjo de pedra

Eduardo França
A escolha
A força do perdão
Do fundo do coração
Enfim, a felicidade
Vestindo a verdade
Vidas entrelaçadas

Evaldo Ribeiro
Eu creio em mim
O amor abre todas as portas (pelo espírito Maruna Martins)

Floriano Serra
A grande mudança
A outra face
Ninguém tira o que é seu
Nunca é tarde
O mistério do reencontro
Quando menos se espera...

Gilvanize Balbino
De volta pra vida (pelo espírito Saul)
O símbolo da vida (pelos espíritos Ferdinando e Bernard)
Horizonte das cotovias (pelo espírito Ferdinando)

Leonardo Rásica
Celeste - no caminho da verdade

Lucimara Gallicia
pelo espírito Moacyr

O que faço de mim?
Sem medo do amanhã

Lúcio Morigi

O cientista de hoje

Marcelo Cezar
pelo espírito Marco Aurélio

A última chance
A vida sempre vence
Coragem para viver
Ela só queria casar...
Medo de amar
Nada é como parece
Nunca estamos sós
O amor é para os fortes
O preço da paz

O próximo passo
O que importa é o amor
Para sempre comigo
Só Deus sabe
Treze almas
Tudo tem um porquê
Um sopro de ternura
Você faz o amanhã

Márcio Fiorillo

Nas esquinas da vida

Maura de Albanesi
pelo espírito Joseph

O guardião do Sétimo Portal

Meire Campezzi Marques
pelo espírito Thomas

A felicidade é uma escolha
Cada um é o que é

Mônica de Castro
pelo espírito Leonel

- A força do destino
- A atriz
- Apesar de tudo...
- Até que a vida os separe
- Com o amor não se brinca
- De frente com a verdade
- De todo o meu ser
- Desejo – Até onde ele pode te levar? (pelos espíritos Daniela e Leonel)
- Gêmeas
- Giselle – A amante do inquisidor
- Greta
- Impulsos do coração
- Jurema das matas
- Lembranças que o vento traz
- O preço de ser diferente
- Segredos da alma
- Sentindo na própria pele
- Só por amor
- Uma história de ontem
- Virando o jogo

Rose Elizabeth Mello

- Como esquecer
- Desafiando o destino
- Os amores de uma vida
- Verdadeiros Laços

Sérgio Chimatti
pelo espírito Anele

- Apesar de parecer... Ele não está só
- Ecos do passado
- Lado a lado
- Os protegidos
- Um amor de quatro patas

Conheça mais sobre espiritualidade com outros sucessos.

 vidaeconsciencia.com.br  /vidaeconsciencia  @vidaeconsciencia

Rua Agostinho Gomes, 2.312 – SP
55 11 3577-3200

contato@vidaeconsciencia.com.br
www.vidaeconsciencia.com.br